总第 **13** 集

民事行政检察指导与研究

最高人民检察院民事行政检察厅 编

中国检察出版社

图书在版编目（CIP）数据

民事行政检察指导与研究．总第 13 集／最高人民检察院民事行政
检察厅编．—北京：中国检察出版社，2014.9
ISBN 978 - 7 - 5102 - 1253 - 6

Ⅰ.①民…　Ⅱ.①最…　Ⅲ.①民事诉讼 - 检察 - 研究 - 中国
②行政诉讼 - 检察 - 研究 - 中国　Ⅳ.①D926.3

中国版本图书馆 CIP 数据核字（2014）第 180538 号

民事行政检察指导与研究　（总第 **13** 集）

最高人民检察院民事行政检察厅　编

出版发行： 中国检察出版社

社　　址： 北京市石景山区香山南路 111 号（100144）

网　　址： 中国检察出版社（www.zgjccbs.com）

编辑电话：（010）68682164

发行电话：（010）68650015　68650016　68650029　68686531

经　　销： 新华书店

印　　刷： 保定市中画美凯印刷有限公司

开　　本： 720 mm ×960 mm　16 开

印　　张： 19.5 印张　　插页 8

字　　数： 332 千字

版　　次： 2014 年 9 月第一版　　2014 年 10 月第二次印刷

书　　号： ISBN 978 - 7 - 5102 - 1253 - 6

定　　价： 45.00 元

《人民检察院民事行政抗诉案例选》
《民事行政检察指导与研究》
通讯编辑名单

北京市人民检察院	王　真		王　燕
上海市人民检察院	王　猛	河南省人民检察院	巴　金
天津市人民检察院	肖晓峰	湖北省人民检察院	毛婵婵
重庆市人民检察院	徐　燕		刘　洋
河北省人民检察院	许丽婷		汪佳妮
山西省人民检察院	杨文静	湖南省人民检察院	钟孝明
内蒙古自治区人民检察院	乌　兰	广东省人民检察院	陈　昉
辽宁省人民检察院	王晓东	广西自治区人民检察院	刘　薇
	付忠英	海南省人民检察院	刘　敏
	邹德芳	四川省人民检察院	陈　爽
吉林省人民检察院	孙广硕		覃　攀
	孙思嘉	贵州省人民检察院	吴俊伽
	李　颖	云南省人民检察院	杨学正
黑龙江省人民检察院	王功杰	西藏自治区人民检察院	徐流超
江苏省人民检察院	胡晨光	陕西省人民检察院	田银辉
浙江省人民检察院	张剑锋	甘肃省人民检察院	王克权
安徽省人民检察院	刘小勤	青海省人民检察院	拉毛杨措
福建省人民检察院	杨福珍	宁夏自治区人民检察院	白　玉
	罗志丰	新疆自治区人民检察院	石　钰
江西省人民检察院	谢玉美	新疆建设兵团检察院	梅　雪
山东省人民检察院	高　峰	军事检察院	田　毅
	邱永会		

卷 首 语

Foreword

　　为了全面贯彻执行 2012 年修改的民事诉讼法，最高人民检察院在充分调研、讨论和广泛征求意见的基础上，于 2013 年 11 月 18 日发布了《人民检察院民事诉讼监督规则（试行）》（以下简称《监督规则》）。《监督规则》依照修改后民事诉讼法的规定，确立了检察机关民事诉讼监督的原则，细化了监督条件、监督方式和监督程序，确保修改后民事诉讼法规定的各项检察制度在民事诉讼监督中得到执行。《监督规则》是自 2001 年《人民检察院民事行政抗诉案件办案规则》之后，最高人民检察院在民事诉讼监督领域发布的重要司法解释，对检察机关贯彻执行好修改后民事诉讼法，确立和统一监督理念，规范监督行为，提高监督质量和效率，实现监督效果等均具有十分重要的意义，是民事检察工作规范化、制度化建设的重要体现和标志。

　　在民事诉讼监督制度不断完善的同时，行政诉讼法的修改也正在紧锣密鼓地进行。随着行政诉讼法的修改和完善，检察机关对行政诉讼的法律监督将得到进一步强化，行政检察制度也将得到进一步丰富和完善。

　　面临着新形势和新任务，全国检察机关民事行政检察人员要以高度的责任感和使命感，在依法履行好民事行政检察职责的同时，进一步加大对民事行政检察基础理论和有关制度的研究力度，为立法的不断完善提供充分的理论参考和实践依据。作为指导全国检察机关开展民事行政检察工作的重要载体和参考书籍，《民事行政检察指导与研究》一直立足并致力于及时、全面地向全国检察机关民事行政检察人员和广大法律工作者展示民事行政检察工作的指导思想、工作经验、典型案例和理论研究成果，以期为民事行政检察工作的科学发展作出积极贡献。

　　本书设置的主要栏目有：

Foreword

【领导讲话】本栏目收录了山西省人民检察院杨司检察长、贵州省人民检察院袁本朴检察长、吉林省人民检察院杨克勤检察长在有关民事行政检察工作会议上的讲话。

【理论争鸣】主要介绍专家、学者和民事行政检察人员对民事行政检察理论、制度、法律适用等前沿课题进行研究所形成的理论成果。本栏目收录了《检察机关在民事检察中的调查核实权探析》等8篇文章。

【调查研究】主要针对民事行政检察工作中存在的问题和现象进行原因分析、经验总结及对策建议等。本栏目收录了最高人民检察院民事行政检察厅《全国检察机关贯彻执行修改后民事诉讼法情况的调研报告》等13篇调研文章。

【经验介绍】对各级人民检察院民事行政检察工作中的一些好的做法和经验总结、介绍和推广。本栏目介绍了山西省人民检察院开展督促起诉工作的经验。

【检法交流】主要介绍检察机关与法院联合会签的具有指导借鉴意义的规范性文件。本栏目收录了吉林省高级人民法院、吉林省人民检察院联合会签的《关于民事诉讼法律监督工作有关问题的通知》等2个文件。

【规范性文件】主要选登地方检察机关制定的与民事行政检察工作相关的具有参考借鉴意义的规范性文件。本栏目收录了《广东省人民检察院关于发挥民事行政检察职能服务经济社会发展大局的若干意见》等7个文件。

【法律、司法解释】主要是与民事行政检察工作有关的,最新颁布或修改的重要法律、司法解释。本栏目收集了《中华人民共和国环境保护法》、《人民检察院民事诉讼监督规则(试行)》等法律和司法解释。

目 录

Contents

民事行政检察指导与研究（总第13集）

Guide and Study on Civil-Administrative Procuratorate

【法律、司法解释】

民事行政检察指导与研究（总第13集）
Guide and Study on Civil-Administrative Procuratorate

在山西省检察机关推进民事诉讼法实施晋中现场会上的讲话

杨　司*

　　这次会议的主要任务是：总结全省检察机关实施修改后民事诉讼法以来的工作情况，学习推广晋中工作经验，研究部署下一步的工作，全面推进修改后民事诉讼法的正确实施，进一步提升全省民行检察工作水平。

　　2013年年初，为更好地推进修改后民事诉讼法的贯彻实施，省院党组决定以晋中市检察机关为示范，先行先试、探索总结。晋中市两级检察机关高度重视，解放思想，开拓创新，扎实推进。经过近一年的试行，在办案理念、组织保障、机制建设等方面做了有益尝试，破解了一些难题，总结了一些经验，取得了一定成绩，为全省检察机关深入贯彻实施民事诉讼法提供了很好的经验。

　　一是在更新理念方面取得新发展。晋中市检察机关针对修改后民事诉讼法的新要求，在实践中稳步探索，进一步丰富了民行检察工作内涵，有效将刑民并重、规范先行、服务群众、阳光检务和化解矛盾五种意识融入民行工作当中，努力打造"阳光民行"，服务群众，保障民生。

　　二是在组织建设方面实现新突破。积极破解制约民行工作发展的组织、人员等方面的难题，在市县两级院中分别成立了民事行政检察局，并设置了具有6项功能、7个场所的民行检察办案区，有效形成了上下一体化办案工作格局，强化了开展民行检察工作的组织和硬件保障。

　　三是在机制创新方面取得新成效。在总结实践经验的基础上，对修改后民事诉讼法赋予检察机关的监督职责进行了分解细化，并配套形成了再审检察建议、执行监督、调解监督、民行检察阳光检务、民行案件听证等

---

*　杨司，山西省人民检察院检察长。

18 项业务和工作制度，有效地推进了民事诉讼法的贯彻实施。

刚才，晋中市院就贯彻落实修改后民事诉讼法的做法作了全面介绍，下午，太原、忻州、吕梁、长治 4 个市院也将从不同角度展示他们的做法，这些具体做法和经验，具有很强的示范引领意义，希望大家认真学习，相互借鉴，取长补短，共同提高，切实把局部经验转化为共同财富，把有效做法上升为长效机制。

下面，我就全省深入推进贯彻实施民事诉讼法，进一步加强和改进民行检察工作，讲三点意见。

一、充分认识修改后民事诉讼法给民行检察工作带来的新要求，进一步增强抓好工作的使命感和责任感

当前，民行检察工作正处于一个重要、关键的发展时期。民事诉讼法修改为解决制约民行检察发展中的突出问题提供了难得的机遇，同时也提出了更高的工作要求。能否切实承担起法律赋予的职责，对于检察机关来说，是考验更是挑战。

一是要充分认识民事诉讼法修改对民行检察工作带来的新责任。修改后民事诉讼法扩大了监督范围，增加了监督方式，强化了监督手段，特别是在多个方面增设了检察监督的具体制度和程序，进一步加重了检察机关维护社会公平正义、促进社会和谐的责任。全省各级民行检察部门要倍加珍惜，抓住契机乘势而上，努力推动民行检察工作科学发展。

二是要充分认识民事诉讼法修改对民行检察工作带来的新挑战。首先是办案任务加重。修改后民事诉讼法强化了法律监督职能，明确了当事人到检察机关申诉的程序，申诉案件数量大大增多。其次是办案难度加大。法院再审以后检察监督成为重要的救济程序，当事人到检察机关缠访缠诉也会成为常态。最后是工作要求更高。修改后民事诉讼法增加了审判程序监督、执行监督、调解监督等检察监督的新领域，加之 3 个月的办案期限，所有这些都对民行检察工作、特别是对民行检察人员的法律监督水平提出了更高要求。

三是要充分认识民事诉讼法修改对民行检察工作带来的新机遇。修改后民事诉讼法为民行检察工作提供了更为完善、更为具体的法律依据，在一定程度上解决了民行检察部分监督工作无法可依的窘境，为依法保护当事人合法权益、强化对审判机关的监督、维护法律的权威提供了有力的法律支持。

民事行政检察指导与研究（总第13集）
Guide and Study on Civil-Administrative Procuratorate

二、在推进实施民事诉讼法中打造"阳光检察"窗口，着力提高民行检察工作服务群众的能力和水平

民行检察工作作为联系、服务群众的重要窗口，在推进贯彻实施修改后民事诉讼法过程中，要自觉把"阳光检察"落实到民行检察工作的各个环节。要以省院党组提出的"六个理念"为标准，以打造"阳光民行"为目的，以争创一流业绩为目标，建立完善民行案件"绿色通道"，大力推行"阳光检察官"，促进执法作风转变，不断提高司法公信力，树立人民检察为人民的良好形象。

一是要充分发挥民行检察工作联系群众的纽带作用。民行检察工作每天面对的绝大多数都是普通百姓，涉及的都是他们的生活和基本的权益问题，是同群众联系最直接、最紧密的一项检察工作。民行检察工作要充分发挥与人民群众之间加强沟通联系的桥梁纽带作用，通过积极开展民行检察进企业、进学校、进农村、进社区等活动，广泛宣传民行检察职能和办案成效，进一步扩大民行检察工作的影响力和社会认知度。要充分发挥民行检察服务联系点、农村巡回检察服务、派驻检察室等作用，落实便民、利民措施，畅通申诉渠道，方便群众申诉，有效回应人民群众的司法诉求。

二是要充分发挥民行检察工作服务群众的窗口作用。要加强对侵害群众合法权益等涉及民生民利、影响社会和谐稳定案件的办理，有效运用抗诉或再审检察建议等方式依法进行监督。要着力对群众反映强烈的国有土地流失、环境污染等损害国家利益、社会公共利益的案件，积极开展督促起诉，依法规范行政，切实维护国家利益和社会公共利益。要进一步加强与民政、残联、妇联、工会等单位的沟通联系，扎实开展好支持起诉工作，为弱势群众进行诉讼提供法律支持。要认真落实省院下发的《关于在全省检察机关开展学习贯彻"枫桥经验"深入推进民事和解息诉工作的通知》，进一步完善检调对接，依法开展和解息诉工作，大力推行释法说理制度，积极化解矛盾纠纷。

三是要充分发挥民行检察工作维护公平正义的职能作用。民行检察工作要顺应人民群众对司法公平公正的要求，全面贯彻落实修改后民事诉讼法赋予检察机关的新职能，进一步加大对审判机关公正司法和案件执行等方面的监督力度，从程序和实体两个方面切实维护人民群众的合法权益，切实满足人民群众对公平正义的要求和期待。要深入推行首办责任制，严格实行过错责任追究制，努力提高办案质量。要进一步增强责任意识，从维护社会和谐稳定的大局出发，缩短办案时间，满足人民群众对效率的追求。

三、加强组织领导，为全省民行检察工作科学发展提供坚强保障

随着修改后民事诉讼法的深入贯彻实施，民行检察工作任务日益繁重，这就需要采取更加有力的措施，保障民行检察工作顺利推进。

一是要把民事行政检察工作摆在更加突出的位置。要高度重视民行检察工作在服务大局、保障民生、维护稳定方面的重要作用。这次会议请各位检察长来参加，一个重要的原因是要从领导层面上来统一对民行检察工作的认识，切实扭转"重刑事轻民事"、"重打击轻监督"的思想，坚持刑事诉讼法、民事诉讼法同等重要、同等重视，要把民行检察作为检察工作新的增长点来抓，认真谋划加强和改进民行检察工作的思路和措施。会议结束后，各地要切实制定推进民事诉讼法贯彻实施的具体方案，采取有力措施，真正取得实效。按照高检院要求，符合条件的民行部门负责人应当进检委会，尽快改变检委会成员的法律知识结构，强化对民事行政法律法规的学习，加强对重大疑难复杂案件的研究讨论，不断提高民行检察工作方面的领导和决策水平。

二是要大力加强民行检察队伍建设。要在民行检察队伍建设上下功夫，配齐配强民行办案力量，优化人员结构，并保持业务骨干的相对稳定。要切实加强民行检察队伍的专业化建设，通过业务能力培训、岗位技能竞赛、精品案例评选等活动，着力提升民行检察人员的法律监督能力。要进一步健全人才选拔和培养制度，通过遴选、招录等方式将思想素质好、法律功底深、办案能力强的人员选拔到民行部门工作，努力培养一批在全省、全国都有影响的专业型人才，推动民行检察工作创新发展。要充分意识到随着监督职权范围的扩大，廉政风险也会相应加大。要认真落实高检院《人民检察院民事行政检察人员廉洁规范执法行为准则》，坚持从严治检，严肃办案纪律，切实提高检察人员公正廉洁执法的水平，绝不允许以权谋钱、以案谋利等违法行为发生，保持队伍的清正廉洁和公正无私，树立民事行政检察队伍的良好形象。

三是要大力加强执法规范化建设。依法规范监督是确保办案质量、维护司法公正的前提和基础。检察机关要牢固树立依法监督和规范监督的理念，切实抓好现行法律、有关司法文件的贯彻落实。近日，高检院发布了《人民检察院民事诉讼监督规则（试行）》（以下简称《规则》）。这个《规则》是指导检察机关贯彻执行修改后民事诉讼法，全面履行民事诉讼法律监督职责的重要司法解释文件，也是加强检察机关民事诉讼监督工作规范化和制度化建设的重要体现。各级检察机关要充分认识《规则》出台的重要性，切实抓好对《规则》的学习贯彻工作。要以民事诉讼法和《规则》为依据，借鉴晋中等地的做法，不断建立完善本地的办案规范。要加强民行部门与控告申诉、案件管理等部门的协调，加快案件流转，确保各项办案工作规范运行。要加强与人民法院等经常性沟通协调，继续完善外部协调沟通机制，从制度层面保障和提升监督质量、效率和执法公信力。

同志们，民行检察工作任务重、要求高、责任大。希望大家以党的十八大和十八届三中全会精神为指导，以这次会议为新的起点，紧紧抓住当前民行检察工作改革发展的大好机遇，以更加饱满的精神状态，脚踏实地、真抓实干、锐意进取，努力开创我省民行检察工作新局面！

（2013 年 12 月 11 日）

在贵州省全省分州市院
检察长座谈会上的讲话

袁本朴[*]

在全省检察机关集中开展督促起诉专项工作，是全省检察长会议部署，并报经省委同意后开展的一项重要工作。2014 年 1 月实施方案印发以来，4 月召开了全省检察机关督促起诉专项工作现场培训会，今天我们又以检察长座谈会的形式专题研究督促起诉专项工作，这种工作力度和强度，在以往省院的工作安排部署中是没有过的，这也说明了省院党组对开展督促起诉专项工作的重视程度。这次会议，一方面是对上半年开展督促起诉专项工作的阶段性总结，推广经过实践检验的经验和做法；另一方面是查找工作中存在的不足，对下半年工作进行安排部署，是一个工作专项推进会。

下面，结合这次会议的任务，我主要讲四个方面的意见。

一、进一步深刻认识开展督促起诉工作的重要意义，增强责任感

党的十八大报告要求要"完善各类国有资产管理体制"，习近平总书记在听取曹建明检察长汇报检察工作时，要求各级检察机关要"促进严格执法、公正司法，保障人民权益，维护宪法和法律权威，为推进全面深化改革、实现依法治国作出新贡献"。曹建明检察长在全国检察长工作会议上指出："要更好发挥民行检察服务和保障经济社会发展的职能作用，探索通过督促起诉、支持起诉、督促履行职责等方式推动解决涉及改革重点领域、损害群众切身利益的突出问题。"为贯彻落实好中央、高检院的精神，省院党组在 2014 年年初，在充分调研的基础上，向省委报送了关于在全省开展督促起诉专项工作的请示，赵克志书记批示：

---

[*] 袁本朴，贵州省人民检察院检察长。

"很好，同意！"

按照省委的要求，全省检察机关根据省院党组安排部署，积极开展督促起诉专项工作。通过近半年的努力，在全省各级党委、政府的领导、支持下，在全省各级检察机关的共同努力下，督促起诉专项工作取得了可喜的成绩，各级检察机关共办理督促起诉案件 1950 件，收回国有资金 63.9 亿元。督促起诉工作得到了高检院、省委、省政府、省人大和社会各界的肯定，检察机关开展督促起诉专项工作的经验做法被新华社《国内动态清样》、《检察日报》、《贵州日报》等中央、省级新闻媒体宣传报道。实践证明，开展督促起诉专项工作是符合检察工作发展规律的，是符合检察工作服务大局要求的，是具有强大生命力的。

全省各级检察机关要认真学习中央、高检院、省委的重要指示精神，并且与贵州检察工作的实际有机地联系起来、统一起来，深刻认识开展督促起诉工作是检察机关贯彻落实党的十八大精神的重要举措；是检察机关立足职能、服务经济社会发展大局的有力举措；是检察机关促进自身科学发展，拓展法律监督职能、创新社会治理的具体举措，进一步坚定开展好督促起诉专项工作的信心，增强自觉开展督促起诉工作的责任感。

二、认真总结经验，切实改进工作

刚才，黔西南州院等 5 个市州院就各自开展督促起诉工作作了经验发言，查找了存在的不足，提出了下一步工作措施。归纳起来，主要有三个方面的经验。

一是始终坚持党委政府的领导。在经验介绍中，大家都认识到，主动向党委、人大和政府汇报督促起诉专项工作的各项部署，争取领导支持是督促起诉工作顺利开展、取得成效的关键。各级院坚持重大事项和重要问题及时向党委请示报告制度，紧紧依靠党的领导解决督促起诉工作中的重大问题，依靠党委统一思想、排除干扰、优化执法环境，增强执法合力。黔西南州院将督促起诉专项工作向州委汇报后，州委张政书记批示："此项工作对全省有指导性，对黔西南更有针对性，是解决当前困扰我州四个建设年一些问题的宝剑，各部门要支持配合好州检察机关的工作，确保专项工作取得实效。"毕节市委张吉勇书记在检察机关的报告中批示："这是一项很重要的工作，同意市检院党组的意见。"毕节市两级检察机关就督促起诉工作向党委、人大、政府呈报的情况反映、专题汇报达 30 余份，市、县主要领导对督促起诉工作作出的指导、批示意见 40 余次，党委、政府主要领导还亲自主持召开督促起诉协调会、座谈会，为检察机关开展督促起诉工作提供了有力保障。安顺市委周建琨书记在安顺市院的工作方案上批示："同意。"六盘水市周荣市长在市检察院的督促起诉专题报告上批示："督促起诉工作很重要，各部门要大力支持。"并将批示文件下发全市各职能部门。盘县、水城成立了由县委县政府牵头，县长任组长的国有资金清理、清收暨督促起诉专项工作领导小组。思南县政府两次组织召开联席会议，安排部署国有资金追缴工作，相关部门表态"一定按照要求履行好追收国有资产职责"。正是在各级党委、政府的坚强领导下，全省检察机关督促起诉工作才开展顺利、成绩突出。

二是始终坚持服务经济社会发展大局。各地在开展督促起诉工作中，围绕坚持主基调、实施主战略，后发赶超，加快全面小康建设这个大局去思考、去部署，立足法律监督职能，促进经济社会科学发展。铜仁市院、遵义市院在开展督促起诉工作中注重讲究工作方法，主动了解欠缴对象的合理需求，及时向党委汇报，与职能部门、企业沟通，共同商讨合理解决办法，让企业感受到检察机关的服务诚意，既实现了追收国有资金的目的，又维护了投资人的合法权益。贵阳市院紧紧围绕服务保障打造贵阳发展升级版的中心任务，以督促追缴土地出让金、督促追缴占用政府资金、督促追缴生态保护领域国有资金为重点，积极开展督促起诉工作。

三是始终坚持建章立制。各级院在开展督促起诉工作中，始终注意建章立制，努力形成督促起诉的常态化工作机制。黔西南州院通过与财政、国土、环保及食品药品监督管理部门建立《防止国有资产流失工作协作机制》和《关于环境保护工作协作机制》等，促进政府职能部门由被动接受监督变为积极主动配合。毕节市院代市委、市政府起草了《关于加强对国有资产管理进行法律监督工作的规定》。通过建立监督配合机制，建立了督促起诉工作长效工作机制，规范督促起诉工作程序，畅通了信息共享渠道，使督促起诉工作进入了常态化的运行轨道。

除此之外，各地还在加强宣传、整合内部资源等方面形成了一些富有地方特点的经验和做法，请省院民行处注意归纳提炼，印发全省各级院学习参考。在总结经验的同时，各地还认真查找了工作中存在的不足，主要有各地工作发展不平衡；与相关行政职能部门的配合协作还需加强；对专项工作规律的认识不足，工作方法有待创新；追缴力度还需进一步加大；对可能隐藏的职务犯罪的查办和预防力度有待加强等。对这些不足，请省院民行处进一步加强对下指导，采取有效措施，改进工作。

三、进一步落实工作措施，注重工作实效

要通过抓好督促起诉各项工作措施，在保护国有资金安全、促进"项目"落地、加强职务犯罪预防以及促进检察机关基础设施建设等四个方面取得实效。

一是在保护国有资金安全上取得实效。开展督促起诉专项工作的根本目的在于更好地服务改革发展稳定的大局，促进经济社会又好又快地发展。开展督促起诉专项工作为检察机关全面履行法律监督职能、更好地融入和服务大局提供了有利的平台。在全省实现大投资、大发展的关键时期，确保国有资金安全关系到投资发展环境，关系到贵州整体形象，各级检察院必须进一步加强调研，深入了解、掌握本区域内经济建设的重点和经济社会发展的趋势，熟悉国有资金运作的特点和规律，坚持规范与引导并重，提高监督能力和水平，确保国有资金安全，积极为经济健康发展营造规范、有序的法制环境。

二是在促进"项目"落地上取得实效，安商稳商。经济发展始终是发展最核心、最基本内容，没有经济的快速增长，其他各方面协调发展的社会目标就很难实现。近年来，在省委、省政府的正确领导下，我省保持了经济快速增长，全省固定资产投资、公共财政预算收入、社会消费品零售总额、第一、二、三产业增加值等六项主要经济指标以及全省生产总值增速在全国排名前列。这些成绩的取得，一个重要的方面就是"项目"带动，可以说，"项目"带动是全省各地经济建设的龙头工作，是全省各地落实"加速发展、加快转型、推动跨越"主基调和"工业化、城镇化和农业现代化"主战略的重要抓手。各级检察机关通过督促起诉工作，尽力收回国有资金，为各级政府落实各项招商引资优惠政策提供资金支持，帮助企业兑现开工的必要条件，为"项目"落地打造发展平台。督促起诉工作的出发点是促进企业发展，不是阻碍企业发展，这是我们在工作中必须严格把握的。

三是在预防职务犯罪上取得成效。习近平总书记强调："预防职务犯罪出生产力。"省委要求预防职务犯罪要坚持"教导管防在前、察帮诫劝紧随、惩处罚治在后"，省纪委提出"惩治腐败是成绩，有效预防腐败更是成绩"。全省各级检察机关要学习贯彻中央、省委关于预防职务犯罪的重要论述，把督促起诉工作与预防职务犯罪工作有机结合，坚持全面履行"打击、预防、监督、教育"的执法职能，督促、警醒各级干部认真履职，勤政廉政，切实防止行政职能部门因怠于履职、疏于履职而导致国有资金流失。要通过督促起诉发现并堵塞漏洞，帮助相关部门建章立制，规范管

【领导讲话】 在贵州省全省分州市院检察长座谈会上的讲话

理，建立完善预防长效工作机制。

四是在促进检察机关基础设施建设上取得突破性进展。通过开展督促起诉工作，展现检察机关在服务经济建设过程中的主动性和积极性，能够让党委政府、社会各界更加关注检察工作，关注检察队伍建设、关注检务保障，从而为检察机关自身科学发展营造更好的外部环境，赢得更多的支持和帮助。望谟县检察院通过开展督促起诉工作，追缴收回国有资金 6600 余万元，县委、县政府非常满意。在该院开展 "4＋1" 工程建设面临资金困难时，得到了县委、县政府的大力支持，及时帮助解决建设资金 30 万元。这个事例充分说明了检察机关通过履行检察职能，在促进经济社会科学发展的同时，能同步推进自身的科学发展，推动检察机关基础设施建设。这一点，各级院务必引起高度重视，要通过开展督促起诉工作，更加积极主动地向党委、政府汇报检察机关面临的各种困难，特别是检务保障方面的困难，争取党委、政府的支持，不断加大对检察工作的投入力度，切实解决检察工作面临的投入不足问题。

上述四点是一个事物的四个方面，共同体现督促起诉专项工作的具体成效，各级院在具体工作中要结合自身实际，做好统筹兼顾。

四、建立健全科学考评机制，严格考核，兑现奖惩

建立与完善全面科学的督促起诉工作评价标准，实施透明、公正的考核程序，是强化实绩与评价的正向联系，是端正工作导向的重要途径，也是省院促使工作部署深入落实，对工作进程进行控制、激励和纠偏的重要工具。

省院民行部门要进一步总结实践经验，深入基层调研，着力规范考核标准，建立符合科学发展观和正确政绩观的绩效考核评价体系，努力形成既科学合理又便于操作的考核办法，确保考核工作的科学性和公正性，以科学的评价机制来引导、激励督促起诉专项工作深入开展。2014 年年底，省院将大力表彰督促起诉专项工作成绩优秀的市州院。这是省院党组的意见，希望大家充分发挥主观能动性，努力拼搏，争当先进，勇争第一，争取获奖。同时，各级院在工作中要注意宣传工作纪律，检察长要对宣传稿件认真审核把关，不能因为宣传不当，引起行政职能部门的误解和质疑。

最后，再强调一点，各级院必须坚持求真务实的工作作风，牢固树立正确的政绩观，严禁弄虚作假。要以极端负责的态度，使督促起诉工作经得起历史的检验，一案一卷，建立台账，每一笔追收资金必须要有财政部门的回执单为依据，方可进入台账，严禁虚报，否则一经查实，全省通报批评。

同志们，行百里者半九十。在督促起诉专项工作进入全面推进的关键阶段之际，希望大家鼓足干劲、顽强拼搏、锐意进取，勇争"单项冠军"，圆满完成好全年各项工作任务，以督促起诉专项工作的实际成效实现"让党满意，让人民群众满意"的目标，为服务贵州经济社会发展再立新功。

（2014 年 6 月 20 日）

在吉林省检察院检察委员会学习《人民检察院民事诉讼监督规则（试行）》电视电话（扩大）会议上的讲话

杨克勤*

结合这次报告会，对下一步全省检察机关的贯彻落实，我讲五点意见。

一要把民事检察工作摆在更加突出的位置。2012 年以来，在高检院及民事行政检察厅的正确领导、有力指导下，吉林省检察机关积极更新执法理念，切实加强教育培训，主动适应修改后民事诉讼法的新要求，不断加大监督力度，执行监督、调解监督、移送职务犯罪线索的数量成倍增长，民事检察工作取得了新的进展。但是，我们必须清醒地看到，民事检察监督仍然是检察工作中相对薄弱的环节。分析这方面的原因，一是由于过去有关法律制度不够健全、不够完善；二是长期以来我们的侦查权、批捕权、起诉权一直被社会各界广泛关注、高度认可，与之相比，民事检察工作就显得比较薄弱；三是随着改革的深化，社会结构发生了重大变化，人民内部矛盾的结构也发生了相应变化，表现在案件上，就是民事案件的比例越来越大，甚至超过了 90％，人民群众对司法不公、司法腐败不满的强烈呼声也主要集中在民事诉讼活动上，与人民群众的更高要求相比，我们在贯彻落实有关法律规定时不仅在理念上、能力上，而且在认识上也很不一致，监督工作还没有完全形成合力、监督效果还没有真正凸显。前一段，我和省院几位党组成员到各地调研谋划 2014 年工作，大家逐步形成一

---

* 杨克勤，吉林省人民检察院检察长。

个共识，就是 2014 年全省检察工作要在指导思想和工作布局上，在丝毫不放松职务犯罪侦查、侦监、公诉、监所等业务工作的同时，紧紧抓住民事诉讼法修改、《人民检察院民事诉讼监督规则（试行）》颁布实施的有利契机，把民事检察工作摆在更加突出的位置，努力形成检察工作新的增长点。预计经过几年的努力，民事检察这块短板补上了，整个检察工作水平又会大大提升一步。前几天，我们已经向省人大常委会建议，2014 年由省人大常委会对全省民行检察工作进行视察，并听取省院的专项工作报告，争取作出关于加强民行检察监督的决定。希望全省各级院上下配合，共同努力，下大气力实现民事检察工作的重大突破，打造法律监督工作新的亮点。

二要进一步牢固树立敢于监督的理念。十八届三中全会对加强司法活动的法律监督提出了新的更高要求，习近平总书记多次强调"要让人民群众在每一个司法案件中都感受到公平正义"。前面讲到了，当前人民群众对司法不公、司法腐败的不满，主要集中在民商事诉讼上，社会各界对检察机关加强监督的呼声很高、期望很大。这就要求我们切实增强进取意识、机遇意识、责任意识，忠实履行监督职责，加大监督力度，坚决依法纠正民事诉讼中的各类违法问题。我们欣喜地看到，全省检察机关在加强民行检察监督方面作出了很多很好的探索。比如，喻春江同志积极同白山市法院邢吉安院长沟通协调，对加强民事诉讼监督形成了一揽子会议纪要，推动白山地区在这方面作了积极、大胆的探索，取得了很好的效果。前几天，我到吉林市昌邑区院调研，他们和法院、国土资源、环保等有关部门共同形成了加强对行政执法活动监督的意见，并由区委转发。还有磐石市院同法院沟通，出台了对民事执行活动加强监督的意见，对 18 种民事执行行为进行监督，规定得很细、很具体，可操作性很强。目前，省院正在进行积极的准备，过一段时间，我和王常松院长还将就加强民行检察监督问题进行专门沟通。我们也希望各级院不要等、不要靠，发挥主观能动性，积极和法院沟通协商，创造性地贯彻落实好民事诉讼法和《人民检察院民事诉讼监督规则（试行）》的各项要求。

三要大胆用好多种监督手段。在近一段时间的调研中，我了解到，部分院特别是基层院以往过于依赖抗诉这个监督手段，在 2014 年民事抗诉案件提级办理后，有的基层院就感到无案可办、无从下手，不会运用修改后民事诉讼法赋予检察机关的各种新的监督手段，致使监督效果大打折扣。

对此，各级院要进一步更新监督理念，调整工作格局，按照民事诉讼法、《人民检察院民事诉讼监督规则（试行）》和"两高"有关文件的规定精神，充分运用好检察建议、调查诉讼违法行为、建议更换办案人和查办裁判不公背后的徇私枉法犯罪等手段，打好监督同级法院特别是基层法院诉讼活动的"组合拳"，建立健全多元化的监督工作格局，切实增强监督的针对性和实效性。

四要着力提升民事检察队伍素能。我们常讲，作为监督者，一定要有高人一招的本领，如何在监督中一针见血发现问题、鞭辟入里分析原因、有理有据提出建议，这是对我们民行检察人员新的考验。下一步，全省检察机关民行部门要自我加压，强化学习培训，对办案人员要实行过关考试，确保准确理解、熟练掌握修改后民事诉讼法和《人民检察院民事诉讼监督规则（试行）》。特别要注重实战锻炼，广泛开展案例教学和岗位练兵，加强培训的针对性和实践性，确保把学到的知识、技能及时转化为监督能力和工作成效。

五要努力形成民事检察监督的强大合力。民事检察监督能不能切实加强，关键在领导。全省各级院要把民事检察工作作为"一把手"工程抓在手上，党组每年至少要听取一次民事检察工作专题汇报，研究解决重大工作难题；检委会每年至少要专题学习一次民事检察工作的文件制度。要树立全省"一盘棋"观念，省、市两级院要灵活采用交办、转办、督办、提办等方式，加强统一指导，实行人员、装备等民事办案资源一体化调度使用，充分发挥整体效能。要把这项工作放到检察工作全局中来统筹推进，民行、控申、案管、反贪、反渎等有关部门要在分工负责的基础上加强协作，充分发挥各自优势，构建"大民行"格局，努力形成推进民行检察工作的合力。特别是反贪、反渎部门对民行部门移送的职务犯罪线索，要单独管理、及时办理，民行部门要积极给予配合，对确实构成犯罪的要依法严惩。

同志们，加强民事检察工作、维护公平正义，责任重大，使命光荣。前一段时间，我在省委党校授课时就讲，我们现在特别强调职务犯罪预防工作，因为这是治本之策，考虑到职务犯罪的发案存在滞后性，未来三到五年，可能查办职务犯罪的数量还会缓慢上升，但从长远看，预防这一手抓好了，总的趋势应该是下降的。与之对比，今后的民行案件一定会大幅度上升，未来一个时期检察工作新的增长点，就在民行领域。让我们在高检院坚强领导下，以这次集中学习为有利契机，凝心聚力，奋发进取，实现民事检察工作的新提升，推动全省检察事业务实规范创新科学发展，为建设公正高效权威的社会主义司法制度作出新的更大的贡献！

(2013 年 11 月 27 日)

民事行政检察指导与研究（总第13集）

Guide and Study on Civil-Administrative Procuratorate

【理论争鸣】

检察机关在民事检察中的调查核实权探析

巩富文　杨　辉*

　　2012 年修改的民事诉讼法第 210 条规定："人民检察院因履行法律监督职责提出检察建议或者抗诉的需要，可以向当事人或者案外人调查核实有关情况。"从而在立法上首次赋予检察机关调查核实权。本文拟对此问题进行探讨。

　　一、检察机关调查核实权的法律属性

　　调查核实权是人民检察院在监督人民法院民事诉讼活动中出于提出抗诉或者检察建议的需要，依据法律规定向当事人或者案外人调查核实相关情况的一种权力。它具有以下法律属性：

　　（一）调查核实权是一种具有法律监督性质的司法权

　　为了准确把握调查核实权的性质，需要将它与刑事侦查权以及人民法院的调查取证权进行比较。刑事侦查权是一种具有行政性质的司法权[1]，是特定机关依据法律规定对特定刑事案件进行专门调查和采取有关强制措施，以收集犯罪证据、查明犯罪事实、惩罚犯罪人的权力。[2]其目的在于准确、及时地查明犯罪事实，惩罚犯罪人。法院调查取证权是人民法院按照法律规定的范围和程序，收集证据和证据材料的法律活动[3]，它本身是审判权的一部分，其目的是查明案件事实，正确适用法律，解决民事争议。

---

*　巩富文，全国政协委员，陕西省人民检察院副检察长、法学博士，全国检察业务专家、教授。
　　杨辉，陕西省人民检察院民事行政检察处助理检察员。

[1]　参见燕星宇：《论我国检察权的司法性根基及其司法化改革》，复旦大学硕士学位论文（2011年4月）。

[2]　参见冯静：《论检察侦查权的科学配置》，载《法制与社会》2011 年第 11 期。

[3]　参见赫广晓晔：《民事诉讼法院调查取证制度研究》，中国政法大学硕士学位论文（2012 年 3月）。

调查核实权则是检察机关监督人民法院审判权这一公权力过程中所享有的一项权力。其目的是通过对生效裁判、调解书以及审判程序、执行活动的了解，搜集能证明案件事实和办案程序的相关证据，判断人民法院的判决、裁定、调解书是否确有错误，以及审判人员在审判程序、执行程序中是否存在违法行为，最终决定是否向人民法院提出抗诉或者发出检察建议。显然其行使不是为了解决当事人之间的民事争议，而是为了监督和纠正人民法院的错误裁判和违法行为，保障国家法律的统一正确实施。

（二）调查核实权是一项不具有强制性的工具性权力

调查权作为一种工具性的权力，是收集证据、了解情况、解决问题的一种手段，公安机关、人民法院、人民检察院等具有监督和管理职能的机关均可以行使，但行使的目的、对象、范围、措施等又有所不同。刑事侦查权不单单是一种专门的调查权，它还可以采取有关强制措施，如拘传、取保候审、监视居住、拘留和逮捕等。但调查核实权不具有这种强制性，不能对被调查对象采取强制措施，不能限制被调查对象的人身自由，不得查封、扣押、冻结被调查对象的财产，不能使用窃听等专门手段，也不能对审判人员的违法行为进行刑事侦查。如果在监督民事案件的过程中发现审判人员职务犯罪案件线索，应当根据高检院《关于完善抗诉工作与职务犯罪侦查工作内部监督制约机制的规定》，由人民检察院负责抗诉工作的部门将职务犯罪案件线索移送反贪、反渎等部门进行侦查，它自己并不承办职务犯罪侦查工作。

（三）调查核实权是法律赋予检察机关的一项职权

其他任何机关和部门不能行使此项权力，而检察机关也必须正当行使，既不能随意扩大调查核实的范围，不应调查却调查，滥用调查核实权，也不能应该调查核实却不调查核实，怠于行使调查核实权。2013 年 11 月公布的《人民检察院民事诉讼监督规则（试行）》规定 4 种情况可以调查核实，在符合监督规则规定的情形下，检察机关应该切实履行职责，依职权主动进行调查核实。

二、检察机关行使调查核实权应遵循的原则

（一）中立性原则

调查核实权属于法律监督权的范畴，法律监督权的性质要求检察机关要居中监督，调查核实的目的是查明人民法院的生效裁判和调解书是否存在错误，审判和执行程序中是否存在违法行为，监督人民法院的审判权和民事诉讼活动，而不是对任何一方当事人的证据进行补充和加强。根据"谁主张、谁举证"的民事诉讼举证责任规则，当事人应该提供证据证明自己的主张，否则就应该承担败诉的风险和相应的法律责任。因此，作为法律监督者的检察机关在办理民事监督案件时不能破坏法定举证责任规则，应当树立一种中立的理念，在当事人之间应该保持客观、中立、公正立场，既不代表任何一方当事人，也不代替任何一方当事人举证，避免因调查核实权的不当行使，破坏当事人之间平等对抗的民事诉讼结构。实践中，由于民事检察监督案件一般由一方当事人申请启动，而检察机关调查核实也必然带着自己对案件的主观判断和看法，加之对抗诉案件改变率、检察建议采纳率等办案结果的客观追求，导致检察机关在办案过程中容易偏离中立者的角色定位，给人以偏向申请人的印象，引起对检察监督权威的质疑，因此，检察机关要特别注意不能偏离中立者的角色定位。

（二）必要性原则

根据法律规定，调查核实权的行使必须是基于履行法律监督职责并提出检察建议或者抗诉的需要，因此，其行使"应该理性、慎重，有所限制，不是每案必查"①。调查核实的目的是了解与生效裁判、调解书和审判、执行活动有关的必要信息，以决定是否提出抗诉或者检察建议，不能超出需要了解情况的必要范围，也不能理解为类似刑事诉讼中的主动侦查，不能任意行使调查核实权干扰法院正常审判和执行活动。笔者认为，必要性的判断标准应当是：通过审查人民法院的审判案卷仍然无法查清案件事实，而案件在认定事实和程序方面可能有错误而确有调查核实必要的，可以进行调查核实。人民法院的裁判事实清楚、证据充分，程序方面是否存在问题很明确的，则无须调查核实。

（三）补充性原则

检察机关审查案件的主要方式是阅卷和审查当事人提交的证据材料。法院审判卷宗是人民法院审理案件过程的全面记录，既反映了人民法院的审理程序，也包含了双方当事人的诉辩主张和相关证据。详细查阅案卷是检察机关了解案情，掌握案件事实、证据、法律适用和程序运行的最基本途径，也是检察机关发现裁判是否存在错误和查证诉讼违法行为的重要方式。实践中，通过查阅人民法院的审判卷宗和当事人的申请监督材料，一般可以查清人民法院在采信证据、认定事实和适用法律方面是否存在问题，也可以查清人民法院在审理程序和执行方面是否存在违法行为，只有少数特殊情况需要检察机关调查核实。故应该把阅卷和审查现有材料作为监督民事案件的主要和常规方式，把调查核实作为补充手段，只有通过阅

---

① 巩富文、彭艳妮：《监督职能"补强"了，关键还要看实效》，载《检察日报》2013年3月8日。

卷和审查现有材料仍然难以认定，而案件在认定事实和程序方面可能有错误而确有调查核实必要的，才可以向当事人或者案外人调查核实有关情况。

（四）合法性原则

调查核实作为获取证据的方式，其决定、措施和程序都必须依法进行，符合法律规定。（1）调查核实的决定必须合法。如果案件确需调查核实，应该由承办人提出，部门负责人或者检察长批准，办案人不能自己决定是否进行调查核实。（2）调查核实的措施必须合法。《人民检察院民事诉讼监督规则（试行）》规定了5种调查核实的具体措施，并明确规定调查核实不得限制被调查人的人身自由，不得查封、扣押、冻结被调查人的财产，不得采取其他相关的强制性措施，因此，采取调查核实的具体措施时应该合理合法。（3）调查核实的程序必须合法。调查核实必须由两名以上检察人员共同进行并出示证件，应当制作调查笔录，由被调查人核对后签名或者盖章，保障所获取证据的客观性。特别注意不能和当事人及其委托代理人一起调查核实。

三、检察机关行使调查核实权需要明确的几个问题

检察机关要正确行使调查核实权，必须对其适用范围、程序、具体措施以及所取得的证据效力等问题进一步予以明确。

（一）调查核实权的适用范围

实践中，以办理刑事案件的思维办理民事检察案件，不应调查而调查的现象时有发生，因此，必须严格掌握调查核实权适用的范围。根据《人民检察院民事诉讼监督规则（试行）》第65条的规定，遇有下列四类情况可以进行调查核实：

1. 民事判决、裁定、调解书可能存在法律规定需要监督的情形，仅通过阅卷及审查现有材料难以认定的。修改后的民事诉讼法第200条规定了13种民事判决、裁定需要监督的情形。该法第208条规定，调解书损害国家利益、社会公共利益的，应该监督。是否需要对这14种情形都进行调查核实，答案显然是否定的。应该说，这14种情形的绝大多数无须进行调查核实，如原裁判认定的基本事实缺乏证据证明、原裁判认定事实的主要证据未经质证、原裁判适用法律错误、原裁判遗漏或者超出诉讼请求等情形。但对于有些情形，仅通过阅卷及审查现有材料难以认定的，应该进行调查核实，主要应该包括以下几种：（1）有新的证据，足以推翻原判决、裁定的。对于"新证据"，有必要核实该证据的真实性、是否属于新证据、是否足以推翻原判决裁定。（2）原判决、裁定认定事实的主要证据是伪证的。对于"伪证"可以从该证据的来源、内容、形式等方面核实该证据是否真实，是否确属伪证。（3）调解书损害国家利益、社会公共利益的。有必要对调解书损害国家利益、社会公共利益的事实、后果等情况进行调查核实。此外，对当事人应当举证证明的案件事实、双方当事人有争议的案件事实不应该进行调查核实，而应由人民法院根据举证责任的归责原则进行判决。

2. 民事审判程序中审判人员可能存在违法行为的。法院审判人员在审判程序中的违法行为大多数通过查阅审判卷宗就可以发现，如审判组织的组成不合法、应当参加诉讼的当事人未参加诉讼、违法剥夺当事人辩论权利、未经传票传唤而缺席判决、违反法定审理期限等，存在这些情形时，无须进行调查核实。但对有些违法行为，如应当回避的审判人员没有回避、应送达而未送达、调解违反自愿原则、审判人员接受当事人及其委托代理人请客送礼等问题，通过阅卷仍然难以认定的，检察机关可以向案件当事人和相关案外人进行调查核实，在查明事实的基础上决定是否提出抗诉或者检察建议。

3. 民事执行活动可能存在违法情形的。民事执行活动在实践中反映出来的问题比较多，人民检察院对执行活动监督的重点应该是执行乱问题，即执行人员在执行活动中的违法行为。对于不执行、超出标的执行、执行案外人的财产、违法终结等情形，以及一些必须以文字书面记载的执法行为，一旦发生，通过查阅人民法院的执行卷宗就可以认定。而像怠于执行、法律文书应送达而未送达、拘留被执行人不通知家属等违法行为比较隐蔽，通过审查人民法院的执行卷宗仍然难以认定的，检察机关可以向案件当事人和相关案外人进行调查核实，查明执行活动是否确实存在违法情形。

4. 其他需要调查核实的情形。实际工作中，除以上三种情况外，应该还存在其他需要调查核实的情形，法律不可能穷尽，因此，用兜底条款的方式予以规定。如受损害的单位和个人法律知识或诉讼能力不足需要支持起诉的，检察机关可以根据职责进行必要的调查核实，确认是否存在受损害的事实以及是否需要支持起诉。对当事人之间恶意串通欺骗人民法院，进行虚假诉讼，从而损害国家、社会以及第三人利益的，检察机关也可以进行调查核实。

（二）调查核实权的适用程序

《人民检察院民事诉讼监督规则（试行）》已经对调查核实权的适用程序作出了明确规定，实践中应该严格按照规定去规范操作，这里只对程序中规定不明确的几个问题进行探讨。

1. 调查核实的启动。调查核实是否应该以申请监督人的申请为前提，对此，实践中存在不同的看法。肯定说者认为，调查核实"必须由申请监督人向检察机关书面提交调查取证申请"[①]；否定说者认为，"无须以申请监督人的申请为前提"[②]。笔者认为，调查核实权是对人民法院审判权这一公权力进行监督的一种权力，其目的是通过监督确有错误的生效裁判、调解书以及违法行为，保障国家法律的统一正确实施。法律监督是国家法律赋予检察机关的神圣职责，只要生效裁判、调解书确有错误以及存在违法行为，检察机关就可以依职权进行调查核实，无须以申请监督人的申请为前提。相反，即使当事人申请检察机关调查核实，检察机关如果认为案件事实清楚，证据确实充分的，也可不予以调查核实。

2. 调查核实的决定。《人民检察院民事诉讼监督规则（试行）》第70条只是规定需要调查核实的，由承办人提出，部门负责人或者检察长批准，但没有明确规定哪种措施应该由部门负责人批准，那些情况应该由检察长批准。由哪一级批准和决定关系到检察机关内部的权力分配，在分配这一决定权时既应该考虑工作效率的提高，又要防止权力被滥用。结合实际部门的操作情况，笔者认为，对询问当事人或者案外人以及咨询对专门问题的意见这两种效率要求比较高的措施，应该由部门负责人及时审批。对于查询、调取、复制相关证据材料以及委托鉴定、评估、审计、勘验物证、现场等需要采取相关措施的，应该报请检察长审批。

3. 调查核实的期限。修改后的民事诉讼法和《人民检察院民事诉讼监督规则（试行）》都没有规定调查核实的期限，但调查核实不能无限期进行，应力争缩短调查核实的时间，提高办案的效率。修改后的民事诉讼法第209条规定检察机关对当事人的监督申请应当在3个月内审查，作出提出或者不予提出检察建议或者抗诉的决定。根据有关规定，检察机关办理民事诉讼监督案件，通常分为受理、审查、决定等阶段和程序，调查核实一般在案件审查阶段进行，具体应该在开始审查后至作出审查终结报告前进行，但如需进行鉴定、评估、审计以及到外地调查核实等时间相对较长的措施，确实在3个月的办案期限内无法办结案件的，笔者认为，可以经本院检察长批准适当延长1个月，延长次数以两次为限，防止案件久拖不办。

---

① 黄惠贤：《从一起民事申诉案件看民行检察监督调查取证权的运用》，载《法制与经济》2011年第10期。

② 梁伟民：《检察机关民事调查取证权的限制》，载《法制与社会》2012年第11期。

（三）调查核实的具体措施

《人民检察院民事诉讼监督规则（试行）》第 66 条采用列举的方式规定了以下 5 种调查核实的具体措施：查询、调取、复制相关证据材料；询问当事人或者案外人；咨询专业人员、相关部门或者行业协会等对专门问题的意见；委托鉴定、评估、审计；勘验物证、现场，采用兜底条款的方式规定了查明案件事实所需要的其他措施。实践中，只要根据案件需要，严格依照法律适用即可。值得探讨的是对审判人员是否可以使用询问措施，法律没用明确规定，理论界有观点认为可以"要求法官说明判决理由"①，对此应该具体分析。如果检察机关监督的情形属于民事判决、裁定、调解书在认定事实、适用法律、证据采信方面可能存在错误需要监督的情形，由于对证据的分析、事实的认定以及法律适用方面每个法律工作者可能有不尽一致的看法和判断，导致判决结果不甚相同甚至存在个别错误，检察机关如果认为生效的民事判决、裁定、调解书在这些方面存在错误，应直接依法抗诉或者发出检察建议，不应也没有必要要求审判人员说明判决理由。当然，审判人员因贪污受贿、徇私舞弊而故意枉法裁判的则另当别论。但如果检察机关监督的情形属于民事审判和执行程序中可能存在违法行为，通过阅卷和询问案件当事人仍然难以认定的，如应回避而未回避、应送达而未送达、接受当事人及其委托代理人请客送礼、怠于执行等问题，不询问法官就难以准确清楚地查明是否存在违法行为的，检察机关可以就这些违法行为向法官进行询问，要求其进行说明，以决定是否发出检察建议。

（四）调查核实所取得的证据效力

检察机关通过调查核实所取得的证据应否直接作为人民法院定案的依据，修改后的民事诉讼法和《人民检察院民事诉讼监督规则（试行）》并没有明确的规定。有观点认为，"对于检察机关调查核实所得的证据人民法院无权进行审查，只能据其作出认定"②；也有观点认为，"对于检察机关调查收集的证据双方当事人不能进行质证"③。对此，应该根据证据的作用加以区别分析。对于提出抗诉而言，检察机关调查核实所取得的证据当然可以作为支持其抗诉理由的证据，可以在抗诉书中根据这些证据进行分

---

① 高旋：《检察机关在民事抗诉工作中调查取证权程序的设想》，载《中国检察官》2010 年第 3 期。

② 蔡涛：《论检察机关民事调查权》，载《法制与社会》2008 年第 9 期。

③ 李雁冰、张红阳：《论民事抗诉程序中检察机关的调查取证权》，载《辽宁公安司法管理干部学院学报》2012 年第 2 期。

析说理并提出抗诉。检察机关在提出抗诉或再审检察建议时，应该将调查核实所取得的证据一并提交人民法院，并在庭审质证时予以出示。但对于人民法院再审而言，是否应该直接采信人民检察院调查核实所得证据则值得商榷。修改后的民事诉讼法第68条规定证据应当在法庭上出示，并由当事人互相质证。这里的证据应该是指能够证明案件事实的所有证据，不只是双方当事人提供的证据，还包括人民法院调查所取得的证据，也应该包括人民检察院调查核实所得的证据。同时，受办案人员业务水平、立场、角度影响，检察机关调查核实所取得的证据并不一定完全客观公正，没有瑕疵。因此，检察机关调查核实所取得的证据应当与当事人提交的证据和人民法院调取的证据一样，经双方当事人当庭质证，发表质证意见。当事人对于证据的来源与真实性有异议的，检察机关还应当对证据收集的相关情况向合议庭和当事人进行说明，但检察机关不应参与控辩双方进行的辩论，最后能否作为认定案件事实的证据，应该由人民法院依法决定。

（五）调查核实权的保障措施

调查核实权作为民事检察监督中行之有效的证据收集方式，应该规定相应的措施予以保障，否则，如果出现被调查核实对象不予配合甚至严重妨碍检察机关调查核实的行为，不利于案件的审查办理，不利于检察监督职能的顺利实现。修改后的民事诉讼法没有规定相关的具体保障措施，应该说是立法中的不足，建议在以后修改时予以完善。但《人民检察院民事诉讼监督规则（试行）》对此进行了规定，其内容主要有两个方面：一是明确了有关单位和个人的配合义务，规定人民检察院调查核实，有关单位和个人应当配合，不得拒绝或者妨碍。二是赋予了检察机关对拒绝或者妨碍调查核实行为的建议纠正权和责任追究权，明确规定对拒绝或者妨碍人民检察院调查核实的，人民检察院可以向有关单位或者其上级主管部门提出检察建议，责令纠正；如果拒绝或者妨碍调查核实的行为涉嫌犯罪的，依照规定移送有关机关处理，从而使调查核实权具有了刚性的保障措施，具有了相应的法律强制力。

民事行政检察指导与研究（总第13集）
Guide and Study on Civil-Administrative Procuratorate

民事诉讼法修改与公益诉讼制度的创设

徐全兵[*]

一、修改后民事诉讼法关于公益诉讼制度的规定

近年来，环境污染和食品安全事故不断发生，社会各界也多次提出在民事诉讼法中增加公益诉讼制度的立法建议，希望通过司法程序，公开、公正地维护社会公共利益。立法机关回应了这种社会诉求，在修改后民事诉讼法中创设了公益诉讼制度，其第 55 条规定："对污染环境、侵害众多消费者合法权益等损害社会公共利益的行为，法律规定的机关和有关组织可以向人民法院提起诉讼。"

公益诉讼制度起源于古罗马。在古罗马的程式诉讼中，就有私益诉讼和公益诉讼之分，前者是保护个人权利的诉讼，仅特定利害关系人才可提起；后者是保护社会公共利益的诉讼，以保护社会公共利益为目的，市民无论是否与案件具有利害关系，均可作为原告起诉。公益诉讼制度被赋予现代意义，始于 20 世纪西方社会由自由资本主义向垄断资本主义过渡时期。科技进步和生产规模的扩大，导致社会利益发生变化，原先传统的某些民事行为不再单纯影响当事人自己，而且影响社会公共利益，与此相伴的很多纠纷都涉及大量利害关系者的公共政策问题。这类纠纷具有传统诉讼方式难以容纳的新要素，传统的诉讼机制需要做相应的调整。一般认为，美国是现代公益诉讼制度的创始国。美国国会于 1890 年通过的《谢尔曼反托拉斯法案》规定，对于违反该法案的公司，司法部门、联邦政府、团体和个人都可以提起诉讼，检察官依司法部长的指示，可提起民事诉讼。后来，美国相继在反垄断、环保、消费侵权、证券侵权等诸多领域建立了公益诉讼制度。在英国诉讼制度中，有一种用公法名义保护私权之

---

* 徐全兵，最高人民检察院民事行政检察厅案件指导处处长。

诉的程序，即检察总长可以代表公众提起诉讼，阻止不正当行为，以保护公众权利。经检察总长同意，某些组织也可为公共利益而提起环境公害群体诉讼。法国民事诉讼法和法院组织法都规定了检察机关可以为维护公共秩序而提起公益诉讼。德国法律规定了团体诉讼的制度，将具有共同利益的众多法律主体提起诉讼的权利通过诉讼信托的方式，使那些具有公益性质的社会团体可以提起符合其章程或设立目的的诉讼，这也是实质上的公益诉讼。

民事诉讼法修订以前，我国法律上并没有规定公益诉讼制度。但是审判实践中已经出现了大量的公益诉讼案件，主要涉及环境污染的侵权案件、消费领域的侵权案件、国有资产流失案件、证券侵权案件、公共场所收费的案件、涉及土地开发影响社会公益的案件等。审判实践的丰富经验有力地推动了立法的进步。全国人民代表大会常务委员会《关于修改〈中华人民共和国民事诉讼法〉的决定》第 9 条规定："增加一条，作为第五十五条：'对污染环境、侵害众多消费者合法权益等损害社会公共利益的行为，法律规定的机关和有关组织可以向人民法院提起诉讼。'"这标志着我国公益诉讼制度的正式建立。

根据我国修改后民事诉讼法的规定，公益诉讼是指特定主体根据法律的授权就侵犯社会公共利益的行为向法院提起的现代型诉讼。其具有以下主要特征：

一是以维护社会公共利益为目的。传统民事诉讼中，诉讼标的是当事人之间争议的民事法律关系，诉讼的目的在于解决当事人之间的纠纷，维护当事人个人的合法权益。公益诉讼则超越了传统的私人纠纷领域，涉及污染环境、侵害众多消费者合法权益等领域，提起诉讼的目的是维护社会公共利益。衡量一个诉讼是否为公益诉讼，曾有"效果说"与"目的说"之争。"效果说"认为，只要诉讼的结果在客观上维护了社会公共利益，就应被看作公益诉讼；[1] 而"目的说"认为，只有原告主观上是为了社会公共利益而提起的诉讼才是公益诉讼。[2] 笔者认为，"效果说"容易导致公益诉讼的泛化，应从起诉的目的来界定公益诉讼。

二是起诉的主体具有特定性。我国修改后民事诉讼法将提起公益诉讼的主体规定为"法律规定的机关和有关组织"。传统民事诉讼中，原告必须对争议事实具有诉的利益，有直接的利害关系，否则法院不予以受理。而公益诉讼中，并不强制要求起诉主体与所诉行为有直接的利害关系，只

---

[1] 参见肖建华、柯阳友：《论公益诉讼之诉的利益》，载《河北学刊》2011 年 3 月第 2 期。

[2] 参见李志强：《关于公益诉讼制度的几点思考》，载《北方论丛》2008 年第 3 期。

要法律规定的机关和有关组织认为行为人的行为侵犯了污染环境、侵害众多消费者合法权益等社会公共利益，就有权向法院提起诉讼。

三是原告的处分权受到限制。传统民事诉讼采辩论主义和当事人主义，基于意思自治，当事人可自由地处分自己的实体权利和诉讼权利。在公益诉讼中，原告是为了保护社会公共利益，通过诉讼信托和国家干预理论而具有诉的利益，获得向法院提起诉讼的权利。一般情况下，公益诉讼的当事人没有对社会公共利益进行处分的权利。所以公益诉讼在程序制度方面具有区别于普通私益诉讼的特征，在私益诉讼中适用的辩论主义和处分原则，在公益诉讼中受到限制，而采取一定的职权探知主义和职权进行主义。① 原告放弃、变更诉讼请求、撤诉等需要经过法院的同意。

四是判决的效力具有扩张性。传统民事诉讼中，判决的效力仅及于诉讼的两造，一般情况下不能扩张及没有参加诉讼的第三方。而在公益诉讼中，判决除对直接参加诉讼的当事人产生效力外，还对权益受到损害但未参加诉讼的不特定的人产生效力。通过判决效力的扩张，使所有的、现实的和潜在的、公众的利益都得到了保护。

二、公益诉讼制度的价值

建立公益诉讼制度，是社会主义法治发展的需要，是保障当事人基本诉讼权利的需要，有利于彰显社会主义民主和法治，有利于保护包括当事人在内的社会成员的合法权益。公益诉讼制度的价值主要体现在以下几个方面：

一是健全纠纷解决机制。公益诉讼制度是一种特殊的、非传统性的现代型诉讼制度。在传统的民事诉讼模式中，原告起诉只能以与自己有法律上的直接利害关系为限。在社会公共利益遭受侵害的情况下，与违法行为有直接利害关系的人可能因为损失的利益不大，或者出于其他的考虑而不愿意或不敢提起诉讼。而实践中发生的不少侵害社会公共利益的案件，不存在直接的利害关系人，在这种情况下，依据传统的民事诉讼制度，无法通过提起诉讼来维护公共利益，导致侵害公共利益的违法行为不能得到相应的制裁，进而导致了对侵害社会公益行为的放任。② 公益诉讼制度的建立，弥补了传统民事诉讼模式在解决这类问题方面的不足，丰富了新形势下诉讼机制的内涵，健全了纠纷的解决机制。

二是维护社会主义市场经济秩序。市场经济是以追求个体利益最大化为目标的经济机制。随着市场经济的深入发展，市场竞争日趋激烈。但我

① 参见邵明：《析法院职权探知主义》，载《政法论坛》2009年11月第6期。
② 参见颜运秋：《公益诉讼诉权的宪政解释》，载《河北法学》2007年第5期。

国市场经济体制还存在一些不足，市场发育不尽完善，公平竞争的市场秩序未完全建立，使得我国市场经济秩序异常复杂，既充满活力，又充斥着大量非理性甚至违法的竞争行为。一些市场主体为追求利益最大化，往往无视甚至突破法律的规定，违背公认的商业道德，不遵守竞争规则，侵犯消费者和其他经营者合法权益的事件屡有发生。这类事件涉及面广，影响恶劣，如果不进入诉讼，将使这种破坏市场经济秩序的行为无法得到制裁。建立公益诉讼制度，通过放宽起诉人的条件，将这类破坏市场经济秩序的行为纳入诉讼程序，从而通过司法审判维护市场经济秩序的有序发展。

三是全面保护合法正当权利。保护合法正当的权利是民事诉讼的基本功能。公益诉讼制度弥补了传统民事诉讼制度在保护弱者合法权利和便利利用诉讼权利两个方面的不足。法律是公平、正义和善良的事业，应当充分体现平等精神，保障社会大众拥有平等的利用法律而获得救济的机会。[1]但社会现实是弱者的合法正当权益往往被忽视，甚至被剥夺。如果法律不能发挥应有的作用，那么法律制度的基础就会失去平衡，导致整个社会秩序的混乱与崩溃。公益诉讼制度的建立，突出反映了法律对社会弱小阶层利益的关注，通过强调对社会弱势群体利益的保护，制止来自社会强势群体的歧视、压迫及政府、行政机关的违法行为。[2]对于便利利用诉讼权利方面，当公民认为自己的合法权益受到侵犯时，即享有宪法赋予的要求司法机关予以保护和救济的权利。对于现代社会发生的大量集团性侵害事件，如果恪守传统民事诉讼理论，公民司法保护请求权的行使是受到限制的，这些纠纷难以进入诉讼程序而获得救济。公益诉讼制度的建立，突破了传统当事人适格的要件，在诉讼程序内很好地解决了这些现代型纠纷，实现了宪法赋予公民的基本权利。

四是推动形成社会公共政策。公益诉讼主要针对污染环境、侵害消费者合法权益等直接关系社会公共利益的案件进行诉讼。通过个案裁判的正义，不仅使受到侵害的社会公共利益得到救济，而且为今后类似相关纠纷的正当合理解决提供重要的依据。公益诉讼裁判的正义性，满足了不特定多数人对正义的追求，其内容具有广泛的可接受性，可以作为已获得公认的社会价值而对权力机关、行政机关造成某种社会压力，促使其发动立法权、行政权以形成有利于公众的社会公共政策。[3]在这一过程中，法院不

① 参见江必新：《论公益诉讼的价值及其建构》，载《人民法院报》2009年10月29日第5版。
② 参见江伟、苏文卿：《公益诉讼社会功能论》，载《政法学刊》2009年2月第1期。
③ 参见邵明：《民事诉讼法学》，中国人民大学出版社2007年版，第32～38页。

仅仅通过公益诉讼挽回当事人所遭受的物质利益的损失，而且通过诉讼中的确定性、形成性判决来影响，甚至是改变社会的公共政策。

三、对"公共利益"的界定

提起公益诉讼的目的是维护社会公共利益。因此社会公共利益的界定对公益诉讼制度建设具有重要的意义。如果不能对社会公共利益进行明确的界定，就可能导致司法实践中，或者因为过分地保护公共利益而造成公共利益被滥用，或者因为对公共利益保护不足而最终损害私人权利的保障。但由于公共利益牵涉不特定的多数人，牵涉正义、私权与公权的限度等因素，使其超越了事实的问题而包含了价值判断的因素。① 因此，公共利益实际上是一个事实与价值混合的问题。正如罗素所言："这两部分未能充分划清楚，自来是大量混乱想法的一个根源。"② 由此导致的后果是，难以从概念的角度对公共利益进行精确的界定。

从法律规定来看，我国法律文本中出现了大量的公共利益条款，但却缺乏应有的具体界定。如宪法第 10 条、《民法通则》第 7 条、物权法第 42 条、土地管理法第 2 条等法律条文的规定中都出现了公共利益一词，③ 但并没有具体的解释。信托法和《国有土地上房屋征收与补偿条例》对公共利益作了列举加概括式的规定，但两者基于不同的价值取向，规定的内容相差甚远。如信托法第 60 条规定："为了下列公共利益目的之一而设立的信托，属于公益信托：（一）救济贫困；（二）救济灾民；（三）扶助残疾人；（四）发展教育、科技、文化、艺术、体育事业；（五）发展医疗卫生事业；（六）发展环境保护事业，维护生态环境；（七）发展其他社会公益事业。"而《国有土地上房屋征收与补偿条例》（2011 年）第 8 条规定："为了保障国家安全、促进国民经济和社会发展等公共利益的需要，有下列情形之一，确需征收房屋的，由市、县级人民政府作出房屋征收决定：（一）国防和外交的需要；（二）由政府组织实施的能源、交通、水利等基础设施建设的需要；（三）由政府组织实施的科技、教育、文化、卫生、

---

① 参见肖顺武：《公共利益研究》，西南政法大学博士学位论文，载 http：//epub. cnki. net/kns/ brief/default_ result. aspx.

② ［英］罗素：《西方哲学史》，何兆武、李约瑟译，商务印书馆 1981 年版，第 395 页。

③ 我国宪法第 10 条第 3 款规定："国家为了公共利益的需要，可以依照法律规定对土地实行征收或者征用并给予补偿"；《民法通则》第 7 条规定："民事活动应当尊重社会公德，不得损害社会公共利益，破坏国家经济计划，扰乱社会经济秩序"；物权法第 42 条第 1 款规定："为了公共利益的需要，依照法律规定的权限和程序可以征收集体所有的土地和单位、个人的房屋及其他不动产"；土地管理法第 2 条第 3 款规定："国家为了公共利益的需要，可以依法对土地实行征收或者征用并给予补偿。"

体育、环境和资源保护、防灾减灾、文物保护、社会福利、市政公用等公共事业的需要；（四）由政府组织实施的保障性安居工程建设的需要；（五）由政府依照城乡规划法有关规定组织实施的对危房集中、基础设施落后等地段进行旧城区改建的需要；（六）法律、行政法规规定的其他公共利益的需要。”

从学术界的研究现状看，对于公共利益内涵的界定也是仁者见仁，智者见智。① 当前，比较有影响的观点有四种：一是从主体角度出发，认为公共利益是不特定多数人的利益；二是从整体角度出发，认为公共利益是一种抽象的公共秩序；三是从私人利益角度出发，认为公共利益是私人利益的一般化；四是从程序角度出发，认为通过正当法律程序即可形成被广泛接受的公共利益。

笔者认为，从某种程度上讲，对公共利益进行概念上的界定仅具有工具性价值，更主要的目的是如何保障公共利益的实现过程符合法治社会的基本要求。立法机关在有关法律规则中已经对公共利益进行了一定程度的类型化，但公共利益的类型是无法穷尽列举的。要保障公共利益既不被滥用，又受到合理保护，可考虑以下方面：一方面明确公共利益的重要特征并进一步类型化，另一方面通过立法机关和司法机关在具体案件中依据法律认可的表决程序和规则进一步类型化。

基于满足一般人能接受且具有可操作性的出发点，笔者将公共利益界定为，由不特定多数主体享有的，具有基本性、整体性和发展性的重大利益。把握公共利益的内涵应注意以下几个方面：

其一，公共利益的主体是不特定的多数人。公共利益首先是一种多数人的利益，但又不同于一般的多数人利益，其享有主体是具有开放性的。

其二，公共利益具有基本性，公共利益是有关国家、社会共同体及其成员生存和发展的基本利益，比如公共安全、公共秩序、自然环境和公民的生命、健康、自由等。

其三，公共利益具有整体性，公共利益是一种整体性利益，其可以分

---

① 肖顺武博士详细考察了中外学术界对于公共利益的研究情况。关于我国的情况，其梳理归纳了十种观点，包括特殊利益论、非商业利益论、最大多数人的最大利益论、公共需求论、价值论、整体利益论、社会活动根据论、统治阶级利益论、非正直的整体利益论、综合利益论等；关于国外的研究情况，其也归纳了限制权利的依据、经济利益、共同利益、行政政策目标、价值、工具性利益、自动公益论、少数人利益、民主终点论、无法认识论等十种观点。参见肖顺武：《公共利益研究》，西南政法大学博士学位论文，载 http：//epub. cnki. net/kns/brief/default_ result. aspx。

享，但不可以分割。而且，公共利益具有层次性，不仅有涉及全国范围的存在形式，也有某个地区的存在形式。

其四，公共利益具有发展性，会随着时代的发展变化而变化。公共利益始终与社会价值取向联系在一起，也会随着不同社会价值观的改变而变动。

其五，公共利益具有重大性，其涉及不特定多数人，涉及公共政策变动，涉及公权与私权的限度，代表的利益都是重大利益。

理解公共利益的内涵，要注意把握公共利益和国家利益、个人利益的区分。

一是公共利益与国家利益。虽然有时公共利益和国家利益存在交叉，但两者之间还是存在本质区别的。首先是两者的利益内容不同。在马克思的国家学说中，国家和社会在外延上是相互排斥而不是相互包含的。国家利益包括国际政治范畴中的国家利益和国内政治范畴中的政府利益或政府代表的全国性利益。国家利益不是全社会的共同利益，而是掌握国家政权的统治阶级的利益。其次是两者的主体不同。政治国家与公民社会是一个二元对称的平行结构。社会公共利益的主体是社会公民和由公民组成的社会团体，而国家利益的直接主体是政府。虽然公共利益与国家利益之间存在区别，但从我国国情出发，基于对国家利益的特殊保护，从广义上将国家利益纳入社会公共利益的范畴，也是恰当的。

二是公共利益与个人利益。公共利益与个人利益虽然在主体上有明确的区分，但并不是截然相反的两个概念，而是一般和特殊的关系。① 公共利益由个人利益组成，没有个人利益也就不存在公共利益。公共利益并非凌驾于个人利益之上，而是与个人利益同等重要，之所以要对公共利益进行特殊保护，原因就是公共利益比私人利益更容易被忽视。虽然公共利益具有公共性、整体性、不确定性，难以给出范围明确的界定，但可以肯定的是，如果公共利益受到侵害，在现在或将来可能会影响一定范围内每个人的个人利益。

四、公益诉讼的案件范围

修改后民事诉讼法将公益诉讼的案件范围限定于"污染环境、侵害众多消费者合法权益等损害社会公共利益的行为"。基于对公共利益的分析，结合当前的社会现状，笔者认为可将下列案件列为提起公益诉讼的重点：

---

① 参见张千帆：《公共利益的困境与出路》，载《中国法学》2005 年第 5 期。

民事行政检察指导与研究（总第13集）
Guide and Study on Civil-Administrative Procuratorate

一是污染环境、破坏自然资源的公害案件。充裕的自然资源、优良的人文环境和健康的自然生态是人类生存的条件，也是全人类的共同财富。因此，在高效利用资源、减少环境污染、注重发展质量效益的基础上，努力建设资源节约型、环境友好型社会已成为全社会的共识。当前社会生活中，一些地方政府为了追求政绩和经济利益，忽视甚至纵容资源浪费、环境污染的现象；一些企业为追求经济效益最大化，不按规定排放废弃物，严重污染环境，破坏生态平衡。这些案件严重侵害了当地人民群众的生命健康，侵害了他们的生产生活条件，甚至引发了灾难性的后果，对社会公共利益造成了极大的损害。对此，在污染环境、破坏自然资源的公害案件发生后，或有现实而具体的危险时，有关法律规定的机关和组织可以提起公益诉讼。

二是侵害众多消费者合法权益的案件。消费者权利是指消费者为进行生活消费，安全和公平地获得基本的衣食住行、医疗、教育等的权利，实质是以生存权为主的基本人权。消费行为与民众日常生活息息相关，其重要性不言而喻。在现代市场条件下，商品的生产者、经营者在经济实力、商品信息的获取等方面都占有绝对优势地位。而且，商品的生产者、经营者所提供的商品或者服务大都是批量化生产的，民众对某一产品或服务的消费总是以一个群体的形式出现，这样的方式导致消费者在权益受到损害后，也往往以一个群体的形式来维权。将侵害消费者合法权益的案件纳入公益诉讼的范围，有利于规范商品生产者、经营者的生产经营行为，促进市场经济秩序有序发展。

三是不正当竞争和行业垄断等破坏社会主义市场经济秩序的案件。市场经济条件下，市场是配置资源的基础，竞争是市场机制有效运转的前提。[①] 当前我国正处于完善社会主义市场经济体制的关键时期，必须打破市场垄断、行业垄断和地区封锁，促进商品和各生产要素在全国范围内自由流动和充分竞争。破坏社会主义市场经济秩序的案件，大多表现为违反反不正当竞争法、反垄断法和反倾销法禁止行为的案件。包括政府部门或企业事业单位垄断经营的电业、邮政、电信、铁路等公用企业滥用其占有的市场优势地位，强制他人购买指定商品，或不合理搭售，甚至强迫交易，排挤公平竞争；行业大企业为谋取高额利润而相互串通操纵市场价格，损害其他经营者或消费者权益的行为，以及地方政府的地区封锁行为等。对这些行为提起公益诉讼，对于打破垄断、保护竞争和提高效率将起

---

① 参见江必新：《论公益诉讼的价值及其建构》，载《人民法院报》2009年10月29日第5版。

到积极作用。

四是侵害弱势群体合法权益的案件。弱势群体，是指社会成员中在心理、生理，以及经济状况和文化素质方面低于社会一般成员的个人和部分成员，包括孤寡老人、残疾人、妇女儿童、农民工等。他们由于心理生理条件、经济状况、家庭状况或文化水平上的不足，在社会现实生活中不仅易于受到侵害，而且缺乏自我保护的能力，往往不敢或无力起诉，甚至根本不知道怎么提起诉讼，使违法行为不能受到法律的追究。对侵害弱势群体合法权益的案件提起公益诉讼，体现了国家和社会对弱势群体的特殊关照，有利于在更大范围、更广层面上伸张正义，在维护公益的旗帜下保护弱势成员的合法正当权益，彰显社会的文明与公正。

五是国有资产流失案件。国有资产是一个国家得以存在，国家机器得以运转的重要物质基础。尤其在公有制占主体的中国，国有资产更是在政治、经济和社会生活中占有举足轻重的地位。当前，我国正处于社会转型期，由于相应的法律制度不健全，国有资产被侵吞、毁损或灭失的情况大量存在。而且，由于许多国有资产流失是内外勾结、恶意串通造成的，受托经营国有资产的有关主体在管理过程中，不仅存在疏于管理的不作为问题，有时甚至直接组织、插手各种违规操作，其往往不具有提起诉讼的积极性。如果这类侵权案件无法进入诉讼过程，违法侵权行为就无法得到及时有效的制止和制裁，国有资产就无法得到有效的司法保护。对国有资产流失案件提起公益诉讼，可以弥补因法律制度不健全而导致的法律漏洞，进一步加大对国有资产的保护力度。

五、公益诉讼的起诉主体

修改后民事诉讼法将提起公益诉讼的主体限定于"法律规定的机关和有关组织"。在民事诉讼法修正案审议过程中，各方面都赞成规定公益诉讼制度，但对如何规定提起公益诉讼的主体有不同意见。民事诉讼法修正案草案规定为"有关机关、社会团体"，修正案草案二次审议稿修改为"法律规定的机关和有关社会团体"。第三次审议稿变成了修改后民事诉讼法所规定的"法律规定的机关和有关组织"。之所以做这样的规定，全国人民代表大会法律委员会的解释是：这样规定，既可使公益诉讼在我国适度开展，有利于社会进步，同时也能保障公益诉讼有序进行。目前，有的环境保护领域的法律已规定了提出这类诉讼的机关。比如海洋环境保护法规定，海洋环境监督管理部门代表国家对破坏海洋环境给国家造成重大损失的责任者提出损害赔偿要求。同时，消费者权益保护法的修改已经列入了立法工作计划，对哪些消费者保护团体能够作为公益诉讼的主体可以在

民事行政检察指导与研究（总第13集）

Guide and Study on Civil-Administrative Procuratorate

该法修改中统筹考虑。考虑到对"有关社会团体"的范围有不同的认识,将其修改为"有关组织",至于哪些组织适宜提起公益诉讼,可以在制定相关法律时做出进一步明确规定,还可以在司法实践中逐步探索。

根据修改后民事诉讼法的规定,提起公益诉讼的主体包括以下两个方面:

一是法律规定的机关,主要是有关单行法规明确授权的行政机关。如我国海洋环境保护法第 90 条第 2 款规定:"对破坏海洋生态、海洋水产资源、海洋保护区,给国家造成重大损失的,由依照本法规定行使海洋环境监督管理权的部门代表国家对责任者提出损害赔偿要求。"授予有关行政机关对公益诉讼的民事诉权,主要原因有两个方面:(1)行政机关具有专业优势,对于侵害社会公共利益的违法行为具有较强的证明能力。(2)可以弥补行政执法的不足。行政机关是相关行政事务的管理者,法律授予的行政执法权具有一定的局限性,有些情况无法满足实现行政目标、保障公益的需要。赋予其提起公益诉讼的民事诉权,有利于使受到侵害的公共利益得到补偿。

二是有关组织,主要是公益性组织。这类组织一般拥有专业的人才,有较强的技术基础和雄厚的资金,且有一定的社会影响力,在组织利益或者组织成员利益受到或者可能受到损害时有权提起公益诉讼,组织成员甚至组织以外的成员可以引用法院裁判对侵权人主张权利。民政部《社会组织登记管理机关行政处罚程序规定》(2012 年)第 2 条规定:"本规定所称社会组织,是指在各级民政部门登记管理机关登记的社会团体、基金会和民办非企业单位。"据统计,截至 2011 年,在民政部门登记的社会组织共 46 万多个,其中包括,25 万多个社会团体,3000 多个基金会和 20 万民办非企业单位。有关法律法规和规章对有关组织可以提起公益诉讼作了明确规定。如工会法第 20 条和劳动合同法第 56 条规定工会可以作为集体合同的当事人,"企业违反集体合同,侵犯职工劳动权益的,工会可以依法要求企业承担责任;因履行集体合同发生争议,经协商解决不成的,工会可以向劳动争议仲裁机构提请仲裁,仲裁机构不予受理或者对仲裁裁决不服的,可以向人民法院提起诉讼"。《物业管理条例》也赋予业主委员会为维护业主公共利益而提起诉讼的资格。

理解修改后民事诉讼法关于提起公益诉讼的主体,要注意以下两个问题:

一是法律规定的机关是否包括检察机关。虽然新中国法制史上曾有立法先例,如 1954 年第一届全国人大一次会议通过的《人民检察院组织法》

第 4 条规定，检察机关"对于有关国家的人民利益的重要民事案件有权提起诉讼或者参加诉讼"。但现行法律对检察机关是否可以提起公益诉讼没有明确规定。目前，理论界和实务界的共识是，检察机关作为诉讼活动中国家和社会公共利益的代表，针对公民、法人的民事违法行为，对涉及公益保护的民事案件提起诉讼，符合检察机关法律监督机关的宪法定位。[①]长期以来，检察机关积极探索，开展了大量的提起公益诉讼、督促起诉的实践活动，取得了较好的法律效果和社会效果，积累了宝贵的经验。据统计，自 1991 年民事诉讼法实施至 2010 年，全国检察机关直接提起民事诉讼 153 件，督促起诉 29175 件。

在法治发达国家，检察机关是行政机关，是政府利益的代表，普遍被赋予提起公益诉讼的权力。如法国新民事诉讼法典第 421 条规定："检察院得作为主当事人进行诉讼，或者作为从当事人参加诉讼，于法律规定情形，检察院代表社会。"第 422 条规定："在法律有特别规定之情形下，检察院依职权进行诉讼。"第 423 条规定："除法律有特别规定之情形外，在事实妨害公共秩序时，检察院为维护公共秩序，进行诉讼。"[②] 德国、日本民事诉讼法也有类似的规定。如日本人事诉讼程序法第 20 条规定："当检察官提起诉讼时，将夫妻双方作为对方当事人。"第 21 条第 1 款规定："只限于检察官能提起的诉讼，可以提起诉的变更或合并或者反诉。"[③] 美国《谢尔曼法》第 4 条、《克莱顿法》第 14 条规定："各区的检察官，依据司法部长的指示，在其各自的区内提起衡平诉讼，以防止和限制违反法律的行为。"

笔者认为，相较于西方法治发达国家的检察机关，我国检察机关更有权提起公益诉讼。在我国，检察机关是宪法所确立的专门法律监督机关，

[①] 理论界倡导检察机关可以作为提起公益诉讼主体的代表性论文有：汤维建：《论检察机关提起民事公益诉讼》，载《中国司法》2010 年第 1 期；张卫平：《公益诉讼：起诉主体应当开放》，载《中国社会科学报》2011 年 12 月 20 日第 10 版；李浩：《关于民事公诉的若干思考》，载《法学家》2006 年第 4 期；宋朝武：《论公益诉讼的十大基本问题》，载《中国政法大学学报》2010 年第 1 期；肖建华、唐玉富：《论公益诉讼的理论基础与程序建构》，载《河南省政法管理干部学院学报》2008 年第 1 期；肖建国：《民事公益诉讼的基本模式研究》，载《中国法学》2007 年第 5 期；等等。实务界的相关论文主要有：江必新：《论公益诉讼的价值及其建构》，载《人民法院报》2009 年 10 月 29 日第 5 版；邓思清：《我国公益诉讼的起诉主体研究》，载《西南政法大学学报》2008 年第 4 期；夏黎阳：《构建我国有限民事公益诉讼制度探讨》，载《人民检察》2009 年第 14 期；林贻影、滕忠：《民事诉讼监督方式之选择》，载《人民检察》2001 年第 3 期；等等。

[②] 《法国新民事诉讼法典》，罗结珍译，中国法制出版社 1999 年版，第 85 页。

[③] 《日本新民事诉讼法》，白绿铉译，中国法制出版社 2000 年版，第 147 页。

维护国家利益和社会公共利益是其天职。检察机关提起公益诉讼，不仅具有法律地位的保障，具有提起公益诉讼的人财物等方面的优势，而且不用担心滥用诉权或者造成诉讼地位的失衡等问题。[①] 但检察机关提起公益诉讼应保持谦抑态度。检察机关在提起公益诉讼时，关注的是社会大众的公共利益，注重整体的效果，有时会忽视单个主体的特殊利益诉求，在整体利益受到保护的同时，不可避免地出现遗漏。而法律规定的机关和有关组织提起民事公益诉讼大都会从自身的利益诉求和成员的利益诉求出发来维护公益，既注重对私人利益的救济，也注重对公共利益的维护。因此，检察机关不应过度干预法律规定的机关和有关组织的诉讼权利。只有在对危害公共利益的违法行为无人起诉或者在得不到救济的情况下，检察机关才可提起公益诉讼。

二是公民个人是否有权提起公益诉讼。公民个人参与提起公益诉讼是各法治发达国家的普遍做法。理论界对此都持肯定态度。公民有权参与国家的政治，同时这也是对国家公权力的制约。当国家利益或社会公共利益受到侵害时，公民可以作为诉讼主体参与诉讼，行使公民的政治参与权。但公民个人参与诉讼有其局限性，如公民个人无法与强大的被告相抗衡，无法解决法院判决利益的归属问题，更重要的是，可能出现公民个人为谋取个人私利而滥用公益诉讼权利的问题。正是考虑到这些问题，立法机关在修改民事诉讼法时，并没有赋予公民个人提起公益诉讼的权利。

六、公益诉讼程序的特殊要求

公益诉讼以保护社会公共利益为目的，且诉讼过程中往往出现当事人实体权利与诉讼权利分离的状况，所以在构建公益诉讼制度时，必须建立区别于普通诉讼的特殊程序。

一是限制当事人处分权。传统民事诉讼中，当事人有权在法律规定的范围内处分自己的民事权利和诉讼权利。而公益诉讼中，实体权利与诉讼权利相分离，法律规定的机关和有关组织往往不是实体权利的拥有者和受益者。所以必须对当事人的处分权进行限制。一方面，考虑到公益诉讼案件的重大影响，对提起公益诉讼案件进行认真的审查，防止当事人滥用诉讼权利和恶意诉讼。另一方面，要对起诉人是否能够代表公共利益，其行使处分权是否会导致公共利益受到侵害进行审查，防止当事人处分了其不能处分的权利。

二是突出法院职权主义色彩。公益诉讼是以保护社会公共利益为目的

---

① 参见汤维建：《公益诉讼立法应当尽快提上议事日程》，载《人民政协报》2012 年 3 月 26 日第 4 版。

的现代型诉讼，具有客观诉讼的性质①，应突出法院职权主义色彩，采职权探知主义和职权进行主义。在开庭审理、调查取证、质证、认证以及作出裁判过程中更多强调法官的司法能动性，以弥补当事人取证能力等方面的不足，确保案件的实质正义。笔者认为，在公益诉讼案件审理过程中，法院不应限于当事人主张的事实和提供的证据范围，应依职权主动调查事实和收集证据。对于当事人没有主张或已经撤回的决定实体法律效果的事实，法院应依职权收集并作为判决的依据；除对当事人提出的证据进行判断和采用外，还应依职权收集和采集当事人没有提出的证据；对于当事人之间没有争议的事实，也要调查其真伪。

三是采取特殊的举证责任分配规则。举证责任是指主张对自己有利事实的诉讼当事人应提出证据证明的责任，避免因待证事实处于真伪不明状态而承担不利的诉讼后果。公益诉讼举证责任的分配是否合理，直接影响到公益诉讼能否进行，能否达到维护公共利益的目的。在公益诉讼中，往往涉及特殊的侵权领域，许多具有较强技术性和专业性的证据一般都由被告所掌握，如果让原告对自己主张的事实承担举证责任往往是较为困难的。正如有的学者所言："让较少有条件获取信息的当事人提供信息，既不经济又不公平。"② 因此，鉴于公益诉讼案件所具有的特殊性，在举证责任的分配上应体现出区别于传统私益诉讼的特殊性。根据提起公益诉讼主体资格的不同，可分为两种情况：法律规定的机关提起的公益诉讼适用一般的举证责任分配规则，即"谁主张，谁举证"。法律规定的机关对自己起诉的事实，负有举证证明的责任，被起诉的被告不负举证责任。而有关组织提起的公益诉讼应采取举证责任倒置。在有关组织提起的诉讼中，与原告方相比，被告一般都是社会强势群体成员，原告方收集证据力量不够，举证责任倒置有利于保证诉讼的公平。但对于被告造成的民事权益被侵害的事实，原告需要承担举证责任。

四是采取特殊的诉讼费用机制。根据我国《诉讼费用交纳办法》的规定，诉讼费用包括：案件受理费、申请费、证人鉴定人翻译人员理算人员等在人民法院指定日期出庭发生的交通费、住宿费、生活费和误工补贴。

---

① 针对目前立法对公共利益保护和客观法律秩序维护的不足，近年来有学者呼吁在我国引入客观诉讼制度。客观诉讼与主观诉讼相对应，是大陆法系行政诉讼法学者对行政诉讼类型的学理划分方式。客观诉讼是一种以私权直接制约和监督公权的诉讼制度，其诉讼目的在于维护公共利益和客观法律秩序。参见林莉红：《公益诉讼的含义和范围》，载《法学研究》2006年第6期；于安：《行政诉讼的公益诉讼和客观诉讼问题》，载《法学》2001年第5期。

② ［美］迈克尔·D.贝勒斯：《法律的原则——一个规范的分析》，张文显译，中国大百科全书出版社1996年版，第67页。

诉讼费用由败诉方负担,但在提起诉讼时需要由原告先行支付。公益诉讼案件一般牵涉面较大,案情较为复杂,诉讼费用非常可观,有关组织往往难以承受。如果因诉讼费用问题而将原告拒于法院的大门之外,这无异于强迫有关组织放弃对社会公共利益的保护请求。而且,由于我国对当事人的权利救济主要采取补偿性赔偿原则,即以使当事人因该项侵权行为所造成的损失得到弥补为根本目的,这导致公益诉讼案件的受害人在诉讼中所得到的损失补偿及相应的利益回报往往相当少,有时甚至仅是道义上的表示。[①] 这种情况下,如果不对公益诉讼的诉讼费用交纳机制作特殊的安排,将影响对公益诉讼制度的利用。笔者认为,可以考虑根据提起公益诉讼的主体不同,而设置不同的诉讼费用交纳机制。对于法律规定的机关提起的公益诉讼,诉讼费用由国库支付。对于有关组织提起的公益诉讼,可以考虑免收诉讼费用,或通过成立公益诉讼基金等方式解决。为激励对社会公共利益的保护,可以考虑对于原告胜诉的,根据其保护国有资产或社会公共利益的价值给予一定比例奖励。

---

① 参见张翠梅、蔡琦:《公益诉讼费用问题研究》,载《黑龙江省政法管理干部学院学报》2009年第6期。

民事诉讼释明制度研究

兰　楠[*]

一、问题的提出

释明是大陆法系国家民事诉讼立法与学理上的用语。自 20 世纪以来，强化释明制度已经成为大陆法系国家共同的发展趋势，有的国家通过法官的释明改善法院与当事人之间的交流，促使审理充实化，从而加快诉讼进程；有的国家通过法官的释明加强对诉讼程序的保障，维护当事人的诉讼权利。释明，通常是指法院为了明确案件的事实认定和法律适用问题，就事实和法律上的关键性事项向当事人发问或告知，促使当事人及时、完整、适当地提出诉讼请求、陈述案件事实和提供证据的活动。[①]随着对释明制度的深入研究，人们发现释明在本质上更应当被归结为"（包括职权探知主义审理在内的）法院的一个旨在谋求审理充实化、促进化和公平审理实质化的手段"[②]。

从我国民事诉讼立法来看，民事诉讼法及相关司法解释已经有了关于释明的初步性、探索性的规定，比如最高人民法院《关于民事诉讼证据的若干规定》明确了人民法院应当向当事人说明举证的要求及法律后果，促使当事人在合理期限内积极、全面、正确、诚实地完成举证；对一方当事人陈述的事实，另一方当事人既未表示承认也未否认，审判人员应充分说

---

[*]　兰楠，最高人民检察院民事行政检察厅民事检察三处助理检察员。

[①]　有的学者将法院的释明方式主要定位于发问，将释明对当事人诉讼活动的积极影响主要归纳为陈述事实和提供证据，如熊跃敏：《民事诉讼中法院释明的实证分析——以释明范围为中心的考察》，载《中国法学》2010 年第 5 期；也有的学者将释明的方式表述为发文和晓谕，将释明对当事人诉讼活动的积极影响归纳为澄清事实，提出新的诉讼资料以证明案件事实等，如蔡虹：《释明权：基础透视与制度构建》，载《法学评论》2005 年第 1 期。

[②]　［日］新堂幸司：《新民事诉讼法》，林剑锋译，法律出版社 2008 年版，第 314 页。

明并询问方能拟制自认;人民法院应当在送达案件受理通知书和应诉通知书的同时向当事人送达举证通知书,举证通知书应当载明举证责任的分配原则与要求、可以向人民法院申请调查取证的情形、人民法院根据案件情况指定的举证期限以及逾期提供证据的法律后果;诉讼过程中,当事人主张的法律关系的性质或者民事行为的效力与人民法院根据案件事实作出的认定不一致的,人民法院应当告知当事人可以变更诉讼请求,当事人变更诉讼请求的,人民法院应当重新指定举证期限。这些规定构建了释明制度最基本的框架,大致包括促使当事人补充申请查证、改变不适当的诉因、明确对不利证据是否自认这三项内容,但是司法实践中需要释明的问题远远不止于此。

关于释明制度的规定,还散见于最高人民法院就某些专门性问题制定的司法解释中(虽然大都也没有明确使用释明的概念),各省、自治区、直辖市高级人民法院出台的指导意见对此也有探讨①,但总体而言,现有规范性文件对释明制度的规定尚不成体系,而从检察机关民事诉讼监督工作的角度来看,人民法院是否就事实和法律上的有关事项向当事人恰当地发问或告知,促使当事人及时、完整地提出诉讼请求、陈述事实和提供证据,直接关系到人民法院是否依法行使审判权和执行权,是民事诉讼监督工作的核心问题之一。

本文从探讨民事诉讼释明制度的法理基础即释明制度的正当性入手,重点结合现行制度框架分析法院应针对哪些问题进行释明,力争最终归纳出确定释明范围与标准的一般规则。

二、民事诉讼释明制度的正当性基础

我国民事诉讼法学界对于民事诉讼目的论的研究起步较晚,各种学说均未取得通说地位,但平等地保护各方当事人的诉讼权利、妥善解决纠纷、维护私法秩序无疑是民事诉讼必然追求的目的。在现代民事诉讼制度中,诉讼过程本身越来越凸显出其独立的程序价值,有观点更是认为法官与当事人之间信息交换以及意思疏通的质量直接决定了诉讼本身的质量。②释明作为法官与当事人之间的信息交换方式,是保护当事人诉讼权利、促进审判实质化、有序推进诉讼进程、彻底解决纠纷的重要手段。通过释

---

① 如上海市高级人民法院于 2006 年制定的《上海市高级人民法院民事诉讼释明指南》,北京市高级人民法院 2002 年制定的《民商事上诉案件判决和发回重审若干问题的意见(试行)》、2009 年制定的《审理买卖合同纠纷案件若干问题的指导意见》等。本文第三部分的梳理也包含了这些指导意见的内容。

② 参见 [日] 谷口安平:《程序的正义与诉讼》(增补本),王亚新、刘荣军译,中国政法大学出版社 2002 年版,第 79 页。

明，当事人将易于了解哪些问题会对案件裁判起决定性作用，有助于审判充实化，客观上避免突袭性裁判，最大可能地一次性解决纠纷；但是另外，释明可能间接提示、指导一方当事人，过度释明会违反中立原则，引起公众对审判公正性的怀疑。因此，我们有必要对民事诉讼释明制度的法理基础进行探讨。

（一）释明制度是弥补当事人主义不足的产物

当事人主义和职权主义是西方国家民事诉讼的两大基石，释明制度的基础正是当事人主义。彻底的当事人主义意味着只有当事人在诉讼中提出的事实和主张经过辩论才能成为法院裁判的基础，在此背景下，由于法院裁判所依据的事实、主张、证据材料均来源于当事人，所以如果当事人的陈述、主张和证据不明确、不完善、不恰当，法院就会据此作出不利于该当事人的裁决，显然，彻底的当事人主义在发现案件客观事实、保障当事人合法权益上是有缺陷的，较为极端的例子就是如果当事人持有某关键性证据而不知应向法院提供，法院也不能启发其补充证据，只能判令其承担举证不能的后果。释明制度就是在这样的背景下与当事人主义共生的。

从我国民事诉讼制度发展来看，新中国成立后较长的时间内，法院审判的职权主义色彩浓厚，1982年民事诉讼法规定"人民法院应当依照法定程序，全面、客观地收集和调查证据"，"第二审人民法院必须全面审查第一审人民法院认定的事实和适用的法律，不受上诉范围的限制"。随着案件数量井喷式增长和案件类型的日益复杂，职权主义色彩浓厚的审判方式逐渐暴露出诸多弊端，从1988年开始的审判方式改革日益强化当事人的主体地位、弱化法院的职权干预，在1991年的民事诉讼法中，改革的阶段性成果更是得到了巩固，越来越多地呈现出当事人主义诉讼模式的特点，诉讼的进程和结果更多地依赖于当事人自身。但是，实践中存在的问题并没有完全得到解决，当事人因为不具备基本的诉讼常识而在诉讼中主张不适当、陈述不完善、举证不到位仍普遍存在，如果法院的职权主义仍一味地继续消退，诉讼的结果必然是离客观真实、实体公正更远。在这样的背景下，学术界和实务界都开始对释明制度进行思考和研究。

2003年，最高人民法院江必新副院长进一步提出坚持以司法为民思想指导行政审判实践，要处理好四个方面的关系，包括处理好当事人主义与职权主义的关系，要充分运用释明权，通过必要、公正的诉讼指导方式，告知当事人举证责任及其他各种诉讼权利义务，充分听取当事人的质辩和意见，避免当事人因请不起律师或者缺乏诉讼知识而承受不利后果。2009年，最高人民法院在内部的规范性文件中第一次使用了"释明"的概念，

民事行政检察指导与研究（总第13集）
Guide and Study on Civil-Administrative Procuratorate

即《关于在当前形势下审理民商事合同纠纷案件若干问题的指导意见》。2013 年，最高人民法院在司法解释中第一次使用"释明"的概念，即《关于审理买卖合同纠纷案件适用法律问题的解释》。

（二）释明制度是贯彻民事诉讼法当事人平等原则的要求

我国民事诉讼法第 8 条规定，民事诉讼当事人有平等的诉讼权利。人民法院审理民事案件，应当保障和便利当事人行使诉讼权利，对当事人在适用法律上一律平等。当事人平等原则至少包括以下两层含义，一是当事人的诉讼地位平等，二是人民法院应平等地保障当事人行使诉讼权利。应该说，司法上的平等保护较之立法上的平等保护更能实现当事人平等，对当事人的平等保护并不完全否定基于合理立法目的的差别对待，如对明显处于弱势的一方当事人提供积极的援助，包括减免诉讼费用、提供必要的诉讼指导等，使之与强势一方形成实质上的平等，这也是当事人平等原则的应有之义。实践中，有大量的案件各方当事人虽然在民事诉讼中地位平等，但是在事实上是极不对等的，一方当事人具备更完善的诉讼知识，掌握着更丰富、全面的专业资源和经验，而另一方当事人对诉讼或诉讼所涉及的专门性知识一无所知，因此，释明制度作为法院向当事人提供的司法上的平等保护就显得格外重要了。

（三）释明以当事人主张为边界

如前文所述，释明制度是为了弥补当事人主义的缺陷而与当事人主义共生的，释明应当在当事人主张的范围内进行，如果依据当事人的主张无法当然地引起发问或告知，则法院不应当进行释明。

从我国司法实践来看，最典型的边界就是诉讼时效和情势变更，关于诉讼时效和情势变更的抗辩不应进行释明。最高人民法院《关于审理民事案件适用诉讼时效制度若干问题的规定》明确规定，当事人未提出诉讼时效抗辩，人民法院不应对诉讼时效问题进行释明及主动适用诉讼时效的规定进行裁判。诉讼时效制度的设置，其立法目的在于督促债权人及时行使权利，避免法律关系长期处于悬而未决的状态，但人民法院如主动释明或援引诉讼时效制度，不利于债务人遵守诚实信用原则，也有违人民法院居中裁判的中立地位。所谓情势变更，是指合同有效成立后，因不可归责于双方当事人的事由，发生重大变化，而使合同的基础动摇或丧失，如果继续维持合同会显失公平，因此允许变更合同内容或者解除合同。提出情势变更的主体应当是当事人，人民法院不能直接依职权认定，在当事人不主张情势变更的情况下，也不能主动释明，否则有干涉合同自治之嫌。

三、民事诉讼释明的实证分析

有学者将释明的范围概括为：澄清不明确的释明、消除不妥当的释明、补充诉讼材料的释明、新提出诉讼材料的释明和举证责任的释明五个类别。[①] 还有的学者将释明范围拓展为：诉讼请求的释明、事实主张的释明、举证责任分配的释明、证据提供的释明和适用法律的释明。[②] 本文借用上述分类方法的思路，采用实证分析的方法，对我国现有释明制度的范围进行归纳，大致包括关于诉讼主体的释明、关于诉讼请求的释明、关于反诉与抗辩的释明、关于法律适用的释明、关于举证责任分配的释明、关于自认及拟制自认的释明、关于自由裁量权的释明等。具体如下：

（一）关于诉讼主体的释明

关于诉讼主体的释明包括遗漏诉讼主体、诉讼主体名称错误的释明等。

遗漏诉讼主体的释明在合同纠纷案件中表现得尤为明显。一方当事人要求解除合同或继续履行合同、确认合同有效或无效，一般情况下应由全部合同方作为当事人参加到诉讼中来，不宜遗漏其中任何一方当事人。比如，二手房买卖合同纠纷案件，除买卖双方之外，中介公司作为居间方，也参与了合同的订立，在这种情况下，如果只是买卖双方作为原、被告要求继续履行或解除合同，或者确认合同效力，属于遗漏当事人，法院应当向当事人释明需将中介公司追加为当事人，具体视情况确定追加为第三人或原、被告。

在普通民事案件中，还大量存在原告在起诉书中对被告名称表述有误的情况，这种情况下法院可以裁定驳回起诉，由原告更改被告名称后另诉，也可以直接向原告释明错误并询问是否要求补正，通过释明的方式由原告申请补正无疑能够更大程度地节约司法资源。

（二）关于诉讼请求的释明

关于诉讼请求的释明是释明制度最重要的组成部分，具体包括诉讼请求明显不当、诉讼请求不明确或不充分、诉因不明或不当以及甩判事项的释明等。

有的案件中，当事人的诉讼请求虽然是相对明确的，但是由于其对法律规定的理解以及对案件事实的把握不正确导致该诉讼请求缺乏事实或法

[①] 参见［日］高桥宏志：《民事诉讼法：制度与理论的深层分析》，林剑锋译，法律出版社 2003 年版，第 358 页。

[②] 参见熊跃敏：《民事诉讼中法院释明的实证分析——以释明范围为中心的考察》，载《中国法学》2010 年第 5 期。

律依据而得不到支持，这种情况下法院应予以释明，否则可能会增加当事人的诉累、降低诉讼效率并提高信访率。比如，二手房买卖合同纠纷案件中，出卖人未按照合同约定为买受人办理房屋所有权转移登记手续，买受人提起房屋确权之诉要求确认房屋归其所有的，如果直接判如所请则不具有可执行性，法院应向当事人释明，告知其变更诉讼请求，要求出卖人办理所有权转移登记手续，买受人坚持不变更的，对于其诉讼请求不予支持。再比如，在当前实施购房调控政策的背景下，许多当事人之间存在借名合同关系，借名人依据借名合同起诉登记人要求确认房屋归借名人所有的，一般而言，借名合同属于债权合同，根据借名合同起诉，只能要求办理过户手续，而不能要求确认所有权，在这种情况下，法院也应当向借名人释明变更诉讼请求。

有的案件中，当事人的诉讼请求明显不当或不能实现，法院应予以释明。比如，法院在对执行标的物进行强制执行的过程中，案外人以被执行人为被告就执行标的物另行提起确权之诉的，法院不应受理，如果已经受理的，应当裁定驳回起诉，并告知其依据民事诉讼法第 227 条的规定主张权利。法院在对标的物进行强制执行的过程中，案外人以被执行人为被告另行提起给付之诉的，法院应向案外人释明，告知其可以变更诉讼请求要求损害赔偿，经释明案外人仍不变更诉讼请求的，应当判决驳回其诉讼请求，并向其释明待执行标的物解除强制执行状态后再行主张权利。再如，房屋抵押权存续期间，出卖人（抵押人）未经抵押权人同意转让抵押房屋的，并不影响房屋买卖合同的效力，但是，如果出卖人在合同约定的履行期限届满时仍未履行消灭抵押权的义务，致使买受人无法办理房屋所有权转移登记手续的，买受人如果要求继续履行合同办理房屋所有权转移登记手续的，法院应予以释明，告知买受人变更诉讼请求，请求解除合同并要求出卖人承担相应违约责任，经释明买受人仍不变更的，对其诉讼请求不予支持，但买受人同意并且能够代为清偿债务消灭抵押权的除外。

有的案件中，当事人的诉讼请求并不完整，法院应予以释明。比如，当事人的诉讼请求是要求继续履行合同，如果人民法院不进行释明，直接支持了当事人的诉讼请求，判决主文只写明继续履行合同，那么在执行过程中，当事人会因为履行什么内容而发生争议，此时作为执行依据的生效裁判的内容或指向并不具有确定性、唯一性。再如，当事人的诉讼请求是要求确认合同无效，没有其他的诉讼请求，人民法院应释明当事人是否主张合同无效的后果，包括返还财产、赔偿损失等后续问题等；这种情形中还包括如果原告主张合同无效，被告以合同有效进行抗辩，人民法院经审理认为合同无效的，应当向主张有效的当事人释明，如果合同无效时对于发生返还财产、赔偿损失等后果是何意见。在合同已经无法实际履行的情况下，当事人未要求解除合同，人民法院经审理发现该合同确实无法履行的，应向当事人释明变更诉讼请求。

有的案件中，当事人的诉讼请求并不明确，法院应予以释明。比如，出租人将房屋转让给第三人，侵害承租人优先购买权的，承租人在诉讼中仅要求法院确认其对房屋享有优先购买权，而不要求行使优先购买权的，法院应释明承租人予以变更，承租人变更诉讼请求为判令其与出租人在与第三人同等条件下成立房屋买卖合同关系、出租人为其办理房屋所有权转移登记手续。经审查，承租人购房意思表示真实、具备履行能力的，法院支持其诉讼请求；承租人经法院释明后仍坚持不变更诉讼请求的，不支持其诉讼请求。

有的案件中，当事人的诉讼请求并不属于真正意义上的诉讼请求，法院应予以释明。比如，大量当事人在诉讼请求中将诉讼费用作为一项单独的诉讼请求提出。从现行的《诉讼费用交纳办法》来看，诉讼费用的负担，由法院根据当事人胜败诉的情况决定，当事人不能针对诉讼费用的决定单独提起上诉，只能向作出该决定的人民法院院长申请复核；如果将诉讼费用作为一项诉讼请求，那么人民法院在裁判文书中的本院认为部分应对此诉讼费用的负担予以说明并在裁判文书主文部分列明，否则属于遗漏判项。因此，当事人将诉讼费用作为诉讼请求提出的，法院应予以释明，告知其诉讼费用并不是一项独立的诉讼请求，而是由法院根据当事人胜败诉情况决定的。

（三）关于反诉与抗辩的释明

诉讼中，当一方当事人的答辩或辩论意见不能涵盖对方当事人的全部诉讼主张或辩论意见的，人民法院应提示该当事人对对方当事人所提出的要点是否均予认同，必要时可以将该方当事人遗漏的要点进行归纳或概括后，逐条进行询问。

诉讼中，原告给代理人的授权委托书中常常没有明确代理人是否能针对被告的反诉进行诉讼，如果被告提出反诉的，人民法院应向原告释明，告知其完善针对被告反诉的委托代理手续。

在买卖合同纠纷中，如果一方当事人以对方违约为由主张支付违约金，对方以合同不成立、合同未生效、合同无效或不构成违约等理由进行抗辩，法院应就如果不支持免责抗辩、当事人是否需要主张违约金过高来抗辩进行释明。

如前文所述，如果原告主张合同无效，被告以合同有效进行抗辩，法院经审理认为合同无效的，应当向主张有效的当事人释明，如果合同无效时对于发生返还财产、赔偿损失等后果是何意见。

（四）关于法律适用的释明

诉讼过程中，当事人主张的法律关系的性质或民事行为效力与法院根据案件事实作出的认定不一致的，法院应当告知当事人可以变更诉讼请求，当事人变更诉讼请求的，法院应当重新指定举证期限。如果当事人不变更诉讼请求的，一般具体区分两种情况对待，当事人起诉的法律关系不正确或不存在，法院应从程序上裁定驳回起诉，以便当事人在明确诉讼请求后重新起诉；当事人主张的民事行为效力与事实不一致的，属于在法律关系确定的情况下对实体问题的认定，法院应从实体上作出判决。

合同法规定，因当事人一方的违约行为，侵害对方人身、财产权益的，受损害方有权选择依照本法要求其承担违约责任或者依照其他法律要求其承担侵权责任。这一规定确定了请求权竞合时当事人的选择权，但是实践中有大量当事人并不完全明白选择违约或侵权对诉讼产生的影响，难以进行选择，此时，法院应当向当事人释明请求权的基础，并释明不同案由中举证责任分配、诉讼时效、赔偿标准的区别。

（五）关于举证责任分配的释明

对举证责任分配的释明是法院释明权行使的重要内容，最高人民法院《关于民事诉讼证据的若干规定》第 3 条第 1 款确认了举证责任分配释明的一般原则，"人民法院应当向当事人说明举证的要求及法律后果，促使当事人在合理期限内积极、全面、正确、诚实地完成举证"。

上海市高级人民法院诉讼释明指南中进一步明确规定，法官可以根据当事人提出的诉讼请求及其请求权基础所指向的法律规范中所包含的要件事实，说明举证责任的分配原则，可以根据案件情况向当事人说明案件事实所要达到的证明要求；当事人向人民法院申请调查收集证据，人民法院经审查认为不符合相关规定的，应当及时向当事人说明理由，并告知当事人按照规定的时间自行收集，并告知其不能及时提交证据的后果；当事人应当申请人民法院调查收集证据而未提出申请的，如果该证据对案件的审理结果明显起到决定性作用的，人民法院可以向双方分析争议焦点，从诉讼证明的角度告知相关事项的证明要求，并可以询问双方当事人围绕这一争议焦点是否有需要人民法院收集的证据，但是一般不要直接告知当事人某项证据是否需要人民法院收集调查。

（六）关于自认和拟制自认的释明

最高人民法院《关于民事诉讼证据的若干规定》第 74 条规定了自认，即诉讼过程中，当事人在起诉状、答辩状、陈述及代理词中承认的对己方不利的事实和认可的证据，人民法院应当予以确认，但当事人反悔并有相关证据足以推翻的除外。从这一规定来看，在当事人对自认反悔的情况下，法院需要向其释明通过提交相关证据方能推翻自认。最高人民法院《关于民事诉讼证据的若干规定》还确认了拟制自认，即对一方当事人的陈述，另一方当事人既不表示承认，也不表示否认，此时经法院充分说明并询问后，其仍不明确表示肯定或否认的，即视为对该事实的承认。这里的充分说明并询问无疑是程度更高的释明。

（七）关于自由裁量权的释明

最高人民法院《关于在审判执行过程中切实规范自由裁量权行使保障法律统一指导意见》规定，行使自由裁量权，要严格依照程序法的规定，充分保障各方当事人的诉讼权利。要充分尊重当事人的处分权，依法保障当事人的辩论权，对可能影响当事人实体性权利或程序性权利的自由裁量事项，应将其作为案件的争议焦点，充分听取当事人的意见；要充分保障当事人的知情权，并根据当事人的要求，向当事人释明行使自由裁量权的依据、考量因素等事项。

四、结论——释明应遵守的一般规则

20 世纪以来，强化释明义务、扩大释明范围，已经成为越来越多的国家和地区共同的发展趋势，尽管如此，在释明范围扩大化的潮流中，释明的规则仍然需要合理界定。一方面，为了最大程度地查明案件事实、正确适用法律、彻底解决纠纷，法官应当适当释明；另一方面，释明可能间接使一方当事人受益，过度释明会违反居中裁判原则，引起公众对审判公正性的怀疑。因此，法官在何种情况下应当释明、释明的内容是什么都需要统一、明确的标准，释明不仅仅是法官的权利，更是法官的义务，不应具有过多的随意性。我们通过前文对释明制度正当性的分析和我国现行规范性文件所确立的释明制度进行梳理，归纳出释明制度的一般规则，期望能对于从民事诉讼监督工作的角度判断法院是否尽到释明义务有所帮助，监督和支持人民法院依法行使审判权和执行权，维护国家法律统一、正确实施。

（一）释明更侧重于义务属性

释明既是法官的权利，又是法官的义务，从民事诉讼监督和法院职责的角度来看，更侧重于其义务属性。释明制度从目的论的角度出发，其设置的初衷是救济当事人在民事诉讼中能力的不足或缺陷，平衡当事人在能力上的差异，实现程序公正、实体公正，保障诉讼效率。学术界和实务界关于释明性质的认识经历了一个变化的过程，释明最开始被视为公权力对当事人的救济，是法院的权能；随着对严格的当事人自我责任理念的修正，释明的性质逐渐被定位为兼具权能与义务的双重属性。对释明性质的定位，直接决定了当法院应释明而未释明时，公权力受到上诉、再审或诉讼监督的审查范围。我们认为从一定程度上说，检察机关民事诉讼监督工作更着重于考虑释明制度赋予法官的义务，法官应当释明而未释明并导致认定事实或适用法律错误的，应当作为重审案件的理由。

（二）释明制度要求法官在探究当事人真实意思的基础上尊重当事人的选择权

前文已经论及，释明制度的边界是当事人主张，如果当事人的主张不能当然地引起发问和告知，则法院不应当释明。在明确当事人主张的范围后，我们进一步认为释明应当以探究当事人真实意思为程度标准。

诉讼请求如何提出本应由当事人自己决定，但是，许多当事人常常因为不理解法律规定难以提出明确、适当的诉讼请求，这并不是当事人的真实意思表示，法官通过释明，使当事人知悉其应当如何补充或修正己方的诉讼请求，在此基础上最终仍应由当事人作出理性的选择，并当然地允许当事人放弃[1]，法官通过释明探究当事人的真实意思并通过发问和告知的方式让当事人正确地表达其意思。

（三）释明必须中立，并且程序公开透明

法院进行释明应当平等地惠及各方当事人，也就是通常说的"只对事，不对人"。根据需要，如果要向一方当事人进行释明，应当是公开和透明的，使得其他各方当事人都充分知悉，以便于及时调整诉讼中的攻防手段、充分行使辩论权，平衡各方当事人的对抗力量，既要保证实体公正，也要保障程序公正。

（四）释明必须遵守并引导当事人遵守诚实信用原则

民事诉讼中的诚实信用原则，不仅规范当事人，也规范人民法院，它既是当事人行使诉讼权利、履行诉讼义务的行为准则，也是法官行使审判权、平等保护各方当事人权益的基准。[2] 法官在进行释明时，不但要本着诚实、善意的态度，着眼于平等保护各方当事人利益，探究当事人的真实意图，还要积极引导当事人诚实、守信地提出诉讼请求、呈现案件事实，法官不主动援引诉讼时效制度就是引导当事人遵守诚实信用原则的体现。

---

① 参见蔡虹：《释明权：基础透视与制度构建》，载《法学评论》2005 年第 1 期。

② 参见汤维建：《论民事诉讼中的诚信原则》，载《法学家》2003 年第 3 期。

准确理解和把握
"多元化监督格局"的含义

王水明*

　　"多元化监督格局"一词的表述，最初来源于曹建明检察长在全国检察机关二次民事行政检察工作会议上的讲话。此后，高检院《关于加强和改进民事行政检察工作的决定》、高检院《关于深入推进民事行政检察工作科学发展的意见》进一步丰富和充实了多元化监督格局的内涵。至此，民行检察多元化监督格局理念得以正式确立。

　　一、多元化监督格局的内涵

　　司法体制改革的依法推进，为民行检察监督注入了全新的监督意识和执法理念，改变了以往单一的监督模式，树立多元化的监督格局就是其中之一。从民行检察的实践看，多元化监督格局内涵丰富、形式多样，需要我们从不同层面多角度、多层次加以理解。

　　1. 监督范围的多元化。随着修改后民事诉讼法的实施，民行检察监督范围实现了"三个拓展"：从诉讼结果监督向诉讼过程监督拓展；从实体监督向程序监督拓展；从对生效裁判监督向调解监督、执行监督拓展。

　　2. 监督方式、手段的多元化。形成了抗诉、再审检察建议、检察建议、违法行为调查、调查核实等监督方式与手段，当然，为增强监督的实效性和针对性，需要各种监督方式、手段的综合运用。

　　3. 监督方法的多元化。监督方法表现为多个"相结合"：审查案件与延伸监督相结合的监督方法；查事与查人相结合的监督方法；个案监督与类案监督相结合的监督方法；审查生效裁判与程序违法相结合的监督方法等。

＊　王水明，青海省人民检察院民事行政检察处副处长。

4. 工作格局的多元化。具体来说，就是构建省级人民检察院、市级人民检察院、基层人民检察院三级院各有侧重、各负其责、协调发展的工作格局。省级检察院是"龙头"，市级检察院是"一线指挥部"，基层检察院是"根基"，并以此为依据开展工作。

5. 基层院监督的多元化。基层院民行检察工作是整个民行检察工作的源头和基石，事关民行检察工作的全局。随着多元化监督格局的确立，基层院的监督也呈现多元化趋势。对于基层院监督的多元化而言，就是要构建以同级监督为中心的多元化监督。即以再审检察建议和提请抗诉为中心，以调解监督、违法行为监督、审判活动监督、执行监督等为补充的监督格局。

6. 监督延伸形式的多元化。化解矛盾纠纷和维护社会稳定是民行检察工作的应有之义。为此，开展检察和解，参与人民调解、司法调解，做好服判息诉、支持起诉等工作自然成为了监督的延伸。

7. 公共利益监督的多元化。从世界各国的立法看，检察机关是国家利益和社会公共利益的代表，我国也不例外。就民行检察工作而言，维护国家利益和社会公共利益，涉及公益诉讼、督促起诉、依职权提起刑事附带民事诉讼等监督方式。

8. 社会管理创新的多元化。具体表现为：（1）通过对法院执法行为的监督，参与法院执法规范化的管理创新。一是以办理个案为切入点，归纳总结法院诉讼活动中的不规范问题，以检察建议方式予以监督。二是对同案不同判等执法不统一问题进行研究，以类案监督方式促进执法标准的统一，以此实现司法公正。（2）通过对行政执法行为的监督，实现行政管理创新。一是行政诉讼监督，在履行民行检察监督职能的同时，对存在不依法履行职责、怠于履行职责等行为提出检察建议，以监督促管理，以监督促规范，促进依法行政。二是行政执法监督。结合案件办理，针对行政机关内部管理问题，督促加强管理，建章立制，堵塞漏洞；针对普遍性、倾向性、事关全局的社会管理问题，帮助其完善工作机制，完善管理方式，提高管理水平。

二、多元化监督格局的内容

按照科学发展的意见，多元化监督格局之下的民行检察工作内容包括：

（一）对生效裁判的监督

检察机关对人民法院生效裁判进行监督，是民行检察监督的传统重点工作。开展这项工作时，应当把握以下几点：

1. 准确把握抗诉标准。一是审查内容。包括证据采信、事实认定和法律适用等方面，同时应综合考虑裁判的社会效果和作出时的司法政策、社会背景。二是抗诉标准。民事诉讼法第200条规定的13项内容即是抗诉条件，当然，决定一个案件能否抗诉，应当充分考虑对社会秩序、社会稳定、经济社会发展的影响，避免机械办案、孤立办案。三是需明确的事项。违反法定程序，但认定事实清楚、适用法律正确、裁判结果公正的，可以不予抗诉；裁判事项缺乏明确法律规定，存在认识分歧，一般不予抗诉；抗诉再审后维持原判的案件，经重新审查认为仍符合抗诉条件且确有抗诉必要的，可以进行再次抗诉。

应当说，检察机关在决定案件是否抗诉时拥有一定的裁量权，但是这种裁量权应当根据法律基本原则和立法精神，遵循公平、合理的价值目标，对生效裁判采信证据、认定事实、适用法律与运用程序是否正确，以及案件的处理方式等综合考虑的基础上作出决定。

例如，原、被告签订房屋买卖合同，约定原告将单位集资房一套以20万元价格卖给被告。后双方因价格问题发生争议，被告起诉至法院，请求原告履行合同。原告辩称，本案集资房系划拨土地建造，且并未缴纳土地出让金，未办理房产证，单位不允许买卖，因此合同应属于无效。一、二审法院均认定合同无效。被告向法院申请再审。经再审，法院认定合同有效。后原告向检察机关申请监督。

经审查，再审法院受理该案违反了最高人民法院《关于修改后的民事诉讼法施行时未结案件适用法律若干问题的规定》，属于受理超期。同时，涉案房屋买卖合同应属有效。在案件已经作出再审判决的情况下，虽然程序确有瑕疵但实体处理正确，考虑到法律关系已经固定，如再启动再审，不利于社会秩序的稳定，因此，该案应作出不支持监督申请决定。需要指出的是，办理该案过程中，不应机械地抓住再审法院受案超期这一程序问题，而应从实体处理是否恰当、社会秩序是否应予维护等方面综合考虑，只要再审判决的处理并不违反公平原则，就应予尊重。

2. 强化同级监督。现行民事诉讼法将检察建议纳入民事检察监督方式，立法目的就在于强化同级监督，提高监督效率、节约司法资源。做好同级监督工作：一是要遵循同级受理、同级审查原则。对于民行检察监督案件，原则上应由作出生效裁判的人民法院的同级人民检察院受理、审查。二是检察机关提出再审检察建议，应当经本院检委会讨论，并报上一级人民检察院备案。三是注意提请抗诉和再审检察建议的区别适用，从民事诉讼法的立法本意看，提请抗诉和再审检察建议的适用条件是一致的，但这两种监督方式的适用主体和效力显然不同。实践中，应当注意把握两者的具体适用。具体来说，提请抗诉一般应适用于案件比较重大或者是裁判确实明显不公，发生了重大错误的情形，即"两个重大"：案件本身比较重大或者裁判出现重大错误；再审检察建议主要适用于已经发生法律效力的判决、裁定虽有错误，但实体裁判错误并不是非常严重或突出，办案程序有瑕疵等。这里要注意的是，适用再审检察建议的条件有二：第一，生效裁判确实存在错误，这是前提条件；第二，生效裁判存在的实体错误并不严重或明显，或者是生效裁判存在办案程序瑕疵等。

关于这一问题，有关文件规定了提请抗诉的条件，即判决、裁定是经同级人民法院再审后作出的；判决、裁定是经同级人民法院审判委员会讨论作出的；原判决、裁定适用法律确有错误的；审判人员在审理该案件时有贪污受贿、徇私舞弊、枉法裁判行为的。前两个条件属于案件本身比较重大，因为经同级法院审委会讨论决定，或者同级法院已经再审的案件，提出再审检察建议要求同级法院再审改判的可能性非常小，就好比"病人自己给自己看病"，所以必须提请抗诉，后两个条件属于裁判出现重大错误。

3. 规范对一审生效裁判的监督。严格规范对一审生效裁判提出抗诉的条件，首先应当明确的是，根据修改后民事诉讼法的规定，对于一审生效裁判应当包括两种：一是普通的一审生效裁判，即一审判决因当事人未上诉而生效；另一种是特殊的一审生效裁判，比如小额诉讼等特殊诉讼。对于后者，只要符合民事诉讼法第200条规定的抗诉条件，即应予以抗诉，而不应附加任何其他条件。关于前者的适用：一是应当确立"对于一审生效裁判提出抗诉只能是例外而非一般"的原则，除非有正当、合理的理由，原则上检察机关仅对二审生效裁判进行审查，以此严格限定一审生效裁判的抗诉情形。二是按照"两高"《关于对民事审判活动与行政诉讼实行法律监督的若干意见（试行）》第4条规定，当事人对可以上诉的一审判决、裁定在发生法律效力后提出申诉的，必须有正当理由。这里的"正当理由"是指符合法律规定或者符合法律精神的理由，主要是：因人民法院严重违反法定程序导致当事人上诉权被剥夺，或者审判人员有严重违法行为，或者当事人行使上诉权由于不可抗力、严重伤病等重大原因客观受阻等特殊情形。三是对于其他确有错误的一审生效裁判，可以采用检察建议进行监督。四是对于当事人无正当理由怠于或者规避行使上诉权的，检察机关不应当提出抗诉。

（二）对诉讼程序的监督

西方法谚有云：正义不仅要得到实现，而且要以人们看得见的方式得到实现。这句谚语说的就是通过公正程序所作的裁判结果才具有可接受性。从此而言，程序法乃实体法之母，程序正义是实现实体正义的前提和基础。检察机关承担着对诉讼活动的法律监督职责，其中对诉讼程序的监督是应有之义。

关于诉讼程序监督，应当明确两点：一是以检察建议的方式进行监督；二是监督对象是人民法院违反诉讼程序的审判活动，如应当立案而不立案、违法送达、违反管辖或者回避规定、违法采取保全措施、严重超审限等。

（三）对民事行政执行的监督

修改后民事诉讼法第235条明确规定："人民检察院有权对民事执行活动实行法律监督。"据此，对执行活动的监督有了明确的法律依据。开展民行执行监督工作应把握以下几点：第一，指导方针是稳步推进，不断深化；第二，监督的范围是人民法院执行民事判决、裁定、决定、调解书、仲裁裁决以及公证文书等，具体包括执行裁定、执行决定和执行行为；第三，监督的方式是检察建议；第四，监督原则是依法、独立开展监督，即把握执行监督规律，不得代行执行权；第五，对行政执行活动的法律监督，参照民事执行监督的规定开展工作。

一直以来，法院"执行难、执行乱"是社会广为关注的难题。修改后民事诉讼法将执行纳入检察监督范围，也正是处于这样的背景之下。关于如何进行执行监督，笔者提出4句话16个字：加强学习，主动发现，能动审查，延伸监督。其中，加强学习是指学习执行法律法规，了解并掌握执行规律，比如北京市高院的执行工作规范共有5编702条，最近又发布了《北京市法院执行案件办理流程与执行公开指南》，这是基础；主动发现是指增强主动发现案件线索的意识和水平；能动审查则指树立全面审查理念，主动发现和能动审查其实就是能动监督，是关键；而延伸监督过程中，往往会伴随着法官违法行为调查，这是保障。

（四）探索开展督促起诉、支持起诉等工作

这里所指的督促起诉，其实包括督促履行职责和督促起诉，前者针对的是有关机关不依法履行职责的情况，后者针对的是具备前述情况，且适合提起诉讼的情形。

所谓督促起诉，是指针对监管部门对国有资产流失问题不行使或怠于行使监管职责问题，检察机关以监督者身份督促有关监管部门依法提起民事诉讼，维护国家和社会公共利益。

所谓督促履行职责，是指检察机关在履行民行检察监督职责过程中，发现有关机关存在依法不履行职责的情形，可以提出检察建议，促进依法行政和创新社会管理。监督的方式均是检察建议。支持起诉在修改后民事诉讼法中有明确规定，检察机关开展此项工作已有多年，且司法界也普遍认可。如针对花久高速公路，省院民行处与省交通厅建立相关工作机制，运用支持起诉等方式维护农民工合法权益。

需要说明的是，督促起诉、支持起诉案件是在履行民行检察监督职责过程中发现的案件，因而从性质上来说属于延伸监督，按口语化说，并非属于硬通货，而是根据各地实际有条件时才可以开展。比如三江源地区、环青海湖地区的检察机关可以办理涉及生态环境保护的督促起诉、支持起诉案件，海东地区可以围绕东部城市群建设过程中出现的土地出让金缴纳迟延、政府怠于履行相关职责、农村弱势群体权益维护等方面开展督促起诉、支持起诉工作。

（五）和解息诉工作

开展这项工作，应注意以下几点：第一，和解工作的前提是当事人有和解意愿，且具备和解条件；第二，和解工作的方式方法是积极引导、耐心疏导，不得强制和解；第三，应采取适当措施做好和解协议与生效裁判执行的衔接工作，确保和解协议具有执行的法律效力。

随着修改后民事诉讼法的实施，检察机关面临的服判息诉工作压力明显增大。做好此项工作，应从以下几个方面入手：一是增强引导意识，把化解矛盾工作落实到受理、立案、审查终结的各个环节，以分散办案风险、环节矛盾化解压力，特别要运用法治思维和方式做好引导工作，不仅帮助当事人个人建立起法治观念，而且有助于全社会形成法治观念。举个例子，在法治发达国家，社会对法治的观念就是：充分尊重，合理表达。以法院裁判为例，充分尊重首先就是对裁判服从、尊重和理解，其次是诉求能通过正常途径表达，不存在采用非正常手段来表达诉求的情况。这就是法治观念的一种体现。目前正在推行的涉法涉诉信访改革的目标也正是如此。二是加强对不抗诉、不提出检察建议、终止审查等不予监督决定案件的文书说理工作，使得作出的决定具备充分的事实依据和法律依据。三是建章立制，加强与相关部门的分工协作、互相配合，形成开展服判息诉工作的合力，以此维护社会稳定和司法权威，比如建立检调对接机制。

在当今社会矛盾交织、社会利益多元、社会关系复杂的时代，作为检察机关尤其要提高做好群众工作的能力和水平。比如，面对当事人的无理诉求，该如何应对？这几年因 PX 项目引发的江苏启东、云南昆明等地上万群众集会事件中，检察机关该如何有效作为？这些问题都值得我们好好思考。

（六）对诉讼违法行为的监督

诉讼中的违法行为直接影响着司法公正的实现，因此，当然属于检察机关的监督范围。开展诉讼违法行为监督应当明确：第一，开展工作的指导原则是依法、审慎。第二，监督的范围是相关影响公正司法且尚未构成犯罪的诉讼违法行为，具体包括：在审判活动中故意违背事实和法律作枉法裁判，在执行判决、裁定活动中严重不负责任或者滥用职权，不依法采取保全措施、不履行法定执行职责，或者违法采取保全措施、强制执行措施等，致使当事人或者其他人合法权益遭受损害；收受或者索取当事人及其近亲属或者其委托的人贿赂；其他严重违反民事诉讼法、行政诉讼法规定，不依法履行职责，损害当事人合法权益的行为。第三，监督方式是纠正违法通知书。第四，监督依据是"两高三部"《关于对司法工作人员在诉讼活动中的渎职行为加强法律监督的若干规定（试行）》。

三、推进多元化监督格局的基本要求

按照科学发展的意见，推进多元化监督格局应当把握以下原则：一是坚持以执法办案为中心，始终将办案作为推进多元化监督格局的中心工作；二是充分考虑民行检察监督职责对维护社会公平正义、维护社会和谐稳定、促进经济社会发展的影响，避免机械执法、就案办案；三是坚持监督方式、监督手段的多元化，增强监督的实效性和针对性，实现办案数量、质量、效率、效果的"四个统一"。比如，以组合拳的形式强化监督，构建"再审检察建议＋抗诉"、"检察建议＋违法行为调查"、"调查核实＋抗诉（再审检察建议）"等监督方式。

论民事执行监督

——民事诉讼法修改背景下民事执行检察工作面临的机遇与挑战

三亚市人民检察院课题组[*]

一、民事执行检察概述

民事执行检察，亦称民事执行检察监督，其既是民事诉讼法学的概念，也是检察学的概念。检察权是国家权力的组成部分，它是一个历史的、阶级的概念，从人民检察院组织法第 1 条关于检察机关的性质规定可以看出：第一，检察和监督是一致的，检察就是监督，监督也就是检察；第二，监督的概念又大于检察的概念，检察是一种特殊性质的监督，即法律监督，而不是一般行政性质的监督。[①]民事执行检察监督的概念在理论上，并没有太多的分歧。有学者认为："民事执行检察，实质上就是检察机关的监督，是一种外部监督。具体来说，是指具有监督权的检察机关认为法院在民事执行程序中，作出裁定、决定、通知或具体执行行为不当或者存在错误，要求法院予以矫正的制度。"[②]也有类似的认为："民事执行监督权是对人民法院生效的民事判决、裁定、调解书的执行活动是否合法进行法律监督的职权。"[③]

根据宪法和 2012 年修改的民事诉讼法，民事执行检察是指作为国家法

---

* 三亚市人民检察院课题组成员：三亚市人民检察院民事行政检察处处长赵国君、政治部副主任符杨雪、民事行政检察处检察员耿加锋、民事行政检察处助理检察员刘蓉。

① 参见王桂五：《人民检察制度概论》，法律出版社 1982 年版，第 40 页。
② 谭秋桂：《民事执行法学》，北京大学出版社 2005 年版，第 266 页。
③ 袁其国：《试论人民检察院执行监督权》，载《人民检察》2011 年第 12 期。

律监督机关的检察院根据当事人申请或者调查发现，对人民法院的民事执行活动存在违法或者不当时，依法通过抗诉、检察建议及纠正违法通知等形式要求予以纠正的制度。

二、民事执行检察的理论与实务现状

（一）学界对民事执行检察的理论分歧与共识

民事执行检察是否必要，自1991年民事诉讼法颁布以来，一直存在争议。最初颁布民事诉讼法时，民事执行没有像今天显得那么重要，执行与审判也没有如此清晰的界限，执行被认为是审判活动的组成部分。从立法原意上分析，1991年民事诉讼法第14条关于检察机关对"审判活动"的监督含有对执行活动进行监督的意思。① 但理论上主张废除民事执行监督甚至民事检察监督的声音也不少。这两种对立的声音主要来自检、法两家，倾向检察机关的主要理论观点认为，民事审判包括民事执行②，而且当前司法实践也需要通过公权力对公权力的制约达到监督效果。倾向审判机关的代表理论观点是，民事审判不包括民事执行，检察机关的监督没有明确立法授权，检察权介入会影响当事人对私权的处分，破坏法院权威以及谁来监督检察机关等。1995年最高人民法院《关于对执行程序中的裁定的抗诉不予受理的批复》指出，检察机关对执行活动实施监督无法律依据。此后，理论存废之争就越来越严重，特别是近些年来"执行难"、"执行乱"、"执行不公"等情况也随之出现，使得这一问题在争论中迅速得到中央司法改革领导机构及立法机关的重视。在2011年"两高"联合下发了《关于在部分地方开展民事执行活动法律监督试点工作的通知》，开始就民事执行监督达成初步共识，这一共识也在2012年的民事诉讼法修改中得到体现。人民检察院对民事诉讼活动，特别是对民事执行活动实施法律监督得到了立法的肯定。理论上的分歧暂时停止，进而转向对如何具体行使民事执行检察权的问题上来。

---

① 杨荣馨于2008年12月3日，在由中国人民大学民商法研究中心与河南省人民检察院联合举办的"2008中原民事行政检察论坛"中讲道："从我参与《民事诉讼法》起草情况看，我认为，检察机关对民事诉讼、民事审判的监督从立法本意来说都是广义的，包括对执行的监督在内。"《民事执行检察监督的探索与争鸣——检察机关"应当"而不是"有权对民事执行活动监督"》，载《中国检察官》2009年第1期。

② 1981年王汉斌在《关于中华人民共和国民事诉讼法（试行）（修改草案）的说明》中指出："执行是审判工作的一个十分重要环节，它关系到法律和人民法院的尊严。"转引自全国人大常委会法制工作委员会民法室编：《民事诉讼法立法背景与观点全集》，法律出版社2012年版，第541页。

（二）修改后民事诉讼法对民事执行检察的新规定

2012 年民事诉讼法涉及民事执行检察的规定，虽只有短短两个条文，但其重要意义和影响是明显的。第一，在总则中确立检察机关对法院的监督范围是整个民事诉讼而不再是民事审判。第 14 条将人民检察院有权对民事审判实行法律监督修改为人民检察院有权对民事诉讼实行法律监督，"审判"改为了"诉讼"，这是最高立法机关用立法的形式回应了十几年来理论上的分歧，也是对检、法两家在法律适用中存在分歧的最权威解释。第二，在第三编民事执行部分，明确规定"人民检察院有权对民事执行活动实行法律监督"，该条文是原则性规定，其实是对民事诉讼检察监督的重申，对民事执行监督的强调。同时，该条文对民事执行监督的范围也作出了原则性规定，在法律上，"行为"与"活动"具有不同的含义，具有法律意义的行为包括法律行为和事实行为。因此可以理解，法院的执行行为，不管是执行中的法律行为还是执行事实行为，都在民事执行检察的范围内。法律意义上的"活动"不仅包括行为，还包括为了完成行为所作的准备，为实现行为意图所作的各种努力。① 当然，民事执行检察具体的范围、程序、原则及方式等，实践中还需要"两高"的司法解释来细化，才能实现这次民事诉讼法的修改目的，这些问题也是笔者在本文中主要思考的问题。

（三）民事执行检察的实践探索与国外经验借鉴

民事执行检察自 1991 年以来，虽然存在理论与实务两方面分歧与争议，但各地检察机关还是作了大量有益的探索，并取得了不少宝贵的经验，为这次民事诉讼法修改提供了有益的支持。以四川省为例，自 2003 年至 2011 年，全省共有 3 个市级和 21 个基层检察院与同级法院会签相关文件，对执行检察监督进行了规范。2003 年以来，全省检察机关共对 879 件民事执行程序中的违法情形进行了监督，法院纠正 787 件。这些违法情形包括：（1）以执代审，以执行裁定变更生效判决内容；（2）任意变更执行主体、措施、标的；（3）怠于执行、执行严重超期；（4）错误执行案外人财产；（5）违法委托评估、拍卖，造成被执行人损失；（6）执行人员在执行过程中涉嫌贪污受贿、滥用职权等。采取的主要监督方式：一是检察建议，主要是针对需要督促执行或者执行工作中存在的普遍性问题；二是纠正意见，主要针对执行案件中需要及时纠正的重大程序或者实体错误。全省检察机关普遍反映"民事检察监督难"，存在监督范围不具体、监督方

---

① 参见张步洪：《新民事诉讼法讲义——申诉、抗诉与再审》，法律出版社 2012 年版，第 184 页。

论民事执行监督
——民事诉讼法修改背景下民事执行检察工作面临的机遇与挑战

措施，监督效果不好等问题。

关于民事执行检察，国外可借鉴的经验有限，主要是国外的政治制度特别是司法体制与中国有较大区别。但仍然可以找到可借鉴之处，如在法国，司法院组织法第 L751－2 条明确规定："在民事方面，在法律有特别规定的情况下，检察官可以依职权行动。他监视法律、裁判和判决的执行。如果上述执行与公共秩序有关，他可以依职权从事执行工作。"[1] 1991年民事执行程序法第 11 条规定："共和国检察官关注判决与其他执行根据的执行。"第 39 条规定："应持有执行凭证、负责执行的司法执行员的请求，并且根据执行提出的记录，其为了执行而试图收集情况没有结果，共和国检察官得进行必要努力，查明债务人以其名义设立账户之机构的地址，以得债务人本人及其雇主的地址，排除其他一切情况。"[2] 在俄罗斯，民事诉讼法在执行程序一编中规定，检察长对法院以下裁定可以提出抗诉：法官中止执行程序、终结执行程序、将执行文件退回追索人问题所作的裁定；对执行判决费用的裁定；对债务人在共有财产中所占份额的裁定；对评估至拍卖无效的裁定；对责成债务人实施一定行为的裁定，以及检察长对执行判决的方式或者拒绝实施判决的行为、对法院作出的关于执行员行为问题作出的裁定、对法院作出执行回转问题的裁定。[3] 从世界范围看，民事执行检察制度不是世界通行的做法，但也有法、俄等国的成功经验，他们关于监督的范围、方式等，也是可以借鉴的。中国作出民事执行检察的制度设计，主要还是需要从国情和现实需求出发。

三、完善民事执行检察体系的思考

修改后的民事诉讼法实施以后，关于民事执行检察是否有必要的讨论已经意义不大，无论理论还是实务中，如何建立完善的具有可操作性且能够实现立法目的的民事执行检察体系，是今后我们面临的主要问题。笔者结合多年的民事执行检察工作体会，从以下几个方面对构建这一体系进行了思考。

---

[1] 金明焕：《比较检察制度概论》，中国检察出版社 1993 年版，第 23 页。

[2] 让·文森、雅克·普留沃：《法国民事执行程序法要义》，罗结珍译，中国法制出版社 2002年版，第 156 页。

[3] 参见张西安、程丽庄：《俄罗斯民事诉讼法——执行程序法》，中国法制出版社 2002 年版，第 172 页。

民事行政检察指导与研究（总第13集）
Guide and Study on Civil-Administrative Procuratorate

（一）民事执行检察原则

民事执行原则，是指导检察机关对民事执行活动实行法律监督的基本准则，是检察机关在整个执行检察过程中应当遵守的行为规范。以下几个原则应予遵守：

1. 依法监督的原则

人民检察院实施法律监督是宪法赋予的权力，人民检察院行使民事执行检察职责，也同样要依据法律实施监督，过去对民事执行监督存有异议，也正是法律对此规定不明确才产生的。"任何理由不能成为违法的理由。"2012年民事诉讼法修改后，民事执行检察就不仅有了宪法的依据，同时，民事诉讼法也作出了明确规定"人民检察院有权对民事执行活动实行法律监督"，由此，人民检察院对民事执行活动实行检察监督有了清楚的法律依据。但这一规定并不意味着检察机关对民事执行活动的监督没有时间和方式的限制，对任何民事执行活动可以想怎么监督就怎么监督。对民事执行检察的程序、范围、方式均应依法进行，哪些具体的执行活动需要监督，用什么样的方式作出监督，监督的具体程序都需要根据明确而具体的法律规定进行。

2012年民事诉讼法修改，除了规定人民检察院有权对民事执行活动实行法律监督的基本原则外，没有对程序、范围和方式作出进一步的规定。对此，需要从两个方面理解：一方面，一部基本的诉讼法律规范，不太可能把所有细节规定详尽，大量的具体应用法律的规范，需要由最高司法机关用司法解释的形式加以确定。这项工作事实上"两高"在民事诉讼法实行前就已经启动，有望在近期出台。这些司法解释就是民事执行检察具体的法律依据，检察机关行使民事执行检察职责，必须无条件依据这些规范进行法律监督，违反这些规定的监督行为是违法的，也是无效的。另一方面，在新的司法解释出台以前，并非没有任何法律依据，"两高"此前出台的关于执行的司法解释，特别是"两高"联合会签的关于执行的法律文件，以及高检院关于民事检察的法律文件，除与已经生效法律相抵触的外，仍是有效的，也是应当遵守的。比如，在程序上需要由检察机关的立案审批、调阅卷宗、听证、检察委员会讨论等；在范围上对执行依据、执行措施、错误或者怠于履行执行职责的行为进行监督；在方式上有抗诉、检察建议、纠正违法通知等。无论什么情况下，检察机关的法律监督行为，必须在法律的框架下进行。这就是依法监督的原则要求。

2. 不干预法院正常执行活动的原则

人民检察院依法独立行使检察权，人民法院依法独立行使审判权，是宪法规定的司法原则。坚持和遵守这一原则，是正确发挥司法机关职能的基本条件，是平等、公正执法的需要。人民法院依职权对生效民事裁判实施执行活动，应不受外力的干扰，检察机关实施监督不应影响人民法院的正常执行活动。[①] 检察机关监督手段的运用，不是要干预法院的正常民事执行工作，而是按照法律监督的程序向法院提出自己的主张和看法，要求法院重新审查执行行为等活动，纠正其不当或者违法行为，或者对不当或者违法作出解释和说明，以达到法律监督的目的。

对民事执行活动的监督，内涵应该包括两层意思，一是对违法或者不当的民事执行活动提出纠正的建议，促使其依法改正；二是对法院依法的正确的民事执行活动给予依法维持与保护。对法院正确的依法执行活动，要尊重、不干涉。对法院正在依法进行的执行活动，如果发现不当或者错误，要严格地依法定程序进行监督，不能影响到法院正常执行活动的开展，不能要求法院停止执行活动，不能用监督权代替执行权；即使发现不当和错误，也是以法定程序向法院提出，要求其依法纠正，不能直接介入到执行活动中来。否则，就干预了法院的正常执行活动，违背了民事执行检察的立法目的。

3. 事后监督的原则

检察机关对民事执行活动实行法律监督，从时间上说，只要是发现不当或错误就可进行监督，但这并不意味着检察机关可以随时随地地进行监督。法院的执行活动，也是有法律的规范。从受理立案，到依法调查、听证、评估、采取促使措施、强制执行措施等，都是有法律规定的程序、期限等要求的。民事执行活动是由一系列行为、措施组成，民事执行检察虽然不能等到全部执行活动完毕，执行结案后才能监督，但在一个具体执行活动没有结束或者执行复议或者异议期没有结束前，民事执行监督不应进行。比如一个执行裁定或者措施作出后，在法律规定的期限内，当事人有提出复议或者异议的权利，在此期间，民事执行监督就不应该进行，因为此时当事人有法定的救济权利。检察监督应该理解为，法院的救济穷尽后方可进行。

（二）民事执行检察范围

在民事执行中，执行瑕疵是指民事执行程序中一切损害当事人或者案

---

① 参见常怡、重庆市人民检察院、海南省人民检察院联合课题组：《民事行政裁判执行的检察监督》，载《民事行政检察指导与研究（总第3集）》，法律出版社2000年版，第157页。

外人权利的法律事实,它有多种具体形态,可分为违法事实和不合理事实。① 根据修改后的民事诉讼法,检察机关监督执行的范围是民事执行活动,广义的理解应该是对所有的违法或者不合理事实都在监督之内,实践中主要监督的应该是违法的事实,对不合理的事实是否仍可监督,笔者认为,如果是合法不合理的情形,原则上不启动民事执行监督程序,但适当通过检察建议提醒法院也不应在禁止之列。结合修改后民事诉讼法的规定和最近几年民事执行检察实践,笔者认为,具体的监督范围可有以下几项:

1. 执行依据违法。对依法已经被撤销、未生效或者因其他原因不具有法律约束力的文书予以强制执行,如正在上诉期的判决、裁定,或者执行了被审判监督程序撤销的判决、裁定,以及执行虚假或者错误的生效判决、裁定等,属于执行依据违法。

2. 执行裁决违法。在执行中,法院作出影响当事人实体或者程序权利的裁定、决定或者通知,如果存在认定事实或者适用法律错误,如关于执行异议、执行回转的错误裁定、决定等,属执行裁决违法。

3. 执行措施违法。法院违法采取查封、扣押、冻结、变卖等执行措施,对当事人、案外人及国家或者社会公共利益造成损失的。

4. 执行范围违法。法院执行裁定确定的范围超出了作为执行根据的法律文书所确定的范围,如不按生效文书所确定的标的执行,或者错误地执行案外人或者同案其他当事人的财产,或者未按法律规定保留公民自身及其抚养亲属必要的生活费和生活资料等。

5. 执行人员贪污受贿、滥用职权、玩忽职守、枉法执行行为。执行人员在民事执行活动中挪用、侵占执行款物,渎职行为给当事人、案外人及国家和社会公共利益造成损失的,也是民事执行监督的范围内容。

(三)民事执行检察程序

民事执行检察程序,此次修改没有作出具体规定,只能在下一步的司法解释中得到解决。笔者结合实践体会,认为民事执行程序主要解决如下问题:

1. 受理案件来源方式。受理当事人、案外人申请是主要来源,但涉及国家利益、社会公共利益的,可由检察机关依职权启动民事执行监督程序。如果当事人没有申请且不涉及国家利益、社会公共利益的,检察机关应尊重当事人意思自治的权利选择。

---

① 参见任文松、王晓:《论民事执行检察监督制度的创建》,载《宁波大学学报》2006年第6期。

2. 调阅卷宗，调查核实，举行听证。这些监督手段需要在司法解释中加以明确细化其操作步骤，既能提高效率，又能最大限度地避免检察人员在监督中自身的违法。对采取这些手段需要履行的审批步骤、期限，具体来讲，对调阅卷宗应由检察机关主管检察长批准后方可调阅，且该期限不计入办案期限；对违法行为调查，需要经检察长批准，采取非强制性措施调查，该期限计入办案期限；举行听证由承办人根据案件疑难、复杂程度决定是否举行，该期限计入办案期限。

3. 结案方式。根据修改后民事诉讼法的规定，经审查凡是不支持监督申请的，一律发不支持监督申请决定书给当事人；对发现有违法或者不当情形，需要依法监督的，可采取抗诉或者检察建议的方式进行监督，对执行依据违法的，可采用抗诉方式，对其他的违法或者不当可采取检察建议方式。此外，现场监督、更换承办人、暂缓执行等监督方式在各地曾经被采用过，根据修改后民事诉讼法及实践效果，即缺乏法律依据，实际效果并不良好，但是，纠正违法通知书无论从法律依据还是从实践效果来看，都是一种行之有效的监督方式。

4. 办案期限。这次修改后民事诉讼法，对民事检察监督的办案期限作出了严格的规定，明确规定从受理到办案不能超过3个月。民事执行检察的期限自然也是3个月的办案期限，但其中中止、中断及延长的法定情形，笔者认为，调阅、鉴定等应确定为中断事由，有特殊情况的，经检察长批准可再延长3个月，延长应以一次为限。

5. 民事执行检察的法律后果。建议在今后的司法解释或者再次修改民事诉讼法中应增加规定，法院收到民事执行检察监督的文书后，如果采纳应在3个月内回复纠正情况；如果未采纳，实行举证责任倒置，证明其执行行为合法，并书面回复检察机关。笔者认为这一点非常重要，不仅在民事执行监督，在整个民事检察监督工作中都是重要的，可以在实践中大大减少检法两家的推诿。

四、小结

民事诉讼法已经正式实施一年多了，由于规定民事执行检察的条文只有一条原则性规定，检察机关民事执行的法定地位没有了异议，但如何落实这一原则性规定还需要司法解释和理论解释补充。本文结合理论学习与民事执行检察实践从以上几个方面谈了如何落实民事执行检察新规定，对民事执行检察历史及现状分析后，根据修改后民事诉讼法的立法精神，提出民事执行检察原则、范围和程序方面的独立思考，期望能对民事执行检察工作略有贡献。

论民事检察监督申请权

胡思博*

　　《人民检察院民事诉讼监督规则（试行）》（以下简称《监督规则》）第24条规定："有下列情形之一的，当事人可以向人民检察院申请监督：（一）已经发生法律效力的民事判决、裁定、调解书符合《中华人民共和国民事诉讼法》第二百零九条第一款规定的；（二）认为民事审判程序中审判人员存在违法行为的；（三）认为民事执行活动存在违法情形的。"可见，裁判结果、调解书、审判行为和执行活动均可成为当事人在民事诉讼中申请检察监督的对象。

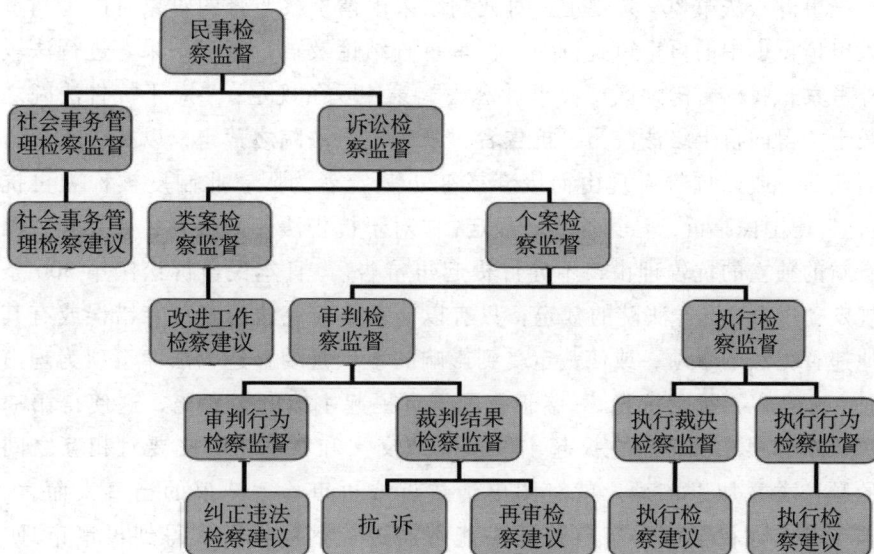

民事检察监督的种类与方式图

---

* 　胡思博，国家检察官学院与中国人民大学法学院联合培养博士后，中国政法大学民事诉讼法学博士。

一、当事人对裁判结果申请检察监督

（一）当事人对裁判结果申请检察监督的前置程序

民事诉讼法对裁判结果规定了多重纠错，这些纠错措施之间不是并存关系，而是先后的逻辑关系，一项措施的实施完毕是另一项措施启动的先决条件，进而形成顺序纠错。作为外部纠错的审判救济与作为内部纠错的检察监督之间存在一定的先后顺位关系，即以审判救济为首要，检察监督是对审判救济的一种监督和补充，目的在于防止审判救济中可能发生的拖延、懈怠或进一步错误。"检察监督要在穷尽法院自身救济的情况下方能启动。"[1] 检察监督应遵循监督节制主义，是以审判救济的穷尽为开展前提的，应遵守法院救济先行，检察监督断后的基本原则。当权利人自愿放弃先纠错措施或因违反时效规定而丧失开展先措施的权利后，其就不再享有通过后措施进行纠错的权利。

1. 再审与申请抗诉或再审检察建议的顺位关系。就再审程序中产生的再审审理结果的终局性而言，一方面要承认救济因主观或客观原因的存在难免不发生错误，应为其设置进一步救济；另一方面又必须杜绝救济循环现象的产生，为此应对初次再审审理结果的再次再审设置严格的条件。根据民事诉讼法第 209 条规定，对裁判结果申请检察监督的对象可以是当事人申请再审中的再审审查行为、再审审查结论及再审审理结果。进行法域外考察，我国台湾地区"民事诉讼法"第 486 条规定："对于抗告法院之裁定，得向再上级法院为再抗告者，限于抗告法院之裁定，以抗告无理由而驳回，或以抗告有理由而废弃或变更裁定者为限，此制度被称为再抗告。"德国民事诉讼法第 568 条规定："对于抗告法院的裁判，如果其中没有新的独立的抗告理由，不允许提起再抗告。"日本民事诉讼法第 300 条规定："对于抗告法院的裁定，只有以该裁定对宪法的解释有错误或有其他违背宪法的事项，或使裁定受到影响的事项是明显违背法律事项为理由时，才可以再提起抗告。"鉴于我国再审提起主体的多元化，这使得第一次再审和第二次再审在提起主体上形成交叉和竞合时有必要对相互之间的顺位关系加以梳理。就意图申请抗诉或再审检察建议的当事人而言，涉及其实体权益的再审审理结果能否通过检察监督再次得到再审审理，关键在于何为第一次再审的提起主体，第一次再审提起主体的资质决定该再审结果是否具备申请抗诉或再审检察建议的可行性。

---

[1] 蒋琪、秦增光：《新民事诉讼法重大修改之民事抗诉》，载《中国律师》2013 年第 3 期。

第一，就申请再审与申请抗诉或再审检察建议的顺位关系而言，从顺向视角上看，申请抗诉或再审检察建议是对当事人申请再审的补充和递进，旨在对经过申请再审的案件通过检察监督再次进行再审；从逆向视角上看，申请再审成为申请抗诉或再审检察建议的强制前置程序，此时申请再审的性质从诉讼权利演变为诉讼义务，申请再审在一定程度上成为一种"强迫"。为此，检察监督成为再审多次进行的介质，但多次进行的再审在属性类别上有所不同。"当事人申请再审的案件，经过法院审查未发现问题，待当事人向检察机关申请抗诉后再审纠正的，法院可据此建立问责机制对原审查或再审法院及有关人员予以问责，能够从根本上提升法院纠错的主动性、有效性，从而有力地促进再审案件质量的提高。"①民事诉讼法在 2012 年的修订中对程序性关口裁定的保护和救济问题进行了关注并有所改善②，但是民事诉讼法第 209 条的规定只赋予当事人对再审程序中的程序关口裁定申请抗诉或再审检察建议的权利。对于一审原告向法院起诉或被告提起反诉，法院无故不接收起诉材料却又不出具书面证明，或在审查期限届满后迟迟对起诉不予书面答复的，民事诉讼法以强制书面裁定为当事人起诉权的保护手段，为此促进对上诉权行使的有效落实。民事诉讼法第 123 条规定："人民法院应当保障当事人依照法律规定享有的起诉权利。对符合本法第一百一十九条的起诉，必须受理。符合起诉条件的，应当在七日内立案，并通知当事人；不符合起诉条件的，应当在七日内作出裁定书，不予受理；原告对裁定不服的，可以提起上诉。"对此有观点认为，"人民法院受理原告的起诉材料后，逾期不立案也为裁定不予受理的，可比照民事诉讼法第 209 条第 1 款第 2 项的相关规定进行监督即可，不必通过支持起诉或者其他方式来保护当事人的合法权益"③。笔者认为，将申请抗诉或再审检察建议的对象限制在再审申请结果和再审审理结果的范围内具有合理性。尽管一审无故不予立案的现象需要加以监督，但直接以再审

---

① 奚晓明：《中华人民共和国民事诉讼法修改条文理解与适用》，人民法院出版社 2012 年版，第 493 页。

② 程序关口裁定即诉讼要件裁定，在大陆法系国家被称为诉讼判决，其并非针对诉讼请求或单纯程序事项的判断，也未直接涉及当事人的实体权利义务关系，但其作用对象为诉讼标的，是对原告起诉是否符合诉讼要件的判断，而诉讼的进行与否将直接作用于当事人实体权利义务关系的分配，因此能够产生既判力。程序关口裁定一经作出，要么启动某一诉讼程序进而开启法院对案件的实体审理，要么否定当事人对启动某一诉讼程序的意愿从而使其丧失诉权，为此其本身具备再审可行性。程序关口裁定包括立案通知、不予受理、驳回起诉、准予再审、驳回再审申请等。

③ 孙加瑞：《民事检察制度新论》，中国检察出版社 2013 年版，第 301 页。

的方式进行实为不当，为此可纳入纠正违法检察建议的范畴。《监督规则》第99条规定："人民检察院发现同级人民法院民事审判程序中有下列情形之一的，应当向同级人民法院提出检察建议：……；（三）符合法律规定的起诉和受理条件，应当立案而不立案的；……"

第二，就法院依职权提起再审与申请抗诉或再审检察建议的顺位关系而言，现行法对人民法院依职权提起再审的事由没有作出明确规定，"确有错误"这样一个抽象标准使得人民法院自行启动再审程序的事由范围较为宽泛，同时对事由的认定拥有较大自由裁量权。"法院依职权启动再审程序的事由与当事人申请再审的法定事由和检察机关的抗诉事由具有明显的区别，没有采用相同的标准，具有非统一性。"[1]为此，人民法院若接受和采纳再审检察建议，应由该院院长提交审判委员会后，依职权自行启动再审程序，将检察监督这种外部纠错转化为内部纠错。"在我国，尤其应当发挥人民检察院作为国家法律监督机关的职能作用，致力于追求其他监督制约，包括法院内部监督制约所不可替代的作用。"[2]根据民事诉讼法第209条规定，申请检察监督的对象可以是法院依职权提起再审中的审理结果，即当事人认为法院依职权提起再审的审理结果存在明显错误时，可就此申请检察监督，并且可直接申请检察机关提起再审检察建议。再审检察建议作为非直接的再审提起方式，其只能与人民法院依职权提起再审配合使用，为构建和谐司法创造出典型。如此一来，某一法院依职权提起再审的审理结果可能通过再审检察建议被该法院以依职权的方式再次进行再审。但是，最高人民检察院不能对同级的最高人民法院的生效裁判和调解书以再审检察建议的方式进行监督。民事诉讼法第208条第2款规定："地方各级人民检察院对同级人民法院已经发生法律效力的判决、裁定……可以向同级人民法院提出检察建议……"

第三，就检察机关通过检察监督得出的再审审理结果而言，当事人不得就此申请抗诉或再审检察建议，但检察机关可依职权再次提起检察监督。《监督规则》第31条规定："当事人根据《中华人民共和国民事诉讼法》第二百零九条第一款的规定向人民检察院申请监督，有下列情形之一的，人民检察院不予受理……；（六）民事判决、裁定、调解书是人民法院根据人民检察院的抗诉或者再审检察建议再审后作出的……"

2. 上诉与申请抗诉或再审检察建议的顺位关系。就审判救济的内部顺

---

① 陈春梅、胡夏冰：《我国民事再审事由的立法完善》，载《法学杂志》2012年第3期。
② 童建明：《加强诉讼监督需要把握好的若干关系》，载《国家检察官学院学报》2010年第5期。

位而言,各国立法在再审程序设立问题上普遍采取慎重态度,对明知一审裁判有瑕疵却故意不以上诉的方式主张者一律不得赋予其申请再审的权利,严格规范上诉这一未生效裁判救济和再审这一生效裁判救济的先后顺序,有效减少对生效裁判既判力的冲击。当事人在能够通过上诉进行救济却没有及时提出的情况下会发生失权的法律后果,使当事人丧失再审之诉的主体资格。"为了保持法律裁判的稳定性和权威性,作为一种事后的补救措施,再审的启动应有严格的限制,这是再审制度的本质属性。离开这一点,也就无所谓再审。"① 在德国,再审之诉分为回复原状之诉和取消之诉。联邦德国民事诉讼法第 582 条规定:"回复原状之诉,只有在当事人非因自己的过失而不能在前诉讼程序中,特别是不能用声明异议或控诉的方法,或者不能用附带控诉的方法提出回复原状的理由时,才准提起。"第 597 条第 2 款规定:"尽管有提起取消之诉的情形,但当事人如果可以通过上诉而主张原判决无效时,不能提起取消之诉。"日本民事诉讼法第 338 条规定:"当事人明知再审的理由未以上诉方式主张时,不得提起再审之诉。"无疑,强化上诉纠错的广泛功能有助于提高司法效率。但是,我国现行法并未将上诉设置为申请再审的强制前置程序,这在一定程度上引发了审判救济的秩序混乱。"再审程序并不是对法院作出的每一个裁判都适用的程序,而是对法院审判结果是否正确进行事后监督和对错误的裁定进行补救的程序,同时也是相对于民事裁判上诉程序的一种补充性救济方式。"②

"如果说上诉制度蕴含着通过构筑正当诉讼程序保证私权争议获得正当裁判的诉讼理念,故将上诉制度成为对受法院未生效瑕疵民事裁定所确定私权予以普通救济的话,那么再审制度则是以对因受生效瑕疵民事裁判损害的当事人私权利益进行特殊救济为程序目的而设置的。"③ 从当事人寻求救济的角度而言,不服一审判决的常规救济方式应为上诉,此举在保障当事人诉讼权利的同时又将上诉制度的功效充分发挥,使当事人获得了最为直接的救济,此外还将诉讼风险的负担降到了最低程度,使国家所负担的司法成本得到了降低。将上诉与申请抗诉或再审检察建议的下级顺位关系置于审判救济和检察监督救济的上位顺位关系的视角之下,在通过检察监督实施再审之前,应穷尽所有的审判救济,否则外部救济就失去特别存在的价值和意义,造成司法资源的浪费。通过补充性再审的设置,使通过

---

① 张卫平:《再审事由构成再探析》,载《法学家》2007 年第 6 期。
② 李浩:《再审的补充性原则与民事再审事由》,载《法学家》2007 年第 6 期。
③ 杨秀清:《民事再审制度的理论阐述》,载《河北法学》2004 年第 5 期。

67

检察监督引发的再审成为真正意义上的极端慎用程序，将其限定在较小范围之内。在现行法对"再审的补充性"规定缺失的情况下，《监督规则》进行了弥补。该规则第32条规定："对人民法院作出的一审民事判决、裁定，当事人依法可以上诉但未提出上诉，而依照《中华人民共和国民事诉讼法》第二百零九条第一款第一项、第二项的规定向人民检察院申请监督的，人民检察院不予受理，但有下列情形之一的除外……"其中，可上诉的裁定除包括民事诉讼法所规定的不予受理诉讼裁定、驳回起诉裁定、诉讼管辖权异议裁定外，还包括执行管辖权异议裁定①、不予受理破产申请裁定②和上级向下级转移管辖权裁定③。此外，鉴于小额诉讼程序实行一审终审，所生判决不能提起上诉，进而不能纳入再审纠错的范畴，因此其不适用抗诉或再审检察建议。但是，凡一审生效裁判存在损害国家利益和社会公共利益的情形，无论其是依照一审普通程序、简易程序还是小额诉讼程序作出的，均应纳入检察机关依职权提起检察监督的范畴。

（二）当事人对裁判结果申请检察监督的次数

基于一事不再理原则，当事人不可在检察机关就初次检察监督申请作出处理后就同一事由再次向检察机关申请抗诉或再审检察建议，仅能以一次为限，以申请抗诉或再审检察建议方式产生的民事再审裁判不再具备再次申请抗诉或再审检察建议可行性。民事诉讼法第209条第2款规定，"当事人不得再次向人民检察院申请检察建议或者抗诉"。此外，申请事由"再审判决、裁定有明显错误"中的再审提起方式应受到限制，只能是法院依职权和依当事人申请提起的再审，而不能是通过检察监督提起的再审，这与申请抗诉或再审检察建议的一次性原则相吻合。《监督规则》第31条规定："当事人根据《中华人民共和国民事诉讼法》第二百零九条第一款的规定向人民检察院申请监督，有下列情形之一的，人民检察院不予受理……；（六）民事判决、裁定、调解书是人民法院根据人民检察院的抗诉或者再审检察建议再审后作出的……"此举将当事人的申请权分为再审申请权和抗诉或再审检察建议申请权两个部分，由当事人先后依次行使。在检察机关就当事人的抗诉或再审检察建议申请作出不予提出监督的决定时，当事人的申请权已经消耗完毕，无权再进行救济。"由于民事诉讼是平等主体之间的诉讼，公权力的介入一定要慎之又慎，要适当有限，

---

① 参见最高人民法院《关于审理民事级别管辖异议案件若干问题的规定》第4条。
② 参见企业破产法第12条。
③ 参见最高人民法院《关于审理民事级别管辖异议案件若干问题的规定》第4条。

否则会加重诉讼负担、打破当事人主体之间的平等地位，加长司法腐败链条。"① 制度的如此设计可防止当事人反复无休止申请所造成的重复审查和浪费司法资源，通过一次性救济解决部分当事人反复缠诉、终审不终的问题，为此对申请抗诉或再审检察建议的次数限制具有合理性。

对此项人为性抗诉或再审检察建议申请权的限制，有相反观点指出，"不能再次申请只能作为一般原则要求，而不能过于僵化和绝对，有必要开个'再审判决仍然确有重大错误的除外'作为口子，并向上提升对再审判决再提起建议和抗诉的检察机关级别，排除原建议或抗诉机关的再建议或抗诉权"②。笔者认为，可将因次数限制而丧失对抗诉或再审检察建议进行再次申请的民事裁判纳入依职权提起抗诉或再审检察建议的范畴。申请抗诉或再审检察建议和提供案件线索材料引发检察监督虽是各自独立的案件线索来源，但二者之间的形式界限却并非绝对明显，可实现在一定程度上的转换。当事人申请因次数限制而归于不受支持时，必然为检察机关提供了线索，为其依职权监督创造了可能。《监督规则》第 23 条规定："民事诉讼监督案件的来源包括：（一）当事人向人民检察院申请监督；（二）当事人以外的公民、法人和其他组织向人民检察院控告、举报；（三）人民检察院依职权发现。"可见，当事人因再次申请抗诉或再审检察建议而被检察机关拒绝的同时，检察机关可从当事人提交的材料中侧面了解到案情。申请抗诉或再审检察建议的次数限制并不影响检察机关对真正实体错误的再次纠正，控告、举报成为启动纠错的又一程序途径。

就抗诉或再审检察建议申请权的唯一性而言，其在行使过程中可能面临多方面的"多次"申请，进而形成申请的竞合，这对唯一性的判断带来一定的难度。首先，检察监督方式的竞合。唯一性是针对监督申请权这项权利整体而言，其包含对这项权利行使中所拥有的检察方式选择权。当事人在申请再审检察建议遭拒后，其不得再次申请抗诉；同理，当事人在申请抗诉遭拒后，亦不得再次申请再审检察建议。其次，申请主体与事由的竞合。唯一性是针对案件中各方当事人而言，一案中双方当事人都分别拥有一次申请抗诉或再审检察建议的机会，可以同时或相继提出内容相同或不同的监督申请。为此，一方申请监督，检察机关决定不予监督的，其不可再次申请监督，而对方可对原裁判申请监督；一方申请监督，检察机关决定并启动监督，最终再审结果为维持原判的，其不可再次申请监督，而对方既可对原裁判申请监督，也可以就再审的审理结果维持原判的裁定申

---

① 亢纪华：《民事诉讼中的检察监督张弛有度》，载《检察日报》2012 年 9 月 14 日。
② 李强：《民事再审检察建议制度的立法完善》，载《人民检察》2012 年第 16 期。

请监督；一方申请监督，检察机决定并启动监督，最终再审结果为人民法院改判的，其不可再次申请监督，而对方可就再审的审理结果即新判决申请监督；一方申请监督，检察机关决定并启动监督，最终再审结果为人民法院撤销原判、发回重审的，其不可再次申请监督，而对方既可对原裁判申请监督，也可就重审后作出的判决、裁定或调解书申请监督。最后，申请监督与职权监督的竞合。唯一性仅是针对当事人申请监督而言，当事人申请抗诉或再审检察建议并通过再审产生相关审理结果后，检察机关可对该再审结果再次依职权提起检察监督。

（三）当事人对裁判结果申请检察监督的方式选择

当事人在申请对裁判结果进行检察监督时，可对监督方式（抗诉或再审检察建议）予以选择。

1. 柔性效力成为对再审检察建议被选与否的关键性限制因素。鉴于再审检察建议的柔性效力所带来的不确定性，在司法实践中可能会出现当事人一律自行选择抗诉的单一局面。为此再审检察建议的柔性效力将使其被选概率降低，进而导致法律所设置的再审检察建议和抗诉的选择权面临被虚设。笔者认为，当事人对监督方式拥有的仅为初步选择权，检察机关对具体适用何种监督方式享有最终决定权，可以根据具体案情更改当事人所申请的监督方式。

再审检察建议刚柔并济的复合效力表

层　次	复合性监督力度	具　体　表　现	
制发层面	刚性效力（强制性）	对检察建议的接收、审查	1. 接收再审检察建议
			2. 接收后对再审建议内容的审查
接纳层面	柔性效力（可采性）	1. 是否接受和采纳检察建议 2. 是否启动纠错程序	1. 不予接受和采纳再审检察建议
			2. 接受和采纳再审检察建议
回复层面	刚性效力（强制性）	对检察建议的回复	1. 接受和采纳再审检察建议后的回复
			2. 拒绝接受和采纳再审检察建议后的回复
制约层面	刚性效力（强制性）	1. 拒绝接收 2. 接收后拒绝回复或回复不当 3. 接受后息于整改或整改不力	1. 跟进监督
			2. 提请上级人民检察院提出抗诉，强制启动再审程序
			3. 受监督法院的审判委员会予以答复
			4. 制发改进工作检察建议
			5. 统计归纳后定期进行通报
			6. 报告人大常委会

2. 对于就"再审裁判明显有错误"申请检察监督的情形，若当事人选择抗诉，则该案不能由提起抗诉的检察机关的下一级法院审理。民事诉讼法第 211 条规定："人民检察院提出抗诉的案件，接受抗诉的人民法院应当自收到抗诉书之日起三十日内作出再审的裁定；有本法第二百条第一项至第五项规定情形之一的，可以交下一级人民法院再审，但经该下一级人民法院再审的除外。"分析该做法的立法精神，对于先后经历第一次的当事人申请再审和第二次的检察机关提起抗诉的原生效裁判，鉴于现行法对当事人申请再审中的审理法院和提起抗诉中的检察机关的管辖规定，在第二次因抗诉引发的再审中，作出第一次再审裁判的法院不能对其自行所作的存在明显错误的该裁判实施第二次再审。民事诉讼法第 199 条规定："当事人对已经发生法律效力的判决、裁定，认为有错误的，可以向上一级人民法院申请再审；当事人一方人数众多或者当事人双方为公民的案件，也可以向原审人民法院申请再审。当事人申请再审的，不停止判决、裁定的执行。"《监督规则》第 34 条第 1 款规定："当事人根据《中华人民共和国民事诉讼法》第二百零九条第一款的规定向人民检察院申请检察建议或者抗诉，由作出生效民事判决、裁定、调解书的人民法院所在地同级人民检察院控告检察部门受理。"为此，基于再审检察建议制发主体的同级对应性，检察机关亦不宜向作出明显错误的再审裁判的人民法院制发再审检察建议，进而造成错判与纠错的主体同一化。

3. 目前在我国，独立审判尚未能得到全面、准确实施，下级法院在审判之前往往要提前请示上级法院的意见，以免自行审判之后被上级改判。当然，面对上级法院的审判结论，下级法院更难有更改的意愿和动力。"原审法院考虑到上级法院已驳回了当事人的再审申请，较难作出与上级法院相违背的裁判。这将使得再审检察建议发挥的作用有限，消弱检察机关的监督功能。"[1] 为此，如果当事人向上一级法院申请再审被裁定驳回申请，再就该驳回申请裁定向原审法院的同级检察院申请再审检察建议，即便检察机关予以制发，鉴于再审检察建议的柔性效力，原审法院可能在上一级法院驳回裁定的压力之下，拒绝采纳同级检察院的再审检察建议。

二、当事人对调解书申请检察监督

（一）现行法对调解进行检察监督的限制

1. 调解载体的限制。就调解结案的表现形式而言，其具有多样性，包括调解书、调解笔录和人民调解协议确认裁定。民事诉讼法规定检察机关

---

[1] 全国人民代表大会常务委员会法制工作委员会民法室编：《民事诉讼法立法背景与观点全集》，法律出版社 2012 年版，第 102 页。

的调解监督对象仅为"调解书"，将调解笔录和人民调解协议确认裁定排除在外，笔者认为具有合理性。（1）根据民事诉讼法第98条的规定，无须制作调解书而只制作调解笔录的案件，具有案情简单、争议不大并已即时给付的特性，加之其记入笔录的生效方式直接简便，因此不具有实施检察监督的空间和必要。（2）人民调解协议确认案件适用特别程序审理，实行一方参与、独任审判（重大、疑难的情况除外）、一审终审、间接审理和自由证明，故与再审程序的主旨存在差距。

2. 调解书的申请再审事由与检察监督事由的分离。就调解书的救济缘由而言，基于对调解书所涉及的违法事由的区分，现行法规定检察机关仅有权对损害国家利益、社会公共利益的调解书依职权提起检察监督，将损害第三人利益、违反自愿原则和合法原则的调解书均排除在直接进行检察监督的范围之外。有观点认为，凡违反法律规定的行为都可归结为损害社会公共利益。但现行法实际是将调解不当划分为四种情形，即损害国家利益、损害社会公共利益、违反自愿原则与违反合法原则。其中损害国家利益、社会公共利益与违反合法原则处于并列而非包含关系，为此不能从广义层面理解民事诉讼法第201条规定所界定的"法律"。现行规定的出发点在于检察院作为国家机关，通过公权力过多介入平等主体之间的私权诉讼会使主体之间的对抗关系失衡。尽管如此，此种将损害第三人合法权益、违反两原则的调解书排除在监督范围之外的做法有失偏颇。在当前广泛强调和采取调解处理民事纠纷的司法政策下，自愿与合法作为调解的本质属性和首要特征，是对调解正当性的基本判断标准，而违反自愿与合法原则是当前调解滥用的主要表现形式。因而将是否违反自愿与合法纳入检察监督的基本审查点方能体现出检察机关应有的职能本色。在对判决和裁定的申请再审事由和依职权提起检察监督事由设置同一的情况下，将调解的再审事由相剥离，忽视了调解和判决相同的结案效力和强制执行力。此外调解书损害国家利益、社会公共利益与其违反自愿原则、合法原则之间也存在一定的联系，难以绝对地人为分离。因虚假调解而受侵害的第三人尽管可提起撤销之诉，但对调解双方的主观恶意心理状态通常很难提供直接证据予以证明，为此应赋予检察机关对损害第三人合法权益的调解书的打击资质和手段。

（二）将违反自愿、合法原则的调解书纳入申请检察监督的途径

1. 以当事人申请抗诉或再审检察建议的方式将违反自愿、合法原则的调解书纳入检察监督。民事诉讼法第209条规定："有下列情形之一的，当事人可以向人民检察院申请检察建议或者抗诉：（一）人民法院驳回再

审申请的……"为此，违反自愿原则或合法原则的调解书在经历申请再审未被接受之后，可通过当事人对驳回再审申请裁定申请检察监督的方式，纳入抗诉或再审检察建议的范畴。对救济方式的再救济扩大了救济对象的范围，以间接救济的形式突破了直接救济的对象不能。特别强调的是，当事人在向检察机关申请检察监督时应提交法院驳回再审申请的裁定。"驳回当事人申请再审裁定是 2007 年《民事诉讼法》再审诉权化改造的产物。"[1] 但检察机关的审查对象并非驳回再审申请的裁定，而是审查原生效调解书本身是否符合监督条件。最高人民法院、最高人民检察院《关于对民事审判活动与行政诉讼实行法律监督的若干意见》第 8 条规定，"人民法院裁定驳回再审申请后，当事人又向人民检察院申诉的，人民检察院对驳回再审申请的裁定不应当提出抗诉。人民检察院经审查认为原生效判决、裁定、调解符合抗诉条件的，应当提出抗诉"。此外，在通过检察监督引发的再审的审理阶段，仍应强调和首选调解结案，这维系了本诉中的结案方式，体现出对调解解决纠纷方式的传承。

2. 通过申请纠正违法检察建议将违反自愿、合法原则的调解书纳入抗诉或再审检察建议。《监督规则》第 99 条规定将调解书违反自愿原则或合法原则纳入审判人员违法的情形之一，可通过纠正违法检察建议予以监督，但并未对纠正违法检察建议的效力实现途径即具体的纠错方式和方法作出明确的规定。笔者认为，就纠正违法检察建议的效力而言，"指令再审"应为其效力作用方式之一。对于违反自愿原则或合法原则的调解书，检察机关可在纠正违法检察建议书中建议法院自行提起再审。最高人民法院《关于民事调解书确有错误当事人没有申请再审案件人民法院可否再审问题的批复》规定："对已经发生法律效力的调解书，人民法院如果发现确有错误，而又必须再审，当事人没有申请再审，人民法院根据民事诉讼法的有关规定精神，可以按照审判监督程序再审。"

三、当事人对审判行为申请检察监督

（一）当事人对审判行为申请检察监督的前置程序

审判救济权和检察监督权的行使存在一定的权利顺位，二者在制度设计和具体应用上应处于层层递进关系，顺序纠错贯穿于审判救济和检察监督相互关系的始终，不仅在抗诉和再审检察建议中存在，在纠正违法检察建议中亦存在，审判救济至始是检察监督的前提和基础。就违法审判行为而言，当事人只在对异议、复议结果仍不服的情况下方可向检察机关申请

---

[1]　江必新：《民事诉讼新制度讲义》，法律出版社 2013 年版，第 344 页。

纠正违法检察建议，不能径直放弃异议、复议直接申请纠正违法检察建议。《监督规则》第33条规定："当事人认为民事审判程序中审判人员存在违法行为或者民事执行活动存在违法情形，向人民检察院申请监督，有下列情形之一的，人民检察院不予受理：（一）法律规定可以提出异议、申请复议或者提起诉讼，当事人没有提出异议、申请复议或者提起诉讼的，但有正当理由的除外；（二）当事人提出异议或者申请复议后，人民法院已经受理并正在审查处理的，但超过法定期间未作出处理的除外……"

1. 民事复议是指民事诉讼参与人或部分案外人不服人民法院所作的某一具体司法行为，按照法定程序向作出该司法行为的人民法院或其上一级人民法院提出申请，旨在要求重新审查并得出结论的审判救济制度。"文字虽为表达意思之工具，但究系一种符号，其意义须由社会上客观的观念定义。因而著于法条之文字，果能表达立法者之主观意思否，自非立法者所能左右。然则立法者纵属万能，但其意思须籍文字以表达之故，亦势难毕现无遗，则成文法之不能无缺漏而非万能也明矣。"① 民事复议应区别于行政复议、法院内部合议庭复议、审判委员会复议、上下级人民法院之间的复议，法官、检察官不服单位内部考核结果或处分、处理决定进而提起的复议以及对民事制裁的复议。

民事复议的对象具有适用范围有限性，其与上诉截然区分，不存在先复议、后上诉的情形，其在本质上归属于独立的、与上诉相并行的裁判救济方式，更为强调救济效率的高效化和救济方式的简易化。目前当事人可就诉讼保全裁定、先予执行裁定、驳回海事保全申请裁定、回避决定和驳回当事人申请法院调查取证通知向本级法院提起复议；就拘留决定、罚款决定、执行管辖权异议裁定和当事人、利害关系人执行异议裁定向上级法院提起复议。

"民事复议制度在创制时具有先天的弱势，民事复议制度的定性不明，法条条文零散、程序设计不周密，与上诉制度、再审制度相比，民事复议制度是有名无实。"② 我国民事复议制度虽以德国和日本两国民事诉讼中的抗告制度为构建依据，但在根源上仍受到我国行政体制的影响和制约，具有浓厚的行政化、职权化特点，该制度的独立性和重要价值未能得到充分保障，其在审级、程序等方面存在明显漏洞。从立法体例上看，对民事复议零散设计使得对其的规定分散于民事诉讼法各部，衔接不畅并存在法

---

① 郑玉波：《民法总则》，三民书局1979年版，第39页。
② 易萍、孙龙军：《民事诉讼复议制度的反思与校正》，载《民事诉讼法修改重要问题研究》，厦门大学出版社2011年版。

律冲突；从程序设计上看，简略的法律规范只是以列举的方式阐述民事复议的适用情形，却未对具体审查方式、效力等作出明确规定，最终使得该制度在整个民事诉讼体系中处于微不足道乃至几乎被忽略的地位。

2. 异议是指当事人对法院的裁决内容可提出质疑，法院直接根据当事人的质疑作出相应处理的审判救济制度。"异议是指在案件审理过程中，当事人以某种事项或程序不当或违法为由向法院提出抗议并且要求法院作出裁决的行为，其针对的对象是法院就与当事人的利益存在重大关系的程序性事项所作的裁定。"① "民事诉讼法上的异议权，是当事人为维护自己的合法权益，在法院的诉讼行为违背诉讼法的规定时，提出异议，主张其诉讼行为无效的权利。"② "当前民事异议与主张权、知情权一样是法律赋予当事人的一项实体性诉讼权利，它所针对的对象既可以是对方当事人的主张行为，也可以是法院的一般司法行为，只有当事人对法院就其异议所作出的裁决行为不服时，才有提起复议的可能。"③ 民事诉讼异议权主要是对民事程序性权利提供更正的司法权，其是民事审判权的特殊表现形式，属于司法矫正权。民事诉讼异议权具体包括：审查权——对当事人的异议申请进行审查、复核的权利；调查权——在异议审查中就相关事项向有关单位和个人调查、收集证据或要求有关部门作出鉴定的权利；裁断权——对异议请求事项进行相关审查、调查、复核后作出裁判的权利。目前当事人可对管辖权、鉴定意见、支付令、诉讼费用、执行行为等提出异议。

综上所述，我国现行法将民事复议和民事异议制度都定位为受到民事裁定、决定和其所包含的审判行为不利影响的当事人提供权利更正，是当事人对法院的司法行为不服进而请求本法院或上级法院对该司法行为重新进行审查并作出处理的诉讼行为，都以简便、迅速、成本低廉为价值追求。目前法律对二者的界定应较为含糊，尤其是在适用主体、客体范围及具体程序的设置上较难区分。此外，异议和复议本身之间也存在一定的递进关系，异议是启动复议的前提，复议是其有效行使的重要保障，但并非所有的异议都能通过复议予以更正。

（二）当事人对审判行为申请检察监督的时间

在审判过程中，鉴于部分裁定、决定、通知、命令、处分等程序性法律决策所发挥的程序指挥作用，因而形成和生效通常早于判决。在诉讼进

---

① 卢鹏：《民事裁定复议制度的检讨与重构》，载《西南政法大学学报》2010年第5期。
② 朱杰、肖国耀：《民事诉讼异议制度初探》，载《内蒙古社会科学》2001年第6期。
③ 廖永安、雷勇：《论我国民事诉讼复议制度的改革与完善》，载《法律科学》2008年第3期。

行过程中，时常出现某一诉讼行为以程序性法律决策的形式作出并生效后，而全案的终局性判决或结案性裁定尚未作出的情形。此时就该类程序性法律决策所实施的监督通常发生在判决生效之前的审判过程中，仅限于对某一诉讼程序问题的具体监督，因此属于审中局部监督。"就检察权的行使起点而言，所有的检察监督都是从'事后开始的'。'事后'是指事件已经发生，包括尚在持续中，不是指事件已经完结。"① 此时，如该程序性法律决策具备可再审性，可通过抗诉或再审检察建议予以纠正；如其不具备可再审性，鉴于审判行为作为对程序性事项的决策、实施和表达，往往是通过程序性法律决策的形式表现出来的，因此可通过纠正违法检察建议对该程序性法律决策所蕴含和体现的"违法审判行为"予以间接监督。《监督规则》第 99 条规定："人民检察院发现同级人民法院民事审判程序中有下列情形之一的，应当向同级人民法院提出检察建议：（一）判决、裁定确有错误，但不适用再审程序纠正的……"此外，纠正违法检察建议同样具备审后效力。某些程序性错误只能在诉讼过程中通过纠正违法检察建议及时予以纠正，若其未能及时纠正或纠正效果不佳的，在诉讼结束后可对其再次制发纠正违法检察建议。该检察建议虽然本身不再具备执行可行性，但其是对法院该行为作出的否定性评价，重在要求其今后避免类似情况的发生。

（三）当事人对审判行为申请检察监督事由的扩展

审后监督的诸多条件都萌发和形成于诉讼过程之中。"诉讼中实体结果的产生都离不开程序，正是在程序的逐步展开中，生成着实体结果；任何实体结果都可以还原为程序过程。同样，对实体结果的监督，也可以还原为对程序过程的监督。立法授权对实体结果可以实施法律监督，便蕴含了对程序过程可以实施法律监督之义，民行检察监督由实体向程序扩张是司法逻辑的自然回溯。"② 为此，在坚持同步监督优先主义的同时，某一违法审判行为或纠正违法检察建议事由可能本身单独并不属于抗诉或再审检察建议事由，但其与其他审判行为或诉讼情形的组合则可能在裁判生效后构成抗诉或再审检察建议的事由。

1. 从审判人员违反纪律规定向全案审判违反回避规定的转换。"诉中监督是一种服务于生效裁判形成或生成的监督，基于检察监督所产生的各种观点和主张，内化到了生效裁判形成过程和最终结果之中。"③ 当回避这

---

① 汤维建：《新民事诉讼法适用疑难问题新释新解》，中国检察出版社 2013 年版，第 199 页。
② 汤维建：《民行检察监督制度发展的新动向》，载《河南社会科学》2011 年第 1 期。
③ 汤维建：《民事检察监督制度的十大趋势》，载《检察日报》2010 年 10 月 11 日。

一审判行为及其表现载体回避决定未能在诉讼进行过程中通过纠正违法检察建议进行及时有效的局部监督时，可在全案判决生效后以回避错误为事由，根据民事诉讼法第200条第7项"依法应当回避的审判人员没有回避的"的规定，对该判决实行以抗诉或再审检察建议为手段的全案监督。《监督规则》第99条规定："人民检察院发现同级人民法院民事审判程序中有下列情形之一的，应当向同级人民法院提出（纠违）检察建议……（十一）审判人员接受当事人及其委托代理人请客送礼或者违反规定会见当事人及其委托代理人的……"

2. 从法院调查取证不当向全案事实缺乏证据证明的转换。当事人在审判过程中依法享有向人民法院申请调查取证的权利，同时人民法院在法定情况下负有依职权调查取证的职责。如若法院无不正当理由拒绝取证申请、怠于依职权主动取证或取证不当，检察机关在审判过程中可通过纠正违法检察建议予以监督。在裁判生效之后，检察机关可通过抗诉或再审检察建议继续实施监督，此时的监督对象转化为存在证据瑕疵的整个判决，监督理由则由单纯的证据问题上升为复合性的事实问题。《监督规则》第83条规定："地方各级人民检察院发现同级人民法院已经发生法律效力的民事判决、裁定有下列情形之一的，可以向同级人民法院提出再审检察建议……；（二）原判决、裁定认定的基本事实缺乏证据证明的……；（五）对审理案件需要的主要证据，当事人因客观原因不能自行收集，书面申请人民法院调查收集，人民法院未调查收集的……"

民事行政检察指导与研究（总第13集）
Guide and Study on Civil-Administrative Procuratorate

对民事纠纷"同案不同判"的思考

——兼论对"同案不同判"的法律监督

林　莹[*]

"同案不同判"是指上下级法院之间、不同法院之间、不同庭室之间、不同法官之间，对一些相同或者相似的案件，作出大相径庭的判决结果。美国著名法官、法学理论家本杰明·卡多佐曾指出："如果有一组案件所涉及的要点相同，那么各方当事人就会期望有同样的决定。如果依据相互对立的原则交替决定这些案件，那么这就是一种很大的不公。如果在昨天的一个案件中，判决不利于作为被告的我，那么如果今天我是原告，我就会期待对本案的判决相同。如果不同，我的胸中就会升起一种愤怒和不公的感觉。"[①]

如今，"同案能否同判已成为人们判断司法是否公正的一个默认点"[②]，时有发生的"同案不同判"现象招致了猛烈的批判，成了人们诟病司法不公和司法腐败的一个口实。如王海打假索赔系列案，王海因购买假货，要求按消费者权益保护法有关规定双倍赔偿，在天津市两个区法院得到两次完全不一样的判决。一个法院以王海是知假买假不属消费者为由，驳回了其双倍赔偿的请求；而另一个法院却支持了王海的诉讼请求。同样的事实，得到的是两种不同的判决，法院的判决是否有确定性，难免引起人们的质疑。又如2010年1月25日《人民法院报》同时刊载了北京市二中院和海淀区法院审理的两起案情几乎相同的案件，同样是在北京，同样是在

---

[*]　林莹，福建省宁德市人民检察院民事行政检察处副科级检察员。

[①]　［美］本杰明·N.卡多佐：《司法过程的性质》，苏力译，商务印书馆2005年版。

[②]　陈光中主编：《审判问题研究》，中国政法大学出版社2004年版。

判断一方婚前购买的按揭房在婚后予以物权登记后是否应认定为夫妻共同财产问题上，判决结果却大相径庭。一个适用合同法，认为签订合同后取得全部债权，物权为自然转化，不动产物权登记仅为行政手段而已；另一个则适用婚姻法和物权法的规定，认定不动产物权的产生应以登记为生效要件，婚后取得的物权理应为夫妻共同财产，从而作出了两份完全不同的判决。再如福建某法院审理的 3 起案件都是原告在银行的存款被他人通过手机银行盗取，公安机关立案侦查未结，原告诉至法院请求判令移动公司和银行承担赔偿责任。然而在判断上诉人的原审起诉是否符合受理条件上该院不同庭室却作出了不同的裁定结果。而法律适用上的平等是"法律面前人人平等"这一现代社会基本原则在司法领域的具体体现，法律适用平等要求法律适用机制和适用效果的统一。正因为如此，同等情形同等对待，同类问题同样处理，构成了现代法治社会中司法公正最基本的技术化标准。"没有足够理由支撑的不同对待才造成了当事人的不服和舆论的指责，严重破坏了司法公信力。"①

应当看到，上述案例仅就个案而言，可以归属于审判人员的自由裁量权范畴，但对整个法院系统而言，一类涉及相同法律关系的案件出现不同的法律适用，产生不同的裁判结果，就不仅仅是审判人员自由裁量权的问题，而是人民法院法律适用不统一的问题，其实质是损害了法院裁判的公信力，影响其公正性和权威性，导致的一个直接后果就是人们对法院公正性的质疑，也导致人们对其行为的法律后果产生不可预见性，这与社会主义法治社会的基本理念是相悖的。毕竟司法的权威地位不是完全靠强制力实现，还要靠判决的正当性、合理性以及公众对判决的接受程度来实现，民众对判决的认同和服从才能使其从内心深处产生对司法权威的尊重，才能有助于树立在民众法律意识基础上的司法权威。

"法律必须被敬仰，否则形同虚设"，对于整个社会而言，法律敬仰是支撑法治国家的基石，如果人民对法律丧失信心，法律得不到人民的认同和认可，那么法律将会变得一文不值，社会秩序也会一片混乱。② 同案不同判情况的出现，使得法律的理性变得随意，法律结果失去了正义、公平的体现，那么人们也将无法相信法律，对法律的敬仰也就会因为随意性的法律解释和法律认定而崩溃。

---

① 殷增华：《"同案不同判"的法理分析和现实对策》，载《法制与社会》2009 年第 9 期。
② 参见季程《"同案不同判"现象研究》，载《辽宁公安司法管理干部学院学报》2012 年第 5 期。

一、"同案同判"的法理基础

宪法第 33 条第 2 款规定："中华人民共和国公民在法律面前一律平等。"《民法通则》第 2 条规定："中华人民共和国民法调整平等主体的公民之间、法人之间、公民与法人之间的财产关系和人身关系。"第 3 条规定："当事人在民事活动中地位平等。"合同法第 3 条规定，"合同当事人的法律地位平等"。以上法律规定表明法律面前人人平等的宪法原则是"同案同判"的法理基础。

在法学研究中，也有很多关于同案同判的理论分析，德沃金的"唯一正解"理论就是其中之一。"唯一正解"理论是德沃金法律思想体系中比较独特的一点，其基本含义是：在所有的案件中，包括疑难案件在内，都应当有唯一正确的答案或者判决。根据传统司法三段论的整体结构，作为大小前提的法律规范与案件事实，是形成裁判结果的两种主要依据。在案件事实相同的情况下，根据相同的法律规范，就应当得到唯一正解。① 这与"同案同判"有着内在一致性。

"同等情况相同对待"是古老的法律格言，也是现代法治的基本原则。法律面前人人平等的观念早就随着现代资产阶级革命深入人心，而且几乎进入所有文明国家的法律之中。法律面前人人平等和法制统一的原则，也是我国宪法和法律的明文规定，同案同判更是其中的应有之义，它特别强调人格和身份的平等，使社会最终实现了"从身份到契约"的转变。随着特权制度的普遍废除和身份的趋向平等，根据具体案件性质来衡量是否同案同判就成了进一步的标准和要求。法制统一不仅是一个简单的法律适用问题，更是一个重要的社会问题，关涉法治建设的命运。法制不能有效统一，必将危害法治建设，也将对市场经济和社会生活的各个方面造成不良影响。

二、对"同案不同判"的理解

看是否为"同案"，首先要对所有案件在案件事实上作比较。这里的案件事实就是终审法院认定的法律事实。民事诉讼的多样性决定了其难以用一个统一的标准进行裁判，但也可以根据案件涉及的具体化法律关系的相同或近似来判断，即具体到某类型案件和当事人的诉讼请求时，还是可以找到相同点，具有可比性，能够用相同规则来评判。"不同判"指针对同类法律关系或法律问题，应当适用相同的法律或标准作出裁判，但在实践中，不同法院或者同一法院适用法律不同，或适用法律相同但采用标准

---

① 参见张杰：《论德沃金"作为整体的法律"理论》，载《内蒙古大学学报（人文社会科学版）》2005 年第 3 期。

不同而作出不同裁判结果。

　　"同案不同判"现象损害法制统一及司法权威，使社会公众对司法公正认可和信任程度下降。法制统一原则不仅在我国宪法中有明文规定，也是遵守 WTO 协议的重要保障，更是市场经济和法治国家的必然要求。而法律适用统一是法制统一原则在法律实施阶段的要求。对于肩负着处理大量各类案件职责的人民法院来说，其时刻需要重视和解决法律适用的统一问题。同案不同判是法律适用不统一的主要表现，是法律适用统一机制存在问题的主要症状，也最为社会公众所诟病。因此，保证法律适用的统一，对于法院来说，首先是要消除同案不同判，保证同案同判。需要强调的是，通常是在法律适用统一的大前提下论及同案同判，但究其实质，同案同判更是公平正义的要求，是我国三大诉讼法中法律适用平等原则的具体要求。通过同案同判，能够让当事人感知法律的公平与正义，并进而确定自己的生活预期，最终实现法律的平等适用。

　　三、"同案不同判"原因分析

　　"同案不同判"与我国不实行判例原则及现行少数法律规定比较原则、条文简单、涵盖性不强等因素有关外，其本身也蕴含着法官自由心证。主要体现在以下几个方面：

　　（一）立法方面的原因

　　我国是以制定法为主要渊源的国家，目前法律体系还不完善，具有局限性和滞后性，法律本身存在不确定性、模糊性乃至于法律空白，除法律、法规、司法解释等不同规范之间有冲突之外，人民法院针对本地区具体办案实践还形成了审判指导意见和会议纪要，这就可能导致面对具体个案时，不同的法官处理同类案件会给出不同的判决。

　　（二）法官自由裁量权的行使

　　审判依据的多元化和不确定性以及法官自由裁量权的存在，允许法官在法律明文规定的范围内或在法律无明文规定的情况下必须进行裁判时所做的不同选择，也会造成"同案不同判"的结果。法律、法规和司法解释的规定虽然是明确的，但法官在对其理解上则可能受不同知识框架、个体认知背景、经验和价值评价等因素的影响，而导致对法律文本理解上的差异。又因我国系成文法国家，在法律没有明文和直接规定或法律规范有冲突的情况下，不同法官根据对法理、法律精神和案件事实的不同理解、认知或采用不同的法律规范，也容易导致"同案不同判"现象的发生。不管是法官在审判活动中遵循公平、合理的原则，结合立法精神、法学原理及审判经验，对案件的裁量作出合理判断，还是法官滥用自由裁量权，如有些本应是法官依照法律规定对案件事实及处理进行客观、系统的解释，但案件的判决结果往往却是法官自由心证的结果，都可能造成"同案不同判"。

（三）当事人的自由处分

当事人依意思自治原则行使民事权利，即使当事人将纠纷诉诸法院，在诉讼中仍可基于意思自治原则处分自己的民事权利和诉讼权利，影响诉讼结果，此类情形下也可能导致同样事实、同样性质的案件出现裁判结果不同。

四、实现"同案同判"的对策和建议

（一）法律制定层面上的对策与建议

1. 制定法律适用细则。"法律规定的数量与法官自由裁量权的大小成反比；法律的模糊度与法官的自由裁量权成正比；法律的精确度与法官自由裁量权成反比。"因此，应尽量通过详细的实体法规范来实现法律对法官自由裁量权滥用的控制。

2. 建立完善案例指导制度。选择已经生效的典型案例作为指导性案例，为法官审理案件提供借鉴和指导，对有相同或类似事实的案件，在适用法律和裁量幅度上可以参照相关指导性案例进行判决，以达到同样的案情有同样的处理结果。建议最高人民法院加强案例指导制度，高级人民法院定期发布典型案例，供各级法院判案参考。对同一类型案件的同一法律问题，如作出与指导性案例相反的裁判，应提交本院审判委员会讨论决定。目前各级法院针对同案不同判所制定的各种具体操作不胜枚举。如"山东法院将建立案例指导制度避免同案不同判"，"广东防止同案不同判，限定法官自由裁量权"，"北京法院六条举措避免同案不同判"，"北京首推案件对比系统，避免同案不同判"等新闻报道大量涌现。大部分高级法院业已颁布文件试行案例指导运作，甚至不少中级、基层法院也尝试建立了这一制度。正确对待选编案例、裁判指导，大胆探索，积极实践，不断完善案例指导制度，保持同样案情的判决与结果的同样性，对于解决同案不同判有着重要意义。

（二）规范和加强法院内部管理机制

要加强内部案件质量监督，完善审级监督机制。建立法院与法院之间、法院内部各审判机构之间、审判组织之间的法律适用协调机制，统一司法尺度，准确适用法律。

1. 强化审判委员会议案功能，集中精力研究讨论和解决具有普遍指导意义的案件，平衡和指导同类纠纷的裁判标准，整合法律适用的统一。如有些同类案件承办庭室不同，分管不同庭室的副院长在签发法律文书时，就有可能作出不同的签发意见，这类案件发现后在签发前就应提交审委会讨论决定。

2. 逐步完善和强化对具体案件的评查制度，将法律适用列入检查内容，对法律适用存在的突出问题，及时发布情况通报，促进法官对某一特定法律问题的统一认识。

3. 加强上级法院的业务指导，规范裁判标准。根据人民法院组织法的规定，上级法院对下级法院负有审判业务指导的义务。应通过审判业务培训、下发指导文件和定期到下级法院召开座谈会等方式发挥上级法院的业务指导作用，规范和统一裁判标准。如出现基层法院对同类案件作出不同判决的情况，相关中级法院之间要及时进行协调，通过二审程序解决同案不同判问题。

4. 组建专业化合议庭，对案件进行类型化的审理，实现从"复合型法官"向"专家型法官"的转变。在我国现有司法体制下设立专业化合议庭，推行专业化审判模式，进行案件类型化的审理和裁判，追求同类案件裁判的同质化，以达到"类似案件类似处理"。

5. 充分利用信息平台，统一裁判尺度。如北京市高级人民法院应用"北京法院审判信息管理系统"，通过对案件实体的比对分析，防止"同案不同判"。针对审判工作中容易出现的"同案不同立"，该院还开发了立案监控平台，有效实现法院不同立案窗口、不同法院之间统一立案标准。这一做法值得各地法院借鉴。

（三）充分发挥民事检察监督职能

立法不完善、法官自由裁量权的合理行使、因当事人的处分而造成"同案不同判"不宜成为民事检察监督的对象。检察机关应充分发挥民事检察职能，依法对那些因认定事实错误、适用法律不当、程序运行违法、自由裁量权滥用等实体或程序上的错误而造成"同案不同判"问题的案件进行有力的监督：

1. 通过充分发挥抗诉职能抑制"同案不同判"现象的发生。民事诉讼法所规定的诸抗诉事由中，违反"同案同判"原则的"同案不同判"现象，既属于严重的实体违法范畴，也属于严重的程序违法范畴，办案人员也正是通过比对法院已生效裁判与自己对该案的假设处理、之前法院同类案件的裁决情况而形成判断，从而发现法院裁判存在"认定事实错误"、"适用法律不当"、"程序违法"等民事诉讼法规定的检察监督事由的。①

---

① 参见金石、王春慧：《"同案不同判"民事案件的检察监督》，载《人民检察》2011 年第 5 期。

对"同案不同判"实施法律监督是检察机关维护司法公正与司法权威的必然要求。要加强对那些法律适用不统一案件的抗诉工作，在对某一个案件进行抗诉的同时，可以在抗诉书中适当引入公正合法的典型案例作为裁判说理的重要依据，提示再审法院作为裁判的参考。这种"援案说理、同案同判"的形式，作为检察机关法律监督的一种方式，可以在相当程度上抑制"同案不同判"等司法不公现象，又能在很大程度上增强抗诉书的公信力和说服力，提高抗诉书的说理水平，更易被法院采纳接受。另外，还能够有效地与人民法院的案例指导制度相衔接、配套，更充分地发挥典型案例的指导性作用。

2. 灵活运用非抗诉手段如检察建议予以监督。检察机关通过对一定时期内案件性质相同、情节相似的申诉案件进行分析对比后，找出一类案件在判决、裁定的法律适用上矛盾之处，指出其中法律适用不统一的问题，建议法院对存在的问题查找原因，提出解决方案，促进法院改进工作，这类类案监督建议属于一种程序性的检察建议。个案监督虽有监督目标明确、效果明显等特点，但却存在监督手段单一、监督内容和范围有限、监督效率较低、保护及影响面较小等问题，因此仅进行个案监督而非类案比较，很难发现个案中存在的标准不统一问题和法官自由裁量权行使的正当与否，更难从宏观和制度层面发现和解决其中存在的问题，无法发挥民事检察的最优效应。类案监督不仅需要更高的法律监督能力，还将产生更加多元的监督效能，并在程序和实体两个方面更加强调法律监督的能动作用。

改变同案不同判现状，不仅需要一点一滴经验的探索，还需要有宏大的视野，站在司法改革的高度去看待和审视。必须与司法改革的其他措施相结合，以达到更好的实际效果。

制约行政权视角下的
行政检察监督制度的完善①

王春业 马 群*

一、行政检察监督对象

何为行政检察监督？目前，国内有不少定义，例如，有的学者认为行政检察监督与行政诉讼活动检察监督均指的是行政审判检察监督；②有的学者认为行政检察监督是行政诉讼活动监督，是全过程的和全方位的，包括事前监督、事中监督和事后监督；③等等。尽管定义不同，但一般都停留在对行政诉讼的监督上，侧重于对司法审判权的监督，而产生这种现象的原因又源于行政诉讼法的相关规定。行政诉讼法第 10 条规定："人民检察院有权对行政诉讼实行法律监督。"这一条原则性规定明确了检察机关对行政诉讼实行监督的权力。第 64 条规定："人民检察院对人民法院已经发生法律效力的判决、裁定，发现违反法律、法规规定的，有权按照审判监督程序提出抗诉。"这一条款明确了检察机关在审判监督中所具有的抗诉权。由此，人们往往把行政检察监督与行政诉讼检察监督等同起来，并认为监督对象就是审判权。

然而，随着行政诉讼法的实施，这种对行政检察监督的理解已经不适应社会发展需要了，因为法条的规定和目前对行政检察监督的定义，没有

---

* 王春业，河海大学教授，法学博士、法学博士后、硕士生导师。
  马群，安徽省萧县人民检察院检察长。
① 项目基金：该文是 2013 年度最高人民检察院检察理论研究课题《行政检察监督与行政诉讼法修改》（立项编号为：GJ2013D01）的结项成果之一。
② 参见罗豪才：《行政审判问题研究》，北京大学出版社 1990 年版，第 417 页。
③ 参见郑传坤等：《论完善检察机关对行政诉讼的法律监督》，载《现代法学》1998 年第 2 期。

准确地确定行政检察监督的对象。这个问题不搞清楚，就会使行政检察监督制度的设计缺少灵魂，导致该监督的没有监督，而监督了的往往不是应当监督的重点。

行政检察监督的对象是什么？笔者认为，行政检察监督的主要对象是对行政权的监督，这一点丝毫不能含糊，这样做，"一方面是防止权力的行使者滥用权力从而保障公民的合法权益不受侵害，另一方面使行政权能有效地运作，从而使行政权能发挥效能并尽为民服务之职责"①。特别是随着行政权的日渐强大，行政自由裁量度的扩大，"在当代行政领域，行政自由裁量权广泛存在，并且渗透于行政过程的各个环节，行政自由裁量权俨然成为行政权力的当然组成部分"，② 与此同时，违法行政、滥用职权、行政不作为等侵害公民权利的现象越来越多，而从现行监督机制的运行现状看，人大监督流于形式，审判监督严重滞后，社会舆论监督缺乏力度，难以对行政权达到监督与制约的作用。在现有的监督机制难以对行政权进行全方位监督的情况下，更需要具有专业性、法律性和主动性优势的检察监督作为外在的制约力量，因此，加强检察机关对行政权的直接监督，具有现实的紧迫性，"监督行政"是检察监督的应有之义。③ 即使在行政诉讼中行使检察监督权，目的也是出于对行政权监督的需要，而不是对司法权的监督，只是存在这种对行政权的间接进行检察监督能否达到监督效果的问题。通过检察机关对行政权的监督，防止行政行为失范、行政行为违法乃至行政不作为问题，防止行政权力的滥用，并制裁作出特定违法行政行为的行政主体，从另一个侧面保护行政相对人的合法权益和社会公共利益，并使行政法律秩序得到有效维护。

这里特别需要强调的是，行政检察监督的对象主要不是司法审判权。由于目前行政诉讼面临着来自地方行政、地方党委、地方人大以及其他个人的不当干预已经很多，导致立案难、受理难、公正裁判难，行政案件数量极少，撤诉率高且大部分属于非正常撤诉，司法公信力严重下降，如果再加上行政检察监督对行政诉讼的干扰，不但达不到对行政权的监督，反而对司法审判造成更多不适当的干预。在这方面，行政检察监督与刑事诉讼以及民事诉讼中的检察机关的监督有所区别。刑事诉讼中，为确保司法公正之目的，检察机关的检察监督是全方位的，对刑事诉讼的各项活动都

---

① 文正邦：《依法行政的宪政之维》，载《当代法学》2004 年第 3 期。
② 王锡锌：《行政自由裁量权控制的四个模型——兼论中国行政自由裁量权控制模式的选择》，载《北大法律评论》2009 年第 2 期。
③ 参见谢志强：《行政公诉权理论依据解构》，载《国家检察官学院学报》2003 年第 4 期。

有权进行法律监督，其中包括对刑事审判权的监督，以保障犯罪人的合法权利；民事诉讼的检察监督是检察机关通过抗诉，以司法审判权为监督对象，促使法院作出对双方当事人都公平公正的裁判，以达到息诉的目的。因此，它们的主要目的就是制约司法权。而在行政诉讼中，行政诉讼的重要功能是通过行政相对人的起诉来形成司法权对行政权的监督制约，通过撤销、变更违法行政行为或强制行政机关履行法定义务，实现司法权对行政权监督与制约的目的。因此，作为行政检察监督，要立足于行政诉讼功能的实现，对监督对象要分清主次，特别是检察权要与司法权形成合力，共同监督行政权，而不是相互间的内耗。为此，"要完善检察监督权就必须跳出诉讼或审判监督的旧框框，加强检察机关对行政机关及其工作人员执行或遵守国家法律、法规的监督"[1]。退一步说，即使有对行政审判权的监督成分，这种成分也是很少的，原因在于：一是鉴于我国的检察队伍的现状，[2] 检察机关没有足够的力量对行政诉讼进行全方位的法律监督，只能采取有所为有所不为的原则，重点监督行政诉讼中的具体行政行为的合法性，进行诉讼前和诉讼后的监督，而不是对行政诉讼过程各环节、各主体进行全方位的监督。二是随着法官素质和审判质量的提高，审判权威在逐步树立，检察机关对于审判活动的监督会逐渐缩小。而对行政检察工作而言，监督行政行为是一个非常必要而持久的工作，是未来发展的方向。[3] 为此，目前行政检察监督的目标建设要强化对强势行政权的监督。

当然，检察机关监督行政权也不是漫无边际的，应围绕着行政诉讼，对行政权进行制约与监督，即行政检察要与行政审判形成合力来共同监督行政权力的行使。例如，由于行政机关的干预，对行政相对人不敢起诉、不愿起诉等情况进行监督；由于行政机关的干预使得法院不敢立案不愿立案等情况进行监督；由于行政机关的干预，法院没有作出公正判决等情况进行监督；对行政机关败诉法院难以执行的案件，检察机关可以进行监

---

① 赵颖：《行政公诉与民事公诉的关系周易》，载《法治中国背景下的行政法治论文集》（中国行政法学研究 2013 年年会），第 1275 页。

② 笔者对某市检察机关的检察监督部门进行调研发现：一是行政检察监督队伍的规模小。与全国绝大部分地区检察机关一样，民行监督合于一个部门，即由民行处（科）负责，检察人员数量少，且民行兼顾。二是人员的专业素质普遍不高。由于检察监督工作在检察系统内部本来不占据主导地位，该机构在检察机关的地位不高，从事检察监督的大多是从其他岗位上退下来的或学历比较低的或工作时间不长在该岗位上过渡的人员，而且大都是非行政法专业的对口人才。三是业务能力有待加强。由于从事行政检察监督人员本身没有行政审判的经验，自身专业素质也不高，加上缺乏业务知识的专业培训，因此，整体业务能力低，对行政诉讼的检察监督难以有所突破。

③ 参见田凯：《关于行政检察工作的几点思考》，载《中国检察官》2012 年第 10 期。

督。这样，既是直接针对行政权进行的监督，也是围绕着行政诉讼来展开监督。

二、现行行政诉讼法对行政检察的影响

（一）行政诉讼法的现有条款没有体现出对行政权的监督

行政诉讼法关于检察监督的规定只有两个条文，即第10条和第64条，其中，第10条规定了人民检察院有权对行政诉讼实行法律监督，这一条规定得过于原则、宽泛，缺乏具体内容和操作程序，有学者将其归纳出很宽泛的监督对象，如对人民法院、对审判员、对行政诉讼的所有参加人、参与人等，但没有突出对行政权的直接监督，甚至让人产生误解，认为行政检察监督并不监督行政权。第64条对已生效法院裁判书抗诉的规定，该条的抗诉有两种可能：一种是如果对因审判不公而使得行政机关胜诉的裁判进行抗诉，则具有监督行政权的性质；另一种是如果是对行政机关败诉的抗诉，不管属于怎样的情形，检察机关的抗诉都具有支持行政机关的倾向，而这种情形恰恰不是行政检察监督所应该从事的事项。因此，检察机关监督的直接对象是人民法院的行政审判活动，是法院行使的审判权而非该行政诉讼中被诉行政机关的具体行政行为，其监督目的是督促人民法院依法行使审判权，并非直接督促行政机关依法行政。

由此可见，根据行政诉讼法这两条的规定，在检察机关监督行政诉讼的法律关系中，人民检察院是监督者，人民法院是被监督者，它体现的是法律监督权与审判权之间的监督管辖，其基本目标是通过监督纠正诉讼违法和裁判不公问题，维护司法公正，维护法制统一；性质上是对人民法院的司法权进行监督；基本要求是对发生的违法情形或生效的错误裁判进行监督，[①] 似乎与行政权之间并没有直接的联系。特别是基于惯性思维，检察机关在过去十几年的实践中仅仅将行政诉讼监督理解为检察权对审判权的制约与监督，行政诉讼监督工作局限为行政抗诉。[②] 这样的监督不但没有真正对行政权进行监督与制约，甚至起了相反的作用。尽管有人认为"检察权和审判权在行政诉讼中是法律合作者，虽然所处位置不同但目标一致，都是为了保障依法行政，使行政权在法治轨道上运行"[③]，人们也希望通过检察机关与法院形成合力来对行政权进行合理有效制约，以保障行

---

① 参见李煜兴：《功能主义视角下行政检察的制度定位与路径选择》，载中国行政法学研究会2013年年会——《法治中国背景下的行政法治论文集》，第1236页。

② 参见张步洪：《略论完善行政诉讼检察监督制度》，载《人民检察》2004年第4期。

③ 最高人民法院行政庭副庭长王振宇的发言。参见祁菲：《"行政诉讼法修改与检察制度的完善"学术研讨会综述》，载《国家检察官学院学报》2013年第2期。

民事行政检察指导与研究（总第13集）

Guide and Study on Civil-Administrative Procuratorate

政相对人的合法权益，但现实情况表明：这只是一厢情愿，检察监督没有给行政审判撑腰打气，更没有形成检察权与司法权合力监督行政权的态势，无法真正达到对行政权制约的目的，相反，对行政审判产生诸多不当干涉却是不争的事实，影响了行政案件的独立审判。因此，就行政诉讼法的这两条规定而言，没有准确地确定监督的对象，没有明确对行政权的监督与制约。根据公法理论，公权力机关行使职权应当有法律上的依据，不仅要有组织法上的概括授权，[①] 也要有具体行为法上的直接依据。但由于法律规定的不明确，加之实践中认识上的差异性，使得行政检察监督对象问题一直没有得到很好解决。

（二）行政诉讼法在内容上存在对行政权监督的缺漏现象

这里所说的缺漏现象是指在行政诉讼的现有环节上，没有发挥行政检察对行政权的监督作用，主要表现为以下两个方面：

1. 在立案受理环节上。由于行政机关的干扰，法院立法难问题没有得到很好解决，特别是一些诸如行政机关乱收费乱摊派等热点案件、强势行政机关作为被告的案件等，出现了行政相对人不敢告、法院不敢受理等现象。由于立案难，"自1999年以后，行政诉讼案件总数年增长率不足1.4%，这与其说是行政诉讼呈上升趋势，倒不如说行政诉讼基本处于徘徊不前状态"[②]。对此，行政诉讼法对行政检察监督没有作出规定，使得行政检察监督没能在这个方面发挥其应有的作用。立案环节既是行政相对人权利救济的入口，也是对行政权进行有效监督的门槛，必须在此环节上加强行政检察监督。

2. 在行政诉讼中的执行环节上。行政诉讼执行涉及法院执行和行政机关的执行。就法院的执行而言，执行难一直是我国司法中一个无法避开的话题，而行政诉讼执行所涉及多元主体和复杂的社会关系，使得行政案件执行难问题更为严重，尤其是对作为被告行政机关败诉案件的执行更是如此。行政案件执行难表现在诸多方面，比如，行政案件执行率低、行政机

---

① 人民检察院组织法中所明确列举的检察机关职权中，集中在刑事检察和诉讼监督，并没有把行政权的检察监督纳入检察机关的监督职能范围。人民检察院组织法第5条规定："各级人民检察院行使下列职权：（一）对于叛国案、分裂国家案以及严重破坏国家的政策、法律、法令、政令统一实施的重大犯罪案件，行使检察权。（二）对于直接受理的刑事案件，进行侦查。（三）对于公安机关侦查的案件，进行审查，决定是否逮捕、起诉或者免予起诉；对于公安机关的侦查活动是否合法，实行监督。（四）对于刑事案件提起公诉，支持公诉；对于人民法院的审判活动是否合法，实行监督。（五）对于刑事案件判决、裁定的执行和监狱、看守所、劳动改造机关的活动是否合法，实行监督。"

② 刘阳：《立案监督：助力化解行政诉讼"告状难"》，载《人民检察》2011年第12期。

关抗拒或变相抗拒执行、行政机关"开会"否定法院判决、行政机关采取不正当手段阻碍执行等。执行不力将使行政审判进一步陷入困境，"使得法院的行政裁判成了司法白条"①。在此方面，行政诉讼法没有赋予检察机关相应的检察监督权，最高人民检察院也没有对行政诉讼执行监督问题提出全面和系统的指导性意见，而在实践中，最高人民法院曾以司法解释的形式排斥检察机关对执行包括行政诉讼执行的监督。② 就行政机关的执行而言，根据行政诉讼法第65、66条的规定，对行政机关自己执行行政案件，分两种情况：一是法院作出的裁判，公民、法人或者其他组织拒绝履行判决、裁定的，有强制执行权的行政机关可以依法强制执行；二是公民、法人或者其他组织对具体行政行为在法定期间不提起诉讼又不履行的，有强制执行权的行政机关可以依法强制执行，即非诉行政执行案件。目前，行政机关执行存在执行乱现象。例如，执法程序混乱，不依法定程序办事，重复执行；执行措施乱，任意增加或变更执行措施，以拘促执、以拘代执，超额查封、重复查封；执行收费乱，巧立名目，向当事人索拿卡要等。③ 而对此方面，行政诉讼法没有赋予检察机关监督权。由于行政机关的执行对行政相对人权利的影响很大，对其开展检察监督，既是保护相对人合法权益的需要，更是维护社会公平正义的需要。

（三）行政诉讼法没有针对检察机关对违法行政行为进行监督作出规定

行政诉讼建立的主要目的之一是实现司法权对行政权的制约，进而达到对私权的保护和救济。但现实中，存在许多行政违法行为，给国家、集体或社会公共利益造成重大损失或有重大社会影响，或涉及弱势群体利益，却由于"法律上利害关系"的原告主体资格要求而没有人提起行政诉讼，使得许多行政违法行为由于没有适格的原告而难以进入行政诉讼程序，无法达到对行政违法行为进行有效制约。例如，行政机关及其工作人员违法行使行政权，滥用职权，甚至与相对人恶意串通损害社会公共利益，这些违法行为常常没有直接的利害关系人或受害者，但却给国家利益和社会公共利益造成重大损害；行政机关及其工作人员怠于履行法定职责、行政不作为，对类似于超标排污、制造有毒有害药品食品行为执法不

---

① 尹华容：《设置行政法院：行政诉讼突围中的重大误区》，载《甘肃政法学院学报》2006年第1期。

② 参见向忠诚：《论检察机关对行政诉讼执行的监督》，载《广西民族大学学报》（哲学社会科学版）2013年第2期。

③ 参见赵辉：《浅议强制执行检察监督》，载中国行政法学研究会2013年年会——《法治中国背景下的行政法治论文集》，第1360页。

严、违法不究，损害了社会公共利益和大多数百姓利益。以往检察机关只限于对行政机关工作人员追究职务犯罪等刑事检察职能的履行，[①] 但忽略了行政检察监督对公共利益的救济，行政诉讼法没有发挥行政检察监督应该发挥的监督作用。

此外，行政检察监督还存在其他问题，例如，行政检察监督方式、程序等缺乏刚性保障，导致监督效果不明显等。

可见，立法的严重滞后性，跟不上实践的发展，不能满足现实的需要，已经成为我国行政检察监督制度发挥作用的最大瓶颈和障碍。

三、基于发挥行政检察监督权对行政诉讼法修改的设想

加强行政检察监督对行政权的制约，立法必须先行，这是公权力运行的基本法治要求。为此，必须在行政诉讼法的修改中，完善已有的行政检察监督权，并赋予行政检察机关新的检察监督权。

（一）赋予检察机关对立案的检察监督权

这是目前对立案难的行政检察监督。对于立案难问题，尽管有诸如人大监督、社会监督以及人民法院内部监督等多种方式，但作为具有专业性、强制性、权威性的检察机关的监督，具有其他监督方式无法替代的效果。而且，人民检察院通过监督法院的立案活动，可在一定程度上体现对法院立案工作支持的一面。当法院在立案时遇到不当行政干预难以独撑时，检察机关的依法介入可在一定程度上为立案活动排除干扰，从而在客观上强化对外部干预的抵制能力。[②] 对此，以相对人的申请为检察机关的介入条件，即对于行政相对人向法院提起行政诉讼，而由于行政机关的干预，法院不受理的，当事人既可以向上级人民法院提起上诉，也可以向同级检察机关提出申请，请求检察机关予以监督。检察机关接到相对人的请求后，对法院不予受理的合法性进行审查。如果认为相对人的起诉满足行政诉讼法的要求，检察机关可以采取具有法律约束力的检察建议[③]的方式，直接向不立案的法院提出，同时向行政干预的行政机关及其上一级行政机关提出检察建议。法院如果应该受理而不受理，检察机关可以以法官渎职

[①] 不能认为检察机关查办行政机关工作人员职务犯罪就是检察权对行政权的监督。否则照此类推，检察机关查办立法机关工作人员职务犯罪就是检察权对立法权的监督，检察机关查办党委机关工作人员职务犯罪就是检察权对政党执政权的监督，这样的逻辑是不能成立的。参见王玄玮：《论检察权对行政权的法律监督》，载《国家检察官学院学报》2011 年第 3 期。

[②] 参见刘阳：《立案监督：助力化解行政诉讼"告状难"》，载《人民检察》2011 年第 12 期。

[③] 实践中，检察建议被广泛运用，但在法律上却缺少具体规定。而且，目前的检察建议一般不具有强制效力，具有柔性化特点，实践中出现被建议单位不执行或不认真执行的现象，使得检察建议的现实效果不佳。

为由，对其进行制裁；以作为被告的行政机关相关人员滥用职权对其进行制裁。利用检察监督权促进司法审判的入口畅通，通过检察权和审判权两种权力的合力行使，来发挥司法权的引导功能和强制威慑功能，从而实现司法权对行政权的制约。① 为此，应在行政诉讼法中增加相应条款，明确规定检察机关对应该立案而不立案的检察监督权，并赋予检察建议的法律效力以及规定不执行检察建议的单位应承担的法律后果等。②

（二）赋予检察机关行政公益诉讼权

这是对目前存在的损害国家利益或公共利益行为且无起诉现象的检察监督。行政公益诉讼是指无直接利害关系人认为行政主体的违法行为或不行为对公共利益造成侵害时，以自己的名义向法院申请司法救济的行为。③该诉讼是为了维护国家利益或社会公共利益而非私人利益，是与自己无直接利害关系的诉讼，主要目的就是对公共利益的救济。行政公益诉讼是随着公共利益保护的日渐突出，随着从个人本位主义向社会本位主义的立法思想的转变而诞生的。目前，对于行政公益诉讼的原告资格，有不同的主张，但最适当的莫过于检察机关。也就是说，出于保护和救济因违法行为受到侵害或威胁的公众利益的目的，法律在一些特殊的领域赋予检察机关以"诉的利益"。④ 当行政机关的违法行为侵害国家或公共利益时，由没有利害关系的检察机关向法院提起行政诉讼，使得违法行政行为进入司法程序，达到规范行政权行使和对公共利益保护的目的。可以说，"如果没有检察机关提起公诉，那么将有相当大数量的行政违法行为没有适格原告提起行政诉讼，从这个意义上说，游离于检察监督之外实际上也意味着游离于行政诉讼制度的监督体系之外。因此，由检察机关采用诉讼形式，利用国家检察权力启动审判，通过检察权和审判权两种权力的合理运用，发挥司法的政策引导功能和强制威慑功能，从而实现司法权对行政权的制约，这是十分必要的"⑤。实际上，在法治国家，多有检察机关作为公益代表人参与行政诉讼、监督行政机关的制度规定，并在法治实践中有很好的贯彻落实。例如，英国的检察长可以代表公共利益监督行政机关并提起行政诉讼，以维护国家和公共利益；美国的"私人检察长理论"、德法的检察机

---

① 参见孙谦：《设置行政公诉制度的价值目标与制度构想》，载《检察日报》2011年1月25日。
② 法律后果包括对司法人员渎职失职、行政机关工作人员滥用职权干预司法活动的违法犯罪的法律责任。
③ 参见蔡虹、梁远：《行政公益诉讼研究》，中国政法大学出版社2001年版，第489页。
④ 参见朱汉卿：《检察机关的行政公益诉讼原告人的资格探讨》，载《江汉大学学报》（社会科学版）2013年第1期。
⑤ 孙谦：《设置行政公诉的价值目标与制度构想》，载《中国社会科学》2011年第1期。

关作为公益代表人等都可以为了公共利益提起行政诉讼。① 可以说，建立行政公益诉讼制度，由检察机关行使行政公诉职能，已成为不可逆的趋势。因此，为达到对行政权的监督，我国也应当借鉴此制度，适时修改行政诉讼法，可在行政诉讼法中增加相应条款，明确检察机关提起公益诉讼的权力，并对行政公益诉讼的范围采取概括和列举并行的方式确定，明确行政公益诉讼提起的方式等。可规定以下情况检察机关可以向法院提起行政公益诉讼：行政行为对国家利益或社会公共利益②造成严重损害，虽侵犯了行政相对人利益但其放弃起诉的案件；行政行为涉及国家利益或社会公共利益但没有行政相对人提起诉讼的案件；行政行为侵害了国家利益或社会公共利益而有利于行政相对人的案件；行政行为损害了不特定多数受害人且损害涉及国家利益和社会公共利益而无人起诉的案件。这里，既包括行政机关违法作为的行为，也包括不主动履行法定职能的不作为的行为。行政公益诉讼的提起可采取公民向检察机关申告的被动提起或检察机关自己发现而主动提起等两种形式。法院有权对是否属于行政公益诉讼案件进行审查，对法院不予受理的，检察机关可以提起上诉。

（三）对被告胜诉的生效裁判进行检察监督

这是对检察机关抗诉条款的完善。行政诉讼法第64条只规定了检察机关对法院生效裁判抗诉，但没有明确对行政权的检察监督，也缺乏更为详细的操作程序。而高检院《人民检察院民事行政抗诉案件办案规则》也没有区分哪一方当事人的申诉可以作为抗诉的案件来源，③ 达不到对行政权的监督。为此，在即将修改的行政诉讼法中，要对行政诉讼法第64条作出相应修改和完善，要明确检察机关只能就具体行政行为违法不当而又被法院维持的情况提起抗诉，来促使法院撤销错误的裁判，达到对行政权的监督与制约。而对行政相对人胜诉的案件，检察机关不能提起抗诉，以防止检察机关与行政机关成为一家，合伙损害行政相对人权益的违背行政诉讼立法初衷现象发生。在这种抗诉中，检察机关可以应原告的申诉而提起，也可以在自己发现后主动提起。而在抗诉提起时，检察机关可以直接向同级的法院提起，而不必通过上一级检察院提起抗诉，以简化抗诉程序和提高检察监督的效率。为此，行政诉讼法在修改时，可规定，各级检察机关

---

① 参见田凯：《行政检察论纲》，载中国行政法学研究会2013年年会——《法治中国背景下的行政法治论文集》，第1035页。

② 这里要严格限制公共利益概念，并对公共利益作出明确的界定，以便进行有限的、重点的监督。

③ 《人民检察院民事行政抗诉案件办案规则》第4条规定，人民检察院受理的民事、行政案件，主要来源之一是：当事人或者其他利害关系人申诉的。没有区分是原告或被告。

对同级法院已发生法律效力的裁定、判决，应原告的申请，或自己发现发生法律效力的裁定、判决、调解书损害国家利益、社会公共利益的，可向同级人民法院提出抗诉。

（四）对行政案件执行问题的检察监督

首先，对被告败诉的法院执行难的行政检察监督。学者早就指出："形成行政机关败诉案件执行难的原因是多方面的，有被执行行政机关的原因，也有执行机关的原因。但主要是司法体制的原因。"[①] 为解决法院裁判执行难问题，确立检察机关对行政裁判执行的监督，是从司法体制上解决法院执行难的有效方式之一。为使行政诉讼的裁判，主要是行政机关败诉的案件得到尽快执行，检察机关可以应原告的申请，对法院的执行案件进行检察监督；而对于检察机关提起行政公益诉讼的案件和被告在败诉的情况下又没有人申请法院强制执行且涉及国家利益或社会公共利益的案件，检察机关可申请人民法院强制执行；而对被告败诉无人申请执行且涉及公共利益的案件，只有在原告没有申请强制执行的期限届满后，检察机关才能申请法院强制执行。无论是原告申请还是检察机关申请法院执行，在监督程序上，检察机关首先可以强制要求行政机关在法定期限内说明不履行或者怠于履行的具体理由，在行政机关拒不说明理由或者提出的理由不正当或不充分时，检察机关可再进一步向行政机关提出具有法律约束力的检察建议，行政机关必须在法定期限内予以答复；在法定期限内没有答复且仍不履行的，检察机关再向行政机关的上一级机关提出检察建议。如果行政机关没有履行生效裁判且没有正当理由构成犯罪的，检察机关可以依照刑法第313条的规定，对行政机关的主要负责人按照"拒不执行判决裁定罪"来行使刑事检察监督权。

其次，对行政机关自己执行的行政检察监督。行政机关自己强制执行是行政权对公民权的执行，如果对其不加以监督，就很有可能发生侵犯公民权利的情况。因此，对这种强制执行的监督，出于对行政权制约的需要，检察机关既在被执行的公民、法人或其他组织申请的情况下对行政机关的执行行为进行监督，也可以在检察机关发现行政机关违法执行后而主动进行检察监督。当然，对这种情况的检察监督，以涉及公共利益、群众反映强烈以及社会影响较大的执行案件为主。对于执行程序、执行措施等违法的，检察机关可要求行政机关限期给予答复，或采取具有法律约束力的检察建议的方式进行监督；而对影响较大或涉及重大公共利益的执行案

[①] 马怀德、解志勇：《行政诉讼案件执行难的原因及对策》，载中国法院网，（http://www.chinacourt.org/article/detail/2002/09/id/13279.shtml），2013年9月30日访问。

件，检察机关可派员到现场监督执行。对行政机关不答复也不改正的，造成恶劣影响的，检察机关可以按照刑法中的滥用职权罪进行处理。

当然，在修改行政诉讼法的同时，也要对与行政检察监督相关的法律进行修改，比如，在人民检察院组织法中，要将行政检察监督的职能写入该法，明确增加检察机关在行政检察监督中的权力，同时，要设立专门的行政检察监督部门，配备专职的检察监督人员等，正如学者所言，"当下的中国……重视某个事业、加强某项工作的最简单、直接有效的方法是设立机构、增加编制、配备人员、投入财力等，加强行政检察工作最好单设行政检察机构"①，以便与行政诉讼法的修改与适用相衔接。

---

① 莫于川教授的观点。参见祁菲：《"行政诉讼法修改与检察制度的完善"学术研讨会综述》，载《国家检察官学院学报》2013 年第 2 期。

全国检察机关贯彻执行修改后
民事诉讼法情况的调研报告

最高人民检察院民事行政检察厅

修改后民事诉讼法于 2013 年 1 月 1 日施行后，全国检察机关认真贯彻执行修改后民事诉讼法，各项工作稳步推进，取得了较好成效。同时，在贯彻执行修改后民事诉讼法过程中也出现了一些问题。我们在总结经验、分析问题的基础上，提出了深入贯彻落实修改后民事诉讼法的措施。

一、贯彻执行修改后民事诉讼法的基本情况

（一）采取有效措施，应对修改后民事诉讼法第 209 条对检察机关带来的挑战

修改后民事诉讼法第 209 条明确赋予了当事人向检察机关申请监督的权利，实施以来，当事人向检察机关申请监督案件数量大幅增加。2013 年 1 月至 12 月，全国检察机关受理民事申请监督案件同比上升 243.1%，给检察机关带来了很大的挑战。为了积极应对修改后民事诉讼法带来的这一新挑战，在院党组的高度重视和部署下，高检院先后印发了《关于贯彻执行〈中华人民共和国民事诉讼法〉若干问题的通知》、《人民检察院民事诉讼监督规则（试行）》（以下简称《监督规则》），并于年初专门召开了电视电话会议，根据检察工作实际，提出应对措施，确保修改后民事诉讼法在检察机关得到不折不扣的贯彻执行。一是确立并推行民事诉讼监督案件的"受审分离"。通过明确控告检察部门和民事检察部门受理和办理民事诉讼监督案件的职责分工，建立了检察机关的统一对外窗口。目前，全国四级检察院基本做到了民事诉讼监督案件的"受审分离"，保障和便利了当事人向检察机关提出监督申请，理顺了检察机关的内部分工，初步化解了检察机关贯彻执行修改后民事诉讼法中遇到的最大难题。二是确立了"同级受理"制度。为了避免案件大量积压在高检院和省级院，努力解决

民事监督案件办理中出现的"倒三角"现象，实现通过检察建议进行同级监督的立法目的，我们确立并推行了"同级受理"制度。经过一年多的实践，"同级受理"制度虽然有一些问题需要完善，但确实发挥了很大的作用。"受审分离"和"同级受理"是2013年检察机关贯彻执行修改后民事诉讼法所采取的两大措施，由于这两项措施的有效应对，在受理案件数量大幅上升的情况下，检察机关仍然做到了依法妥善处理当事人的监督申请，并提高了办案效率，保证了修改后民事诉讼法第209条在检察机关的顺利执行。

（二）制定发布《监督规则》，规范民事诉讼监督活动，推动修改后民事诉讼法关于检察监督规定的贯彻落实

为了保证检察机关正确贯彻执行修改后民事诉讼法，高检院制定发布了《监督规则》。《监督规则》依照修改后民事诉讼法的规定，确立了检察机关民事诉讼监督的原则，细化了监督条件、监督方式和监督程序，确保修改后民事诉讼法规定的各项检察制度在民事诉讼监督中得到执行。《监督规则》施行后，为了保证民事检察人员能够正确理解和掌握《监督规则》的精神和内容，民事行政检察厅于2014年2月下旬分别在西安和长沙举办了全国检察机关《监督规则》培训班，分别就《监督规则》中的基本问题、受理、审查、抗诉、审判人员违法行为监督、执行监督和检察文书的制作7个问题进行了讲解和学习，还编写了《监督规则》条文释义作为学习资料；检察官学院组织举办了两期由控告检察部门人员和民事检察部门人员参加的《监督规则》研讨班；各地检察机关也结合本地实际采取多种方式认真学习《监督规则》，如吉林、湖北、浙江、重庆、青海、甘肃等省级院举办了由全省（市）三级院党组成员、检察委员会委员、内设机构负责人和有关部门人员参加的学习《监督规则》电视电话会议，山西省院召开了学习贯彻《监督规则》现场会。通过有针对性的学习培训，保证了《监督规则》在实践中得到正确贯彻执行。《监督规则》的发布和施行，对贯彻执行好修改后民事诉讼法，确立和统一监督理念，规范监督行为，实现监督效果等均具有十分重要的意义。

（三）区分监督案件和信访案件，推动不同性质案件的正确处理

修改后民事诉讼法施行以来，检察机关接受当事人申请以及相关控告、举报实际上包含着监督案件和信访案件两大类。监督案件是不服人民法院生效裁判或者处理决定申请检察机关予以监督的案件；信访案件则是不服检察机关已经作出的监督决定而提出申诉的案件。这两类案件的性质不同，处理的方式方法也不同。为了区分监督案件和信访案件，推动不同

性质案件的正确处理，民事行政检察厅和控告检察厅联合印发了会议纪要，明确了监督案件和信访案件的区分处理办法。对符合修改后民事诉讼法规定的申请监督案件，依照《监督规则》"受理"的有关规定做好案件的受理工作；对不服检察机关作出的处理决定而提出申诉的案件，控告检察部门和民事检察部门依照职责分工，妥善做好释法说理和纠错工作。通过区分监督案件和信访案件，畅通了申请监督渠道，使符合受理条件的监督案件能够得到及时受理和审查，切实保障了当事人申请监督权利的行使。

（四）正确把握依申请监督和依职权监督的界限，全面正确履行法律监督职责

检察机关准确把握民事诉讼监督的性质和职能定位，遵循民事诉讼和检察监督的基本规律，合理把握依申请监督和依职权监督的范围，是全面正确履行民事诉讼监督职责的前提和保障。在贯彻执行修改后民事诉讼法的过程中，我们在确立依当事人申请监督和依职权监督的范围上把握了以下尺度：对于属于当事人意思自治领域内的案件监督，实行依当事人申请进行监督；对于当事人意思自治领域外的事项监督，则实行依职权监督。在《监督规则》中将依职权监督的情形明确为以下四种：一是损害国家利益或者社会公共利益的；二是审判、执行人员存在贪污受贿、徇私舞弊、枉法裁判等违法行为的；三是依照有关规定需要人民检察院跟进监督的；四是需要督促人民法院纠正违法行为，改进工作，公正审判的。属于当事人申请监督的案件，应当依当事人的申请启动监督程序，当事人未申请的，检察机关不主动对案件进行审查和提出抗诉或者再审检察建议。全国检察机关在履行民事诉讼监督职责过程中，注意遵循民事诉讼监督的特点和规律，力争准确把握依申请监督和依职权监督的度，并探索两种监督的有机配合，努力实现检察机关民事诉讼监督的依法、正确和有效。

（五）全面履行监督职责，正确运用监督方式，多元化监督格局初步形成

全国检察机关依照修改后民事诉讼法关于检察监督的规定，依法全面履行民事诉讼监督职责，综合运用抗诉、再审检察建议、检察建议等多种监督方式，对包括裁判结果、审判程序和执行活动在内的全部民事诉讼活动实行法律监督，初步形成了多元化监督格局。2013年，全国检察机关对人民法院生效判决、裁定、调解书提出抗诉6018件，向人民法院提出再审检察建议9520件，对审判程序中审判人员违法行为提出检察建议18398件，对执行活动中存在的违法情形提出检察建议41069件。从数据分析看，

违法行为监督和执行监督已成为检察机关民事诉讼监督的重要内容并出现了增多的发展态势，也体现出检察机关对民事诉讼的监督格局已从以往偏重对生效裁判监督的一元化监督格局转变为对生效裁判监督和违法行为监督、执行监督全面发展的多元化监督格局。

（六）严格限制对一审生效裁判的监督，监督结构进一步优化

2013 年，全国检察机关提出抗诉案件数量同比下降 42.72%。除北京、内蒙古、青海、新疆以外，全国其他省区市检察机关提出抗诉案件数量同比均有所下降，一些办案大省如山东、河南、黑龙江、江苏等地抗诉案件数量同比下降幅度较大，全国有 9 个省区市同比下降幅度超过 50%。从统计数据分析，多数省份抗诉数量减少的主要原因是由于对一审生效裁判提出抗诉数量的大幅削减。由此可见，各级检察机关认真贯彻落实全国检察机关第二次民行检察工作会议、全国检察机关学习贯彻修改后民事诉讼法座谈会精神，积极转变监督理念，遵循民事诉讼规律和司法规律，严格把握对一审生效裁判提出抗诉的条件，把监督重点放在二审生效裁判和再审生效裁判上，逐步改变对一审生效裁判抗诉占比过大的抗诉案件结构，实现了监督结构的进一步优化。

（七）各级院协作配合，监督格局趋于合理

根据修改后民事诉讼法赋予检察机关的监督职责和任务，结合四级检察机关的职能和工作实际，力争合理定位四级检察院在民事诉讼监督上的职责分工，特别是基层院的工作重心得以明确。高检院、省级院侧重办理抗诉案件，并在办理抗诉案件的同时，注重开展调查研究，统筹指导全国、本地区的工作；分州市院作为受理和办理诉讼结果监督案件的主力军，在抓好办案工作的同时，注重指导基层院开展工作；基层院重点开展对审判程序中审判人员违法行为监督和执行监督。从调研取得的数据统计，高检院和省级院办理的诉讼监督案件约占受案总数的 7%，而分州市院和基层院承担了约 93% 的案件量，结构上也逐渐趋于合理。在全国检察机关的共同努力下，目前，办案"倒三角"问题在一定程度上得到缓解，四级院之间各有侧重、协作配合的监督格局初步呈现。

（八）一些地方监督质量和效果得到提升

民事诉讼法修改后，一些地方的同志存在消极思想或者模糊认识，认为修改后民事诉讼法的一些新规定以及人民法院的一些做法可能会对检察机关民事诉讼监督的效果产生影响，如监督难度会加大、息诉压力会增加、法院采纳率会降低等。修改后民事诉讼法实施以来，从各地的办案情况看，虽然有不少地方的抗诉改变率和再审检察建议采纳率出现了下滑，

但也有不少地方的改变率和采纳率出现了上升，如海南、湖北、湖南、重庆、陕西、青海等省改变率均出现了不同程度的上升；海南、广西、宁夏、广东、青海、湖北、湖南、辽宁等再审检察建议的采纳率均出现了不同程度的上升。经分析，我们发现，改变率、采纳率的上升或者下降主要取决于案件的监督质量和方法、措施。凡是领导重视，并积极采取有效措施解决工作中存在的障碍和问题的检察院，就能取得较好的监督效果，改变率或者采纳率就能得到提升，贯彻执行修改后民事诉讼法工作就能取得较好的成效。由此可见，贯彻执行修改后民事诉讼法过程中虽然会遇到一些困难和问题，但是只要我们积极应对，措施得当，这些困难和问题是可以得到解决的，其中，起决定作用的仍然是提高监督质量。

二、贯彻执行修改后民事诉讼法过程中存在的问题

虽然全国检察机关积极贯彻执行修改后民事诉讼法，认真履行法律监督职责，并取得了一定的成效，但我们也发现，各地在贯彻执行修改后民事诉讼法过程中出现了一些新情况和新问题，一定程度上影响了修改后民事诉讼法的贯彻执行。

（一）民事诉讼监督的社会认知度有待进一步提高

社会对检察机关民事诉讼监督的职能和制度还缺乏了解，甚至在律师队伍中也还有相当部分的律师对民事诉讼监督的程序和流程了解不够。修改后民事诉讼法第209条赋予了当事人申请监督的权利，《监督规则》对依申请监督和依职权监督的范围作了明确，在依当事人申请监督的领域，检察机关依据当事人的申请履行监督职责。因此，当事人对检察机关民事诉讼监督职能和程序了解与否，影响着申请监督权的行使，也影响着检察机关监督职能的有效发挥。虽然各地组织开展了关于民事检察监督的宣传工作，特别是加强了修改后民事诉讼法关于民事诉讼监督的宣传力度，但是社会对民事诉讼监督的认知度有待进一步提高。2013年高检院印发的《监督规则》也需要进行广泛宣传，对民事检察工作的宣传力度还有待进一步加强。

（二）"受审分离"制度需要进一步落实和完善

"受审分离"制度是应对修改后民事诉讼法出现的新情况、新问题，加强检察机关内部分工和制约而采取的措施。从一年多的实践来看，这项措施发挥了很好的作用，但从各地的工作情况看，还存在落实不到位的问题。一是在一些地方未能得到切实执行。有的地方民事检察部门排斥控告检察部门受理案件；有的地方民事检察部门在控告检察部门设立窗口，负责民事诉讼监督案件的受理工作；有的检察院控告检察部门将接收的申请监督材料先转民事检察部门审查，再根据民事检察部门的意见决定是否受理；有的检察院存在控告检察部门在受理案件过程中对案件进行实体审查的情况。二是不少地方的控告检察部门缺少熟悉民事检察业务的人员，导致不能正确履行案件受理职责。三是有的检察院不能正确把握监督案件和信访案件的区分标准，导致一些符合受理条件的监督案件未能及时受理，影响了当事人诉讼权利的有效行使。

（三）一些检察院对依职权监督案件范围把握不够准确

调研中发现，有的检察院对依职权监督的案件范围把握不准，主要有：随意扩大依职权监督的范围，有的检察院到法院调取某一时间段的全部案卷材料，并审查案卷寻找监督线索；有的检察院逐案审阅人民法院的上网文书，以便从中发现抗诉线索；也有的检察院对依职权监督的案件发现不了，或者不敢监督，导致一些应当监督的案件没能纳入监督视野，影响了法律监督职责的全面履行。

（四）审查期限的规定未能彻底得到执行

2013年，各地均存在未能严格执行审查期限规定的情况。在贯彻执行修改后民事诉讼法中，一些检察院反映，修改后民事诉讼法规定的3个月办案期限没有可以延长的规定。而且，承办人在办理案件过程中可能出现一些承办人无法控制的期间，如调卷、鉴定、评估、审计、等待召开检察委员会讨论等，这类期间何时结束往往不确定，致使许多案件都因上述原因而不能在3个月内办结。在《监督规则》制定过程中，各地对办案期限问题反映较为集中，建议采取扣除期限或者延长期限的方式保证办案需要。目前，一些地方采用中止审查的方式以扣除办案中无法控制的期间，以保证能在审查期限内审结案件。

（五）再审检察建议的效果不够理想

各地对再审检察建议办理过程中存在的问题反映较为强烈，主要有以下几个方面：一是法院受理再审检察建议案件的程序不够规范，有的法院由立案庭受理，有的法院由审监庭受理，甚至还有的法院明显违反修改后民事诉讼法的规定，直接拒绝接受再审检察建议。二是再审检察建议的监督效果不够理想，存在采纳难的问题。最高人民法院在2011年印发的《第一次全国民事再审审查工作会议纪要》中第29条规定，"上级人民法院裁定驳回再审申请后，原审人民法院依照民事诉讼法第一百七十七条的规定决定再审的，应当报请上级人民法院同意"。实践中，人民法院根据再审检察建议启动再审程序都是依据院长发现程序（即《会议纪要》第29条中规定的原民事诉讼法第177条），导致一些人民法院以未经上级人民法院同意为由对再审检察建议不予采纳甚至拒绝接收。三是一些人民法院对再审检察建议的监督方式存在抵触情绪，不愿接受同级监督，要求检察机关对符合监督条件的案件提请上级人民检察院抗诉。

（六）执行监督工作存在一些亟待解决的问题

虽然修改后民事诉讼法明确了检察机关有权对民事执行活动实行法律监督，但由于修改后民事诉讼法关于执行监督的规定过于原则，缺乏可操作性，导致实践中检法两院在对执行监督的范围、对象、方式的理解上存在较大分歧，影响了执行监督工作的开展。各地反映检察机关开展执行监督工作中，一些法院以民事诉讼法无明确规定为由不予配合甚至拒绝接受监督。

（七）基层民事检察工作薄弱的现象较为突出

修改后民事诉讼法实施后，基层检察院的工作重心从以往偏重办理提请抗诉案件转变为重点办理审判程序违法行为监督和执行监督案件，基层检察院的工作任务日益繁重。但是，一些基层检察院却存在仍用单一抗诉思维看待新形势下的民事诉讼监督工作，工作思路和工作重心调整不主动、不及时等问题。目前，基层检察人员的能力和素质也还不能适应新形势新任务的需要，基层检察院作为民事检察工作的基础，普遍存在案源不足、人员不足、专业化程度不高、人员流动性大等问题，影响了基层民事诉讼监督工作的开展。

（八）检察机关息诉罢访压力增大

调研中，多数地方反映，有的当事人对检察机关作出不支持监督申请决定的案件由于其诉求未能得到支持，就通过各种方式闹访缠访，向检察机关施加压力；对检察机关提出抗诉或者再审检察建议的案件，另一方当事人会向检察机关施加压力；而对检察机关提出抗诉或者再审检察建议后，人民法院未予改判或者采纳的案件，提出申请的一方当事人也会向检察机关施加压力。修改后民事诉讼法实施后，不服检察机关处理决定的当事人在检察机关闹访、缠访的案件数量明显增多，检察机关释法说理、息诉罢访、维护稳定的压力和难度不断增加。

（九）一些检察院存在办案数据不够准确的问题

目前，省级检察院大多对民事检察工作设置了考评目标，有的检察院存在考评标准设置不科学的问题，导致一些检察院特别是分州市级检察院和基层检察院为了完成考核目标或者争取先进，存在不如实填报统计报表的情况。从统计报表来看，一些检察院的部分办案数量和采纳率的数据过高，存在与实际办案情况不符的现象。

（十）民事检察的机构设置和队伍建设有待进一步加强

修改后民事诉讼法拓展了检察监督的范围，民事检察监督肩负的职责更加重大，承担的工作任务更加繁重。同时，修改后民事诉讼法还规定了较短的办案期限，对检察机关办理案件的效率提出了更高的要求。目前，全国四级检察院均不同程度地存在机构设置和人员配备与所承担的职责任务不相适应的问题。

三、下一步工作措施

为了更好地贯彻执行修改后民事诉讼法，推进民事检察工作科学发展。下一步工作中，应当从以下几个方面突出工作重点：

（一）抓好《监督规则》的贯彻落实工作，全面规范民事诉讼监督工作

继续加强《监督规则》的学习培训工作，保证每一个民事检察人员都能全面、准确把握《监督规则》的条文内容，切实把《监督规则》的具体要求落实到民事诉讼监督工作的每一个环节。对在执行《监督规则》过程中发现的问题，及时组织研究，适时对《监督规则》相关内容进行修改完善。

（二）加大宣传力度，提高民事检察工作的社会认知度

通过开展专项宣传活动、印制宣传手册、开通检察微博、开展法律咨询等多种方式，进一步加大对检察机关民事检察职能的宣传力度，不断深入推进检务公开制度，让社会各界充分了解民事检察工作的职责任务、工作程序和监督方式，着力提高民事检察工作的社会认知度和影响力，力争做到民事检察职能家喻户晓。

（三）加强民事检察部门与控告检察部门、案件管理部门的沟通协调，进一步规范案件的受理、审查和管理

一是加强民事检察部门与控告检察部门的沟通协调，认真贯彻《监督规则》确立的"受审分离"制度，准确区分监督案件和信访案件，通过联合下发文件等方式，进一步细化和规范民事诉讼监督案件的受理程序和审查程序，纠正地方检察机关在受理当事人申请监督案件中的不正确做法，畅通申请监督渠道，保障当事人申请监督权利的行使，实现民事诉讼监督案件受理工作的规范有序开展。加强息诉工作的分工与配合，努力化解社会矛盾，维护社会稳定。二是民事检察部门加强与案件管理办公室的沟通协调，结合民事检察工作实际，针对民事诉讼监督案件流转和管理过程中存在的突出问题，及时反映并提出解决方案，促进民事诉讼监督案件流转、管理工作的顺利开展。

（四）着力提高民事诉讼监督案件的办案质量和效率，树立监督权威

严格执行《监督规则》规定的办案标准和程序，确保监督案件依法规范审查办理，不断提高民事诉讼监督案件质量。对符合监督条件的案件，要敢于监督，坚决依法监督到底，努力增强监督的刚性；对不符合监督条件的案件，加强法律文书的释法说理工作。进一步深化检务公开工作，对当事人申请监督的案件要做到件件有落实，件件有答复，努力让人民群众在每一起民事诉讼监督案件中都能感受到公平正义。严格遵守民事诉讼法规定的案件办理期限，加强督促检查，提高办案效率。对各地反映强烈的办案期限中存在的客观问题，认真分析研究，提出解决措施，实现办案质量、效率和效果的有机统一。

（五）进一步规范依职权监督案件的办理，依法正确履行法律监督职责

严格执行《监督规则》关于依职权监督案件的规定，遵循民事诉讼规律，在开展监督工作中实现依申请监督和依职权监督的有机结合。准确把握依职权监督案件的范围，对符合依职权监督条件的案件，依法主动履行监督职责；对不符合依职权监督条件的案件，应当以当事人提出申请作为监督的前提条件，严格把握检察权在民事诉讼监督中的边界，全面正确履行监督职责。

（六）加大对下指导力度，推动贯彻执行修改后民事诉讼法工作深入健康发展

指导各地完善执法考评机制，合理设置考评指标，充分发挥考评的导向作用。针对各地办案统计数字不实问题，开展专项检查，尤其是对违法行为监督、执行监督开展重点检查。组织开展案件质量评查等活动，了解真实情况，发现并及时纠正各地贯彻执行修改后民事诉讼法中存在的问题。

（七）加强基层民事检察工作，夯实民事检察工作基础

更加重视发挥基层检察院在民事检察工作中的基础性作用，引导基层检察人员特别是基层检察院领导解放思想、转变观念，切实把工作重点转移到违法行为监督和执行监督上来。帮助解决基层检察院工作中存在的实际困难，努力推动基层检察院工作打开局面。加强基层民事检察队伍建设，采取充实、调整、引进等方法，进一步加强基层民事检察部门的办案力量，加大对基层检察人员的培训力度，着力提高基层检察人员的能力素质。

（八）加强与最高人民法院相关部门的沟通协调，努力消除民事检察工作发展上的障碍

目前，针对再审检察建议和执行监督工作中存在的问题，民事行政检察厅正在积极与最高人民法院立案庭、审判监督庭、执行局等相关业务部门进行沟通，争取在年内与最高人民法院联合下发关于再审检察建议工作和执行监督工作的文件，消除工作中存在的障碍，推进再审检察建议和执行监督工作的顺利开展。注重对监督中发现的法院审判和执行中存在问题的归纳和分析，适时提出改进工作检察建议，帮助法院规范管理，提高审判水平。对民事检察工作中存在的其他问题，主动与最高人民法院相关部门进行沟通协调，通过联合调研、召开座谈会等方式，共同研究提出解决对策，推动民事检察工作健康发展。

（九）加强机构人员建设，努力建设高素质的民事检察队伍

指导各级院积极争取领导和相关部门的支持，吸收一批精通民商法律的专业人才充实到各级民事检察部门，推动各级检察机关配备与所承担的职责任务相适应的民事检察人员。加强民事检察专门培训和实践经验培养，通过组织开展办案能手评比、精品案件和法律文书评比等业务竞赛和岗位练兵活动等多种形式，进一步提高民事检察人员的业务素质和监督能力。

关于推进行政检察工作科学发展的调研报告

最高人民检察院民事行政检察厅

行政检察是中国特色社会主义检察制度的重要组成部分，承担着对行政诉讼实行法律监督和促进依法行政的重要职责。经过多年发展，行政检察工作虽然取得了一定的成绩，但目前在各项检察工作中仍处于相对薄弱的地位。为进一步推进行政检察工作，实现检察工作的协调发展，同时为下一步司法体制和工作机制改革以及修改行政诉讼法做好准备，民事行政检察厅总结行政检察工作实际，针对行政检察工作中存在的问题，就如何推进行政检察工作科学发展提出意见和建议。

一、行政检察工作的基本情况

1990 年 10 月 1 日，行政诉讼法正式实施，检察机关按照该法规定开展行政诉讼监督工作。经过二十多年的发展，行政检察工作取得了一定的成绩。在全国检察机关第二次民行检察工作会议上的讲话中，曹建明检察长对行政检察工作提出了新要求，确立了新目标。各级检察机关进一步转变执法理念，调整工作思路，加大工作力度，行政检察工作取得了较大的发展。通过行政抗诉、检察建议对生效行政判决、裁定、行政强制执行和行政诉讼中的违法活动进行监督；充分发挥行政检察工作在社会矛盾化解和社会治理创新中的积极作用，探索行政执法监督，为保障国家行政法律统一、正确实施作出了积极贡献。此外，行政检察工作自身规范化建设和队伍建设也得到加强，社会认知度逐步提高，地方党委和人大支持力度加大，工作取得了明显成效。

（一）行政诉讼监督工作情况

1. 开展对生效行政裁判的抗诉和再审检察建议工作。以抗诉的方式对已经生效的错误行政裁判进行监督是行政诉讼法明确规定的行政检察职能，也是过去一个时期行政检察的主要工作。各地坚持把抗诉作为行政检察办案工作的中心任务，充分运用抗诉手段监督纠正已经生效的错误裁判，确保充分履行行政检察监督职责。2008 年至 2013 年全国民行检察系统受理并抗诉了一大批行政案件。此外，2000 年以后，各地在实践中逐步探索开展行政再审检察建议工作，尝试同级监督的新形式。特别是"两高"《关于对民事审判活动与行政诉讼实行法律监督的若干意见（试行）》明确了地方各级人民检察院可以向同级人民法院提出再审检察建议后，行政再审检察建议的数量呈现增长态势，尤其在 2011 年数量激增，增幅达 198.4%。从行政诉讼监督案件的类型上看，主要集中在土地征用、城乡规划、房屋拆迁等涉及不动产类行政管理的行政案件和治安行政管理、劳动与社会保障行政管理等类型的案件，且申诉主体是行政相对人的案件占到全部申诉案件的 90% 以上。

2. 探索开展行政执行监督工作。在"二次民行会议"构建多元化监督格局理念指导下，各级检察机关民行检察部门逐步探索行政执行监督工作。2011 年 3 月"两高"《关于在部分地方开展民事执行活动法律监督试点工作的通知》下发后，为民事执行监督工作提供了明确的依据，也为行政执行监督工作提供了参考。许多地方针对人民法院在执行行政判决、裁定、行政赔偿调解和行政决定活动中，无正当理由不执行、未在法定期间内作出是否准予执行的裁定、该受理不受理、既不受理又不作不予受理裁定、超期支付执行款、执行对象错误，超标的执行，严重损害当事人合法权益，严重损害国家和社会公共利益等情形，通过提出检察建议的方式进行监督。如湖北省赤壁市检察院对嘉鱼县法院在执行生效行政判决案件中怠于执行，措施不力等情形进行监督，督促法院成功关停 4 家严重污染环境的非法塑料加工厂。对行政执行的监督，不仅包括对法院行政裁判执行的监督，也包括对非诉行政执行的监督。特别是现阶段，法院审查处理的非诉行政执行案件是行政诉讼执行案件的 3 倍多，针对这一情况，各地进行了积极的研究和探索，取得了一定的成效。如福建省检察机关民行检察部门从环境保护、劳动和社会保障、国土资源等领域的行政处罚强制措施执行案件入手，在帮助行政机关解决执行难的同时，重点将八类案件作为行政非诉执行监督的重点和切入点，有力促进了依法行政，取得了良好的监督效果。

3. 诉讼活动中违法情形监督工作情况。针对人民法院在行政立案、庭审等诉讼活动中存在的违法情形，各地民行检察部门依据"两高三部"《关于对司法工作人员在诉讼活动中的渎职行为加强法律监督的若干规定（试行）》等文件规定，积极开展违法行为监督工作，通过发出检察建议、纠正违法通知、建议更换办案人、移送案件线索等方式，纠正人民法院和法官在行政诉讼活动中的违法行为。如辽宁省鞍山市院于2010年8月以纠正违法通知书的方式对一起申诉案件办理中发现的某区法院超审限达6年的行政案件进行监督，促使法院很快作出了判决。之后，该院又针对办理案件中法官严重不负责任，致使案件久拖不决的问题向法院提出检察建议，要求对办案法官给予纪律处分，经过多次督促，法院撤销了该办案人庭长的职务。许多地区还建立健全了与职务犯罪侦查部门的内部协作机制，对违法行为调查中发现的职务犯罪线索，及时移送侦查部门，并积极配合侦查部门开展调查工作。

总体上看，行政诉讼监督工作经过二十多年的发展，取得了一定的成绩，促进了行政诉讼活动的依法进行。但相比民事诉讼监督而言，行政诉讼监督发展缓慢，案件数量较少，再审改变率较低，尚未形成一定的监督规模，且案件类型比较集中在抗诉案件上，地区间发展也不平衡。

（二）行政诉讼外监督工作情况

1. 督促起诉工作情况。针对当前国有资产屡遭侵害却得不到有效保护的情况，各地民行检察部门紧密结合当地实际，探索运用督促起诉的方式加大督促执法机关依法履行职责力度。各地围绕收取国有土地出让金、国有资产拍卖和变卖过程中侵害国有资产的情形，及时督促国有资产监管部门依法履行职责，防止国有资产流失，取得了较好的社会效果。例如，宁夏回族自治区检察机关民行检察部门自2008年以来共办理督促起诉案件782件，督促清理收回拖欠土地出让金、排污费及其他国有资金11.76亿元，得到了各级党委、人大、政府的充分肯定。山东检察机关民行检察部门自2009年以来，办理督促起诉案件2710件，追缴国土出让金达92.73亿元，为山东省经济平稳较快发展和社会和谐稳定、保障改善民生发挥了积极作用。

2. 行政执法监督工作情况。近年来，针对国家利益、社会公共利益遭受侵害而相关行政执法部门未履行法定职责的情形，一些地方民行检察部门重点在土地、资源管理、环境保护、社会保障、食品药品安全及涉农惠农等领域，通过检察建议督促相关部门依法履行职责，服务经济社会发展，稳妥慎重地开展行政执法检察监督，推动社会治理创新，工作亮点频现。山东日照岚山区院办理的多家采矿企业擅自租用耕地非法采矿行政执法检察监督案，成效显著，曹建明检察长，胡泽君、邱学强、姜建初副检察长等领导予以肯定并作出了重要批示，不少新闻媒体也给予了积极正面报道，取得了很好的社会效果。浙江检察机关积极开展环境保护行政执法监督，加强与环保部门的沟通协调，于2010年与省环保厅联合出台了

《关于积极运用民事行政检察职能加强环境保护的意见》，推动环境保护行政执法监督工作的深入开展，得到了高检院领导的充分肯定。

总体上看，行政诉讼外监督工作在地方党委、人大的支持和行政机关的配合下，近几年获得了一定的发展。由于这部分工作目前还没有明确的法律依据，一些省份如山东省将检察机关对诉讼外行政行为的监督在地方性法规中作出了较为明确的规定，山东省人大常委会 2009 年通过的《关于加强人民检察院法律监督工作的决议》第 1 条和第 9 条明确规定了检察机关要全面加强对行政诉讼和行政执法机关职权行为的监督以及行政执法机关的相应义务。山东夏津县人大常委会审议通过的《关于加强人民检察院行政执法检察监督工作的决议》，专门对检察机关开展行政执法检察监督工作进行了规定。目前，山东省潍坊昌乐、德州夏津、滨州无棣等多地党委、人大、政府出台关于行政执法检察监督工作的文件共计有 23 份。江苏南京市人大常委会制定的《南京市城市治理条例》中也规定，城市管理相关部门及其工作人员进行城市治理活动应当接受人民检察院的法律监督；人民检察院提出的检察建议，城市管理相关部门应当认真研究、及时处理、并将处理结果抄送人民检察院。湖北红安县人大常委会通过的《关于加强行政执法检察监督的实施办法（试行）》中也明确规定，人民检察院是国家法律监督机关，对行政执法机关及其行政执法人员的执法活动，有权进行法律监督。这些规定对诉讼外行政违法行为监督工作的开展在一定程度上提供了依据。

（三）行政检察机构和队伍建设情况

"二次民行会议"后，一些有条件的省、市级检察院开始逐步按照高检院《关于加强和改进民事行政检察工作的决定》的要求增设行政检察机构。截至目前，总计有 6 个省级院实现民事、行政检察机构分设，分别是北京、辽宁、吉林、山东、湖北和福建，占全部省级院的 19.35%；有 17 个市分院也实现了民事、行政检察机构分设。广东、山西、贵州、河南、湖南等检察机关机构分设正在上报审批过程中。很多地方虽然机构尚未分设，也逐渐设立专门科室、固定专门人员开展行政检察工作。广东省民行处从 2011 年起调整办案科职能，专设行政检察科负责行政检察案件，并下发通知，要求各市分院和基层院参照省院对民事、行政、执行监督三类案件分类管理。2010 年年底，上海市院和二分院民行处分别设立了行政检察办案科，一分院和基层院民行部门也相对固定了行政检察办案人员。

（四）行政检察工作规范化建设情况

各地民行检察部门重视制度化和规范化建设，推动行政检察工作健康发展。一是参照《监督规则》的规定，规范行政诉讼监督工作。除一些特殊规定（如前置程序的规定）外，行政诉讼监督工作尽量参照《监督规则》的相关规定执行。二是加强工作机制建设。一些地方通过完善案件讨论制度、进行专家咨询、加强法律文书说理性等举措，不断建立健全案件质量保障机制，提高办案质量。一些地方还通过加大交办、转办力度，开展案件会审等方式，推进办案一体化机制，取得了一定成效。三是加强业务规范化建设。为了规范行政类申诉案件的办理，山东省研究制定了《市级院办理和报送行政检察案件规范》，从案件受理登记到分案承办，从阅卷审查到研究汇报，从文书制作到结案归档，均提出了明确要求，进一步完善了行政诉讼监督的程序。四是加强对下指导工作。2008 年以来，民事行政检察厅不断加大对下指导力度，引导各地行政检察部门积极转变监督理念、及时调整工作思路，切实加强行政检察工作。通过编发《民事行政检察工作情况行政检察专刊》、《民事行政检察指导与研究》，及时转发工作动态和工作经验，为各地开展行政检察工作提供参考。对各地成功开展的创新性工作，民事行政检察厅通过转发文件的形式在全国进行推广。五是加强内部协作机制和监督制约机制建设。各地通过健全与控告检察部门和案件管理部门的分工制约和协作配合，开展对行政检察案件办案流程和各个办案环节科学管理的有益探索。

（五）接受领导监督和对外沟通协调工作情况

行政检察工作的深入开展离不开相关部门的支持配合。全国民行检察部门不断强化对外联系，主动接受监督，行政检察外部支持不断加强，监督环境逐步优化。一是自觉接受党委领导和人大监督。及时向党委、人大汇报工作，争取理解和支持，在党委的领导和人大的监督下，协调解决一些棘手问题，促进行政检察工作的外部环境不断优化。经过不懈努力，31个省、自治区、直辖市人大常委会出台了加强人民检察院法律监督工作的决定或意见。其中，大部分地方的决定或意见对人民法院、公安机关、司法行政机关要接受检察机关的法律监督和行政执法部门与人民检察院建立沟通联系、信息共享机制，促进行政执法与刑事司法的有效衔接等方面作出了规定，小部分决定或意见还就有关检察机关对行政执法行为进行监督作出了规定。二是加强与法院、纪检监察、政府法制部门和有关行政执法部门的协作配合。加强法、检两院在促进依法行政、推动矛盾化解方面的协作配合，注重对抗诉、再审检察建议行政案件办理的沟通和交流。加强与纪检监察、政府法制部门等行政监督机构的联系，通过案件线索移送反馈、联合监督检查和信息资源共享等方式，实现行政执法内部监督和外部监督的有效衔接，共同促进依法行政。如山东省人民检察院与省监察厅、省政府法制办公室联合会签了《关于在行政执法检察监督工作中加强协作配合的意见》，并下发各地执行。主动加强与行政执法部门的联系沟通，与公安、国土资源、环境监管、交通管理、工商管理等行政机关及职能部门会签文件，增进信任、理解和支持，为工作规范健康开展营造良好的环境氛围。三是加强与学术界的交流和人民群众的联系。积极参加学术界有关行政诉讼和行政检察的理论研讨会，撰写学术论文和调研文章，积极扩大行政检察工作在学界的影响。2013 年 8 月，黑龙江省人民检察院承办了中国法学会行政法学研究会 2013 年年会。加强与社会各界的联系沟通，认真听取人民群众对行政检察的意见建议，向群众宣传介绍行政检察工作的的职能范围和工作成效，主动接受人民群众的监督，不断改进工作。

二、目前行政检察工作中存在的主要问题和困难

行政检察工作虽然获得了较大的发展，但依然是检察工作中的薄弱环节，存在不少困难和问题，主要集中在以下几个方面：

（一）法律依据不完备

从立法层面看，有关行政检察的法律规定主要体现为行政诉讼法第 10 条和第 64 条。上述两个条文只规定了检察机关有权对行政诉讼实行法律监督，对人民法院作出的生效裁判有权提出抗诉，而对监督范围、监督程序、监督方式等都未作具体的规定。各地探索开展的对行政违法行为的监督工作虽然符合十八大提出的推进依法治国，加强对权力制约和监督的要求，也符合社会各界对加强行政执法监督的愿望和呼声，取得了良好的社会效果，但仍缺乏明确具体的法律依据和统一规范的执法标准。

（二）对行政检察的研究不够

检察机关自身对行政检察的研究还不够，许多行政检察的重大理论问题缺乏研究和共识。行政检察工作基本上与民事检察工作合二为一，未能从性质和特点上厘清行政检察和民事检察的区别。在对行政违法行为的检察监督上，未能从根本上明晰监督什么、怎样监督等问题。理论研究的不足和认识的局限，直接影响了行政检察工作在实践中的发展。行政检察工作的发展方向和工作重点也不明晰。

（三）机构和队伍建设亟待加强

机构设置上，除少数地方实现了民事检察和行政检察机构分设外，绝大部分地方均采取民行检察机构合一的设置模式。民行合一的机构设置模式，通常会造成行政检察工作发展的空间被民事检察工作挤占，在一定程度上影响了行政检察工作的发展。即使在一些民事、行政机构分设的地

方，名义上实现了机构分设，但职能上并未完全分离，多数行政检察部门还承担民事检察工作任务，不能集中精力开展行政检察工作。真正研究行政检察理论、熟悉行政检察业务的检察人才也十分匮乏。

（四）行政诉讼案件监督比例较低，监督效果也有待提高

长期以来，行政审判普遍存在行政相对人申诉上访率高和服判息诉率低的"一高一低"难题。如最高人民法院公布的 2009 年全国法院全年新收刑事、民商事、行政一审案件 6688963 件中，行政案件虽然不足 2%，但行政申诉上访案件却占到了全部来京申诉上访案件的 18% 左右，比平均值高出 8 倍，绝对数已经超过了刑事和执行。行政审判的公信力一度受到质疑，在这种情况下，应该说行政检察监督大有可为。但是，2008 年至 2012 年全国行政检察案件受案总量仅占全国法院新收一审行政案件的 5.02%；审查处理的行政检察案件也仅占全国法院审结案件的 4.79%；最终提出抗诉的案件只占法院同期审结案件的 0.31%。行政诉讼监督案件类型多集中于土地、房地产登记管理纠纷、工商登记管理纠纷等主要牵涉当事人民事权益的纠纷，真正属于行政争议的涉及行政许可、行政处罚、行政征收、行政侵权等纠纷，并不占行政诉讼检察监督案件的多数。此外，由于法院对行政案件的审理周期较长，行政干扰较大，行政抗诉案件再审改变率较低。2008 年到 2013 年，全国各级检察机关提起行政抗诉 2676 件，以改判、撤销原判发回重审、调解方式结案的仅 608 件，再审改变率为 22.7%。较低的再审改变率也使行政检察监督的权威受到了影响。

（五）行政检察工作发展不平衡

行政检察工作发展不平衡的现象十分明显。以 2011 年和 2013 年行政诉讼监督案件数量为例，2011 年受案数量前三名的省份（吉林、河南、浙江）占全国受案总数的 38.5%；立案数量前三名的省份（吉林、河南、广东）占全国立案总数的 44.6%；结案处理数量前三名的省份（吉林、山东、广东）占全国结案总数的 51.1%。调研中还发现，即使在行政检察工作开展较好的山东，仍然有 4 个地市（东营、泰安、莱芜、日照）三年来没有办理一起行政抗诉或再审检察建议案件，其办理的行政检察案件主要是行政执法监督案件。

（六）行政执法检察工作发展的外部制度空间和内部工作分工有待进一步研究

行政执法检察工作整体上刚刚起步，在工作中还面临着对外对内两大方面的问题需要研究。一是行政执法检察的外部制度空间问题。我国现阶段对行政行为的监督体系主要包括以下几个方面：（1）立法机关的监督。

（2）行政机关的内部监督，其中包括一般监督，即层级监督，还有专门监督，如行政监察。（3）司法监督，主要是检察机关和法院的监督。检察机关的监督包括对国家机关工作人员职务犯罪行为的侦查、起诉和目前我们探索开展的行政检察监督，法院的监督方式主要是行政诉讼和发出司法建议。（4）公民、社会团体的监督。（5）新闻舆论监督。应该说，监督体系还是比较系统和完备的，也发挥了非常重要的作用。行政检察工作如何做到与其他的监督形式既有明确的职能定位，又与其他的监督形式互为补充，在工作机制上顺利衔接，共同推进法治政府建设，尚需要进一步研究。二是行政执法检察的内部分工问题。目前检察机关除民行检察部门外，每一个业务部门都或多或少承担并开展了一部分行政执法监督工作，如何做好分工和协作，充分发挥检察权的整体效能也有待进一步研究和协调。

（七）行政检察工作社会认知度不高，维稳息诉压力较大

长期以来，行政检察工作缺乏宣传，社会各界，包括一些人大代表、政协委员，甚至有些律师对行政检察工作的具体内容、职能、作用都不了解，有的根本不知道还有行政检察制度，普通群众就更是知之甚少，行政检察社会认知度亟待提高。此外，行政诉讼案件多涉及民生，部分案件历史久远、积怨已深，如果处理不当，极易诱发群体性事件。因此，与民事申诉案件相比，行政申诉案件更为错综复杂，检察机关维稳和息诉压力更大。

三、进一步推进行政检察工作发展的意见和建议

行政检察是中国特色社会主义检察制度不可或缺的重要组成部分。随着刑事、民事两大诉讼法的相继修改和出台，行政诉讼法的修改工作也正在紧锣密鼓地进行。我们要紧紧抓住行政诉讼法修改和司法体制改革的有利契机，按照十八大和十八届二中、三中全会以及中央政法工作会议精神的要求，树立正确的监督理念，不断加强行政检察制度和队伍建设，科学宣传，合理布局，努力推动行政检察工作上一个新台阶。

（一）明确行政检察工作的职能定位和发展方向

根据宪法和有关法律规定，行政检察工作是检察机关为保障行政法律统一正确实施而进行的法律监督，其核心是对公权力的监督。基本任务是依法履行行政法律监督职责，维护社会主义法制统一、尊严和权威；维护司法公正，促进依法行政，维护国家利益、社会公共利益和当事人合法权益；化解社会矛盾，服务经济社会发展。

行政检察监督性质上是代表国家进行的法律监督，与人大监督、行政

系统内部的层级监督和专门监督等一起组成一个科学的监督体系，它们相互配合，互为补充，多角度、多层次、立体性地发挥作用。现阶段，检察机关行政检察监督工作应当认真贯彻落实十八大精神，积极正确发挥法律监督职能作用，努力推动依法治国和依法行政。首先，大力加强行政诉讼监督工作。对行政诉讼活动依法进行法律监督具有明确的法律依据，行政诉讼本身是监督和督促行政机关依法行政的重要途径和形式，加强行政诉讼监督工作具有十分重要的意义。其次，在大力加强行政诉讼监督的同时，积极开展对在行政诉讼中发现的行政违法行为的监督。最后，探索开展对行政执法的法律监督。在重点开展上述两方面监督工作的同时，在一些有地方立法的省、市积极探索开展对行政执法的监督工作。

1. 大力加强行政诉讼监督

首先，要坚持把抓好抗诉和再审检察建议工作作为行政诉讼法律监督的重要任务。充分利用抗诉、再审检察建议的方式加大对不服生效行政裁判的监督，进一步加大工作力度，着力提高案件办理质量，提升监督效果，确保行政诉讼监督案件数有较大增长。特别是要以征地拆迁、企业改制、社会保障、国土资源、环境污染、食品药品安全、劳动争议、工商登记、治安执法、知识产权等涉及群众生活、关系企业投资经营、可能影响社会和谐稳定的领域为重点，办理一批有影响、得人心的案件，彰显监督效果，增强行政诉讼监督的影响力和权威性。

其次，要依法加大对行政诉讼过程中程序违法的监督力度。充分重视诉讼程序对保障司法公正的作用，加大对行政诉讼过程中程序违法的监督力度。针对应该立案不立案、随意改变审判管辖等问题，加大对法院既不受理又不作不予受理裁定等问题的监督力度。针对法院违反送达程序、违反回避规定、审判组织不合法、违法采取诉讼保全措施、严重超审限等其他程序违法情形，以检察建议等方式进行监督。并且坚持把监督违法生效裁判与纠正违法行为、查办职务犯罪结合起来，注重在办理行政诉讼监督案件过程中发现审判人员诉讼违法行为、渎职行为，积极运用法律监督调查机制和对司法工作人员渎职行为的调查权，及时开展必要的调查核实，通过发出检察建议、移送相关部门查处等方式进行监督。

最后，稳步推进对行政执行活动的监督。强化对人民法院执行行政判决、裁定、行政赔偿调解和行政决定活动的法律监督。重点加大对法院及其工作人员在行政执行活动中无正当理由不执行、超期支付执行款、严重损害国家和社会公共利益等情形的监督力度。继续加大对行政非诉执行的监督力度，严格依法审查法院执行裁定和执行行为的合法性，通过检察建议等方式，着力监督纠正不应当执行而执行、错误采取强制执行措施、超标的执行、执行案外人财产和执行人员违法渎职等严重侵害当事人合法权益的问题。对于执行人员在执行活动中的违法犯罪行为，要依法移送相关部门查处。此外，还要加强对拒不履行行政判决裁定的监督。对于国家机关等特殊主体为被执行人的执行案件，人民法院因不当干预难以执行的，检察机关应当向相关国家机关等提出检察建议，推动顺利执行，共同维护司法权威。

2. 积极开展对在行政诉讼中发现的行政违法行为的监督

"二次民行会议"提出，民行检察部门既要认真履行监督职责，该抗诉的依法抗诉，又要对行政机关工作人员的失职渎职和侵权行为加强监督。2011年，"两高"《关于对民事审判活动与行政诉讼实行法律监督的若干意见（试行）》第11条规定："人民检察院办理行政申诉案件，发现行政机关有违反法律规定、可能影响人民法院公正审理的行为，应当向行政机关提出检察建议，并将相关情况告知人民法院。"高检院2013年颁布的《关于深入推进民事行政检察工作科学发展的意见》第14条规定，"在履行民事行政检察监督职责过程中，发现有关机关存在不依法履行职责的行为，可以提出检察建议，促进依法行政和社会管理创新"。各地民行检察部门应按照"二次民行会议"、"两高"会签文件和指导意见的要求，积极开展对在行政诉讼中发现的行政违法行为的监督，促进公正审判，促进依法行政。

3. 根据地方立法的规定，探索开展行政执法监督

目前，在党中央提出的推进依法治国，加强对权力制约和监督的大背景下，社会各界对加强行政执法监督的愿望和呼声都很高，加强行政执法检察监督既符合党中央的要求，也适应社会大局的需要。各地开展的探索和实践也取得了良好的社会效果。自1999年起，全国各地省级人大陆续作出了加强人民检察院法律监督工作的决定或意见，一些地方在决定或意见中明确规定了检察机关对行政违法行为的监督，这些规定为行政执法检察监督工作提供了依据。因此，有地方立法依据的检察机关应当在地方立法的指导下，认真开展行政执法监督工作，发现政府执法部门在行政行为中存在违法情况的，可以提出检察建议，帮助政府执法部门改进工作作风、完善管理方式，推动社会治理创新。暂时没有地方立法依据的检察机关，在积极推动地方立法的同时，也可以结合社会治理创新，积极审慎地开展探索工作，特别是要找准工作的切入点，办理法律效果和社会效果都好的精品案件，争取党委和人大的支持，积极推动地方立法。高检院应当加强

对这些监督活动的规范和指导，总结和宣传成功的经验，特别是要注意引导、支持和协助地方检察机关积极推动地方党委、人大，政府出台关于行政执法检察监督工作的文件，稳步推进行政执法监督工作。在行政执法监督中，要坚持依法监督，要坚持不干预和代行行政权，要坚持行政相对人救济权利优先和行政执法机关自我纠错优先以及事后监督等基本原则，选择多发易发且监督乏力、社会影响大的重点领域，例如环境保护、食品药品安全、社会保障、土地资源管理等领域扎实有效地开展工作。

（二）大力加强行政检察机构队伍建设和制度化、规范化建设

工作顺利开展需要完善的机构和一支高素质专业行政检察队伍，要切实采取多种手段，推动行政检察机构队伍建设，同时加大行政检察工作的制度化和规范化建设。一是加强机构建设。从调研数据来看，机构分设符合监督规律和工作实际，对行政检察工作的推动作用明显，机构分设的省市院各项行政诉讼监督办案数据明显好于全国总体水平。以吉林省为例，自2009年上半年开始进行机构分设以来，吉林行政诉讼监督案件办案数量从全国较为落后的位置，到2010年位居前列，直至2011年各项主要办案数量均排在第一位，应该说与该省的行政检察机构独立设置是分不开的。二是综合推动行政检察队伍建设。积极加强人才储备，加大培训力度，增强培训效果；有针对性地招录行政法、行政诉讼法专业的毕业生、法院行政审判人员、政府行政复议部门工作人员等，改善队伍结构；积极创造条件，选派民行检察业务骨干到法院行政庭和相关部门挂职，强化工作能力。三是加强自身监督，确保廉政高效。四是不断完善工作机制规范化建设。高检院要切实加强对下指导，及时研究制定行政检察的各项办案业务规范，统一规范文书样式，特别是要着力加强对监督行政执法活动的范围、方式、程序和内部流程的规范。各地也要完善行政检察工作内部管理流程，提高工作效率。同时，加强对各地反映强烈的行政检察统计报表的科学性研究和修改完善，体现行政检察工作的特色，力求科学合理地评价各地的行政检察工作。

（三）积极争取党委、人大支持，不断加强与人民法院、纪检监察、政府法制部门和行政机关的联系，进一步改善监督环境，健全监督机制

充分发挥行政检察监督职能需要全社会特别是党委、人大对行政检察工作的理解、重视和支持，这是行政检察工作进一步发展的重要条件。各级行政检察部门除要经常向党委、人大汇报工作外，还要积极争取地方党委人大出台有关行政检察监督的文件等。主动与人民法院、纪检监察、政府法制部门，特别是国土、建设、环保、工商等行政执法机关加强联系，

探索建立行政检察与行政执法相衔接机制，通过会签文件、联席会议等形式增进互相理解和支持，改善监督环境，加强监督效果。

（四）大力加强行政检察的宣传工作和理论研究

提高社会各界对行政检察工作的认知度，对工作的顺利开展有重要影响。要把行政检察工作的宣传放在检察机关整体宣传格局中谋划，改进宣传方式，突出对行政检察监督职能和效果的宣传，争取社会各界对行政检察工作的认知、认同和支持。把宣传工作与畅通申诉渠道、引导群众依照法律程序正确申诉等工作科学结合，拓宽行政监督案件来源，增强行政检察工作在全社会的影响力。此外，行政检察工作还必须加强理论研究。一是要加大理论研究力度，进一步研究行政检察的特点、职能范围和发展规律等理论与实践中的重大问题，总结经验，解决阻碍行政检察发展的理论问题。二是促进检察系统内行政检察理论研究的繁荣，同时争取更多学者对行政检察工作的重视和研究，推动行政检察理论的发展和完善。

（五）切实加强对行政检察工作的组织领导

行政检察是中国特色社会主义检察制度不可或缺的重要组成部分，检察机关必须深刻认识行政检察工作的重要意义，加强组织领导，将行政检察工作作为事关检察工作科学发展、事关党和国家工作大局的重大任务放入检察工作大局中统一部署和推进。

1. 建议高检院党组将行政检察工作纳入下一阶段检察机关工作要点中，重点推进。

2. 积极配合立法部门做好行政诉讼法的修改工作。在行政诉讼法实施24年来的第一次修改之际，检察机关应抓住机遇，努力做好行政诉讼法修改的相关工作。有针对性地开展调查研究，提出检察系统的修法意见，并向立法机关提供有关工作材料和参考案例，多层面、多途径表达检察机关对立法工作的愿望，以行政诉讼法的修改为契机，全面加强行政检察工作。同时，做好在法律修改出台以后，制定行政检察监督规则等规范性文件的准备工作。

3. 地方各级院党组特别是省级院党组，要在当前和今后的一段时期内，把行政检察工作摆在更加突出的位置来抓。一方面要结合地方实际，认真总结行政检察工作经验，积极配合高检院为行政诉讼法的修改建言献策；另一方面要紧抓行政检察办案工作不放松，抓出新成绩、突显新亮点，以优异的工作实绩来配合和推动行政诉讼法的修改，推动行政检察工作的科学发展。

2013 年全国执行检察工作情况

最高人民检察院民事行政检察厅执行检察处

2013 年，全国各级检察院积极贯彻落实民事诉讼法，逐步调整监督格局，加大对民事执行活动的监督力度，认真研究执行检察工作的理论和实践问题，不断创新方式方法，完善工作体制和办案机制，提升业务能力和监督实效，全国执行检察工作取得一定成效，成为民事行政检察多元化监督格局中重要的组成部分。

一、办案情况

（一）全国基本情况

根据统计报表，2013 年，全国检察机关共办理民事行政检察案件 166882 件，提出监督意见 124329 件。其中，对执行活动进行监督 50536 件（检察建议 41069 件，移送有关机关处理 2301 件，其他监督措施 7166 件），占 41%。（参见图 1）

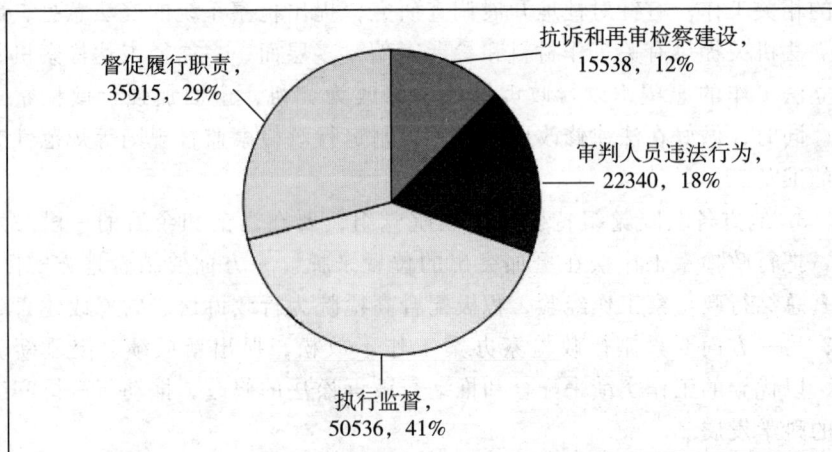

图 1：提出监督意见案件类型分布图

抗诉和再审检察建设，15538，12%

审判人员违法行为，22340，18%

执行监督，50536，41%

督促履行职责，35915，29%

所办理的执行监督案件中，共提出检察建议 41069 件，人民法院采纳 39164 件，采纳率 95.4%；移送有关机关处理 2301 件，被采纳 1900 件，采纳率 82.6%；采取其他监督措施 7166 件，被采纳 5825 件，采纳率 81.3%。其中，针对执行审查行为提出检察建议 10278 件，占 25%；针对执行实施行为提出检察建议 30791 件，占 75%。（参见图 2、图 3）

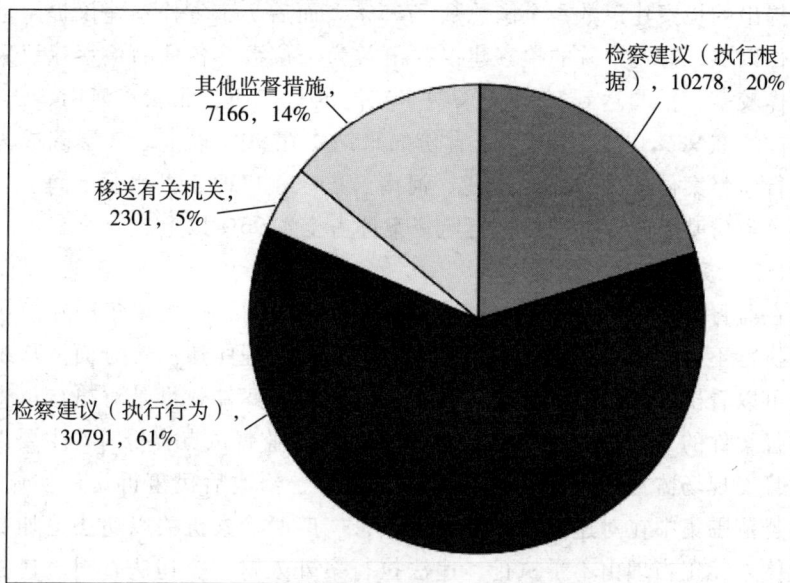

图 2：全国执行监督方式比例图

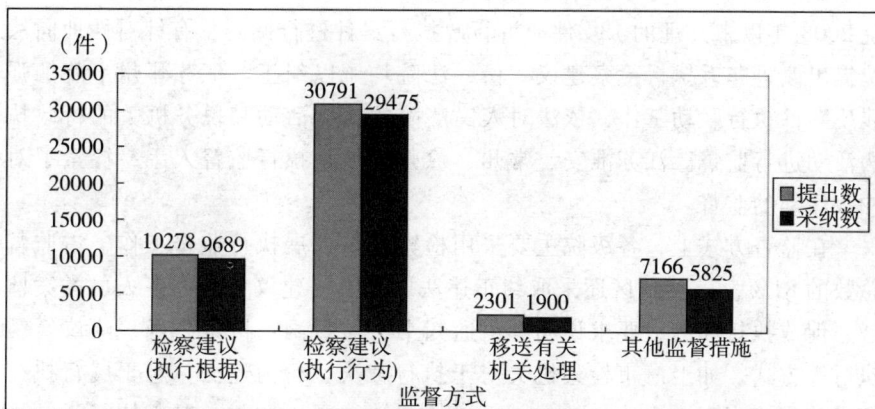

图 3：全国执行监督采纳概况图

（二）各地总体情况

多数省、自治区 2013 年办理的执行监督案件数量比 2012 年有大幅上升，吉林、云南、天津、江西、新疆等地均同比上升100%以上，河南、浙江、山东、福建分别同比上升79%、62%、49%和41%。提出检察建议数较多的云南、河南、广西、山西、河北 5 省占全国总数的53.4%，前 12 个省提出的检察建议数占全国总数77.5%。而后 7 个省检察建议提出数均在百件以下，有 4 个院的检察建议提出数为个位数。各地的检察建议采纳率总体较高，平均达到95%，采纳率较高的是广西、北京、河南、云南、重庆，均在98%以上，有 20 个省份的采纳率在90%以上。基层院成为办理执行监督案件的主力军，福建、河南、广东、广西、贵州、云南、兵团等多个省份基层院所办理的执行监督案件占全省96%以上。

（三）案件的具体情况

在监督范围上，基本覆盖了执行活动的全过程，但主要集中在怠于执行、执行不力、超标的执行、执行主体不当以及程序违法等方面。从统计报表可以看出，各地办理的对执行实施行为监督案件数量是对执行审查行为监督案件的 3 倍。江西省院 2012 年作为执行监督试点省份时，主要以专项监督、现场监督等方式开展执行监督工作，修改后民事诉讼法实施后，将监督范围集中在对违法执行行为的监督。广西检察机关以违法追加被执行主体、无正当理由不予执行、违法执行案外人财产、违法查封、违法拍卖等人民群众反映强烈的问题为重点，稳步推进对民事执行活动的监督。一些地区还不断探索执行检察监督的新领域，江苏的常州、扬州、河南的鹤壁、南阳、洛阳等地探索开展对非诉执行的监督。河南孟津县院对县法院 2008 年以来办理的 134 件非诉行政执行案件进行调研，有针对性地向法院提出改进非诉执行检察建议 2 份，法院均予以纠正。江苏邳州市院加强涉税案件执行联动工作，依法对人民法院的执行活动和税务机关的行政执法活动进行监督。江苏淮安、常州、徐州等地从执行监督入手，探索了对仲裁活动的监督。

在监督方式上，各级院主要采用检察建议开展执行监督工作，占监督总数的81%。一些地区还采取纠正违法通知书、建议更换办案人、类案监督、促成执行和解、要求说明理由通知书、监督函、检察公函、建议暂缓执行等方式。如上海市检察机关对于执行裁决、行为违法，怠于履行执行职责等影响当事人实体权益的，通过检察建议予以监督；对于执行活动中的程序性瑕疵和工作疏漏等问题，通过检察公函等方式，促使法院改进工作。广东省检察机关全年以检察建议、纠正违法通知书等形式监督 818 件，执行和解 130 件，移送犯罪线索 8 件，与法院联合调解 2 件，发出改进工作检察建议 200 件。湖北省检察机关全年以检察建议方式提出监督 1417 件，纠正违法通知书 14 件，移送纪检监察部门 20 件，发现职务犯罪线索 35 件，移送后职务犯罪侦查部门立案侦查 21 人。

在监督效果上，一是一批久拖不结的案件经检察机关监督后得以执行。如河北石家庄市院对石家庄市中级人民法院办理的一起涉案标的额达 2500 万余元、历时 3 年之久的民事执行案件依法实施监督，最终案结事了，收到较好的法律和社会效果；云南安宁市院办理的执行监督案，使一起标的 30 万元历时 13 年的案件得以执行；山东聊城、安徽蚌埠州院通过监督法院清理党政机关作为被执行人的执行积案，办结近百件法院长期积存、难以执行的案件，保障了当事人合法权益；江苏镇江市院开展执行类案监督工作，针对法院怠于执行涉及公职人员担保责任的执行案件和在拍卖活动中不严格遵守法律规定的执行案件，发出加强和改进执行措施的检察建议。新疆额敏县院在办理一起执行监督案件时，发现案件久拖不结的原因是被执行方因涉嫌毒品犯罪而被逮捕，不具备执行能力，但申请执行人生活极其贫困，符合申请司法救助金的条件，遂向法院发出检察建议，法院采纳了该建议，为申请执行人申请了司法救助金，取得了良好的效果。二是一些违法执行活动得以纠正。广东潮州湘桥区院在审查许某申请执行监督一案中发现该案执行人员为达到及时结案的目的，编造事实，对不符合法定结案条件的执行案件作出了执行终结裁定，通过实施监督，该案得以恢复执行。上海市院与上海市铁检分院共同办理的上海闽路润贸易有限公司执行监督案，上海铁路运输中级人民法院超越管辖权受理诉讼保全申请，依据伪造的证据错误保全案外人价值 1.28 亿元财产，且对案外人提出的异议未在法定期限内作出答复处理，经两级检察院先后监督，铁路中院最终撤销了原错误保全裁定。吉林省吉林市院办理了蛟河 107 件执行系列案，案件涉及超范围执行、评估机构选择有误、评估拍卖送达不合规定等，执行人员涉嫌职务犯罪，执行标的额近千万元。吉林省通化市院办理的通化县金江酒业 108 件系列执行监督案件，法院采纳检察监督意见，收到了良好的效果。四川南充顺庆区院针对区法院违反法律规定采取强制执行措施，导致被执行人重复履行义务的案件发出检察建议，促使法院主动赔偿了被执行人田某的损失，并对承办法官进行了纪律处分。三是移送了一批违法违纪线索。湖北省恩施州院办理的黄某申请执行监督案，民行部门经审查发现法院执行人员存在多处修改执行笔录的嫌疑，在明知"天桥门面"不属于执行范围的情况下，故意将"天桥门面"无偿执行给房屋买受人，在发出执行监督检察建议的同时，将职务犯罪线索移送渎职侵权检察部门，现原执行人员因涉嫌执行判决、裁定滥用职权罪、受贿罪已移送审查起诉。江西抚州市临川区院在办理一起民间借贷合同纠纷执行监督案中，发现被执行人将执行款直接打到执行法官龚某的个人账户上，之后龚某不但未及时将执行款支付给执行申请人，反而以借款的形式将执行款出借给被执行人，检察机关一方面发出纠正违法通知书要求法院对执行款项进行专项检查，另一方面将龚某涉嫌职务犯罪的线索由民行部门移送本院自侦部门，最终龚某因挪用公款被判刑。山东济南、河南孟州、云南红河州等院在办案中也发现了执行人员违法线索，通过移送职务犯罪侦查部门侦查，相关人员已被立案或提起公诉。江苏省检察机关查办了徐州、南通、镇江等地涉嫌受贿、滥用职权的执行法官4人。四川省检察机关移送民行审判、执行人员职务犯罪线索158件161人，发现并移送其他罪案线索16件20人。青海海西州院在办理海西顺达物流与袁某交通肇事赔偿纠纷监督案中，发现执行人员存在索要贿赂、截留执行款等情形，向法院发出纠正违法通知书的同时，由反渎部门对法官在执行环节违法行为开展了调查，后该执行法官被调离法院。甘肃玉门市院发现法院执行人员毛某在对农业银行玉门市支行与农户借款合同纠纷生效支付令的执行过程中，将从农户处陆续收回的贷款本息未及时支付给银行，而是私自存放在个人账户内，该案已侦查终结并被起诉。

二、主要做法

（一）高检院加大了对执行检察工作的指导和培训力度

为贯彻落实好修改后的民事诉讼法，指导各地检察机关依法推进民事执行检察工作，高检院民行厅对执行监督试点工作进行了认真总结，发现问题，推广经验，并在此基础上研究工作对策，初步明确了执行检察的原则、范围、方式和程序等。同时，加强与最高人民法院执行局的沟通，在一些业务问题上逐步达成共识。2013年上半年，在全国组织了执行检察专项培训活动，要求各省级院对民行检察干部进行一次全员轮训。据不完全统计，全国有十几个省级院组织了执行检察培训，民行厅派员到海南、吉林、上海、河南、重庆、江苏、内蒙、天津、西藏自治区等地区授课辅导，并在国家检察官学院组织的多期全国培训班上讲授了执行检察的理念等课程。8月底，高检院在昆明举办了全国首期执行检察专项培训班，邀请最高人民法院执行局领导和知名专家学者授课，取得了较好的培训效果。11月，民行厅与最高人民法院执行局组成联合调研组，赴河北石家庄、沧州等地调研，了解民事执行检察工作开展情况以及法院接受执行监督的基本情况，听取了当地对完善民事执行检察监督工作的意见和建议，并围绕监督原则和理念、监督范围和对象、监督方式和手段、监督程序的启动、联合规定的出台以及检法两院的协作配合问题进行了讨论，交换了意见。

（二）各级院普遍加强了对执行检察工作的重视和领导

修改后民事诉讼法实施后，原执行监督试点省份进一步加强了对执行检察工作的指导和部署，其他省份也纷纷采取各项措施，积极打开工作局面。云南省院专门增设了执行监督办案指导室，要求各级院确定专人负责执行监督工作，加大了对执行监督工作的考评力度，采取蹲点帮助、片区案件讨论指导、巡回指导案件办理、案件请示等方式，加大了对下督促指导力度。省院李若昆副检察长亲自带队赴外省学习执行监督经验，亲自组织对省内各市州及基层院实地调研和指导，全省各州市院也纷纷加强实地指导，90%的州市院对辖区所有基层院全部走遍，普洱市院先后6次对全市所有基层院实地指导。上海专门设立了执行监督科，各分院和基层院明确了民事执行监督办案组或专职办案人员。四川省院分别在眉山、绵阳召开贯彻执行修改后民事诉讼法经验交流片会，全面梳理今年以来各地贯彻执行修改后民事诉讼法包括开展执行监督过程中面临的问题与困难，总结好的经验与做法。湖北省院紧紧围绕修改后民事诉讼法的贯彻实施，从规范行使执行检察权、充分发挥执行监督职能的角度出发谋划工作，着力加强制度规范设计，强化同步调研指导，狠抓案件质量管理，省院民事处对全省民事执行监督工作进行了集中调研，并于9月中旬召开全省民事执行检察工作座谈会，通过备案文书审查情况通报以及现场观摩的形式，对问题逐一"问诊把脉"，深刻剖析，取得较好效果。高检院姜建初副检察长对该院《2013年以来全省民事执行监督工作调研报告》给予充分肯定。河北、江苏、广东、云南等省院也开展了执行监督专题调研，全面了解全省执行监督开展情况，到各基层院面对面指导、解决工作中的实际问题。

（三）加强职能宣传，创新工作机制，初步打开工作局面

各地通过网络媒体、律师协会等渠道大力宣传民事执行监督职能，提高了民事执行监督工作的社会知晓度。湖北各地走访人大代表、律师事务所等，加强执行监督职能的宣传力度。四川各地开展了"修改后民事诉讼法与民事行政检察工作"专项宣传周活动，绵阳市院的《民行检察问题解答》、彭山县院的"五问"宣传资料、广元市院的《人民检察院民事行政检察部门就在您身边——给广元市民的一封公开信》，用深入浅出的语言、浅显易懂的问答方式介绍了包括执行检察在内的民行检察相关职能、当事

人申请监督的途径、方式和条件，增强了民事行政检察监督的社会影响力和公信度。鉴于当事人主动到检察机关反映问题的情况较少、执行监督工作起步迟缓的现状，各地采取了一些超常规措施打开工作局面。吉林、山东、云南、甘肃、宁夏等地均开展了执行监督专项活动。山东省院研究制定了《全省检察机关集中开展民事调解和执行监督专项工作实施方案》，明确了专项工作的指导思想、工作内容、监督重点、工作步骤和工作要求。宁夏对法院执行案件进行专项检查活动已连续开展了近三年，通过专项活动，全年依职权监督430件。江西新余市渝水区院制定了《关于在辖区开展送达程序和民事执行专项监督检查活动的实施方案》，与区法院联合开展执行监督专项活动，共提出执行监督检察建议16件。山西临汾、忻州、吕梁，河南平顶山、焦作、漯河、三门峡，辽宁朝阳、大连、葫芦岛、辽阳等多地的市级院、基层院通过调取或审查执行卷宗等方式开展了执行监督专项活动。陕西省宝鸡市院查阅市法院执行案卷1000余册，发现了一批执行监督案件线索。

（四）加强队伍建设，提高工作能力和水平

为提升民行检察人员的执行监督能力，各地普遍加强了对民事行政检察部门人财物的配备、业务培训等工作。广东省院选派专人赴省法院执行局学习交流，通过参与执行监督案件的接访、办理、合议等，熟悉省法院执行案件内部监督程序、办案原则及方法等，对全省各地法院执行工作的总体情况、存在的问题等有了一定的了解。全省15个市院以举办讲座、举行业务竞赛、组织专题培训、召开研讨会等形式进行业务培训，珠海、汕头、中山等9个市院之间通过走访考察、联合办会等方式加深相互学习和交流。北京面向全市法院系统遴选执行业务人才。湖北专门从自侦等部门调整有调查工作经验的18人加强执行监督工作。上海市检察机关连续几年安排民行干部到法院挂职锻炼，迄今已有近20名民行干部先后至法院执行部门挂职。青海省检察院与省高级法院建立了民事行政检察人员到法院挂职锻炼机制，2013年通过推荐和审核确定了第三批8名民事行政检察人员到法院挂职锻炼。贵州全省通过与高校合作举办培训班、参加高检院专题培训及市州院分级培训等多种形式，实现了全员轮训。省院还通过省院内网刊发了10万余字的学习资料、购买了100余套书籍资料、编辑民行检察工作学习资料等方式，帮助民行检察人员提高业务素质。重庆第一分院举办了辖区执行监督专题培训活动，邀请法院系统的资深法官以专题讲授、案例教学、互动交流的方式，就执行规范、执行实务及执行监督等进行了深入详尽的讲授。

（五）加强制度建设，促进执行检察工作规范有序开展

为促进执行检察工作规范有序开展，各地不断完善工作机制，制定关于执行监督工作的指导意见。如山西省院制定下发了《关于进一步加强民事执行检察监督工作的意见》，指导基层院及时调整工作思路，加大对执行过程中存在的程序违法、怠于执行等违法行为的监督力度。山东省院制定下发了《山东省人民检察院民事执行监督工作指导意见（试行）》，加强对全省民事执行监督工作的指导和规范。上海市院以党组课题《检察机关开展民事执行法律监督实务研究》成果为基础，制定了《上海检察机关民事执行监督工作实施办法（试行）》，完善了执行监督工作流程管理和工作制度。河北承德市院制定了《关于认真开展民事执行监督等三项重点工作的实施意见》，邢台市院制定了《邢台市人民检察院民事执行检察工作实施办法（试行）》。重庆市渝北区院制定了《民事执行检察工作办法》，对案件的办理程序、文书制作、现场监督等方面进行了规范。同时，各地还加强了与人民法院的沟通协调，通过联合召开会议、会签文件、信息共享等方式推动执行检察工作顺利开展。云南省院与省高级法院会签了《关于做好人民检察院对人民法院民事执行活动依法实行法律监督工作的指导意见》，这是修改后民事诉讼法实施后省级检法两院会签的第一份关于执行检察监督的专门文件。该省15个州市检察院、100多个基层院都采取与法院召开工作联席会议、座谈会等方式，积极与人民法院沟通协调，形成了20个会签文件或会议纪要。湖北省院与省高级法院联合下发了《关于办理民事抗诉、检察建议案件若干问题座谈会纪要》，对包括执行监督在内的检察建议案件的办理部门、办理期限、回复形式等具体问题达成共识。湖南省郴州市院协调市中级法院制定了《郴州市中级人民法院办理检察建议暂行规定》。甘肃嘉峪关市院、酒泉市院均与市中级法院会签了关于民事执行监督工作的相关规定和意见。重庆荣昌县院与县法院会签了《关于开展民事执行活动法律监督的意见》。西藏拉萨市城关区院与城关区法院制定了《民事行政执行监督协作规则》，并建立了定期座谈、文件交换、会议互邀等多形式、多层次的工作联系机制。江苏南京、苏州、南通等市院及25个基层院均与同级法院会签了关于执行检察监督的规范性文件。四川成都金牛区、宜宾珙县、资阳雁江区等地检察机关与同级法院召开座谈会或联席会，就共同执行好修改后民事诉讼法达成共识，全省各级检察院与同级人民法院共签署会签文件28份，明确了执行监督范围、措施和程序等。河南三门峡市院、许昌县院等14个市县院与法院会签加强执行监督的文件。江西南昌湾里区院、广昌县院、分宜县院等30个基层院与法院会签

了相关工作文件。黑龙江哈尔滨全市 18 个基层院中已有 17 个院与同级人民法院会签了执行监督的工作文件。天津河西区院与河西区法院签署了《关于开展民事执行活动法律监督实施办法》。

三、存在的困难和问题

（一）地区发展不平衡，一些地区未能及时转变理念，对执行检察工作的重视和理解程度不够

从统计数据来看，全国办理的执行监督案件数量呈两极分化的趋势。客观上，一些当事人及诉讼代理人不知晓、不了解检察机关执行监督的职能，还有一些可能顾及自己权益最终需要人民法院执行等因素，不愿轻易向人民检察院申请监督。且法院执行活动中的违法情形具有隐蔽性，仅从案件材料中很难发现执行人员执行违法的证据，当事人也很难掌握法官在执行过程中存在违法行为的证据。但从主观上看，一些地方确实存在工作理念转变不到位，对执行检察工作的重视和理解程度不够的问题，未能及时按照要求转移重心，导致传统业务下降的同时，新的工作任务也未能完成好，工作局面迟迟未能打开。一些省份案件数量少的状况与当地民众的司法需求、法院执行案件总量等情况明显不相符。

（二）监督层次和监督能力有待进一步提高

大量的执行监督案件仍集中在一般程序性违法事项上，涉及严重的、深层次的问题少，一般程序瑕疵或工作漏洞的检察建议所占比重较大，对执行监督案件的审查仍停留在审查书面材料阶段，挖掘线索、调查核实、发现问题的能力不足。有的基于考评需要而乱发、多发检察建议，导致建议内容空泛、缺乏针对性。有的未经必要的调查核实就发出检察建议，有的几乎对同级法院的所有现场执行都进行监督，未形成有实质内容的监督意见。在文书和卷宗质量方面，有的存在说理性、逻辑性、规范性不强等问题。

（三）执法环境和工作机制有待进一步理顺

不少地区检法认识不一致，法院对执行监督仍存在抵触情绪，以民事诉讼法规定不明确、"两高"没有具体规定为由不接受对具体案件的监督。一些法院对检察机关的调查工作不配合，调阅执行案件材料存在阻力。对执行监督意见的处理，人民法院内部缺乏统一规范，回复率不高、不及时、回复主体不规范、回复内容回避关键问题、缺乏实质内容的情况较为普遍。

四、下一步工作意见

（一）加强对执行检察工作的重视，强化对下工作指导

要进一步加强对执行检察工作的重视和领导，上级院要加强对下级院尤其是基层院的工作指导。各级院要积极转变观念，适应修改后民事诉讼法提出的新要求新任务，采取各种措施打开执行检察工作局面。民行检察队伍95%的人员在基层院，基层院既是办案的主力军，也是办理执行监督案件的主阵地，上级院要通过案例指导、案件评查、专项调研等方式加强对基层院的工作指导，帮助基层院把握执行监督的职能定位和切入点，提升挖掘线索、发现问题、调查核实的能力，使得基层院真正发挥主力军的重要作用。

（二）着力提高案件质量，加强执行检察工作规范化建设

执行检察工作总体上还处在起步阶段，为了保证这项工作科学健康发展，一定要把握好工作方向，加强规范化建设，对一些明显不符合检察机关职能定位的探索性做法要及时予以制止或纠正。要坚持宁缺毋滥的原则，不能盲目追求办案数量，力争把现有的案件办扎实，在办好案的基础上多办案，争取所有基层检察院实现"零的突破"。工作基础较好、人员能力较强的省份要在监督层次上有所提升，贯彻"稳准狠"的原则，挖掘人民法院执行活动中较为严重的、深层次的违法行为，办理一批具有典型意义、社会影响较大的执行监督案件，通过办案树立监督权威。要严格规范案件的受理、办理、审批程序，提高文书的说理性和逻辑性，加强文书制作和卷宗装订等工作，通过审核备案、抽查评查、交流评比等方式促进各地加强业务规范和管理。

（三）加强学习研究，提高监督能力，把握执行监督的规律

进一步加强业务学习和培训，通过专题讲座、案件讲评、引进人才、挂职交流等方式，提高执行检察队伍的整体素质和监督能力。重点学习了解人民法院执行活动的相关法律、司法解释和工作流程，不断总结经验，逐步掌握执行规律，挖掘执行活动中问题多发的环节，加强实证研究，一案一总结，对典型案例进行深入剖析交流。善于运用调查权，提高侦查意识和发现问题的能力，积极发现案件背后的职务犯罪线索。在积累实践经验的基础上，结合民事执行方面的理论，认真研究民事执行检察工作的理论基础和发展模式。

（四）加强沟通协调，完善监督工作机制

"两高"之间力争尽快会签相关文件，就执行监督范围、检察建议的办理程序、人民法院对检察建议的处理及反馈等内容作出明确规定，以便

各地有更加规范明确的指导和依据，切实履行好执行监督职责。各地检法两院也要保持各个层级、多种形式的沟通交流，就工作中发现的问题及时交换意见，不断增进互信，达成共识，为执行检察监督工作的顺利开展创造良好的环境。

民行检察环节缠诉闹访现象分析与对策

——以天津市检察机关办理的典型案例为视角

于新民　王子健[*]

　　近年来，随着我国经济社会的高速发展，社会利益格局发生了深刻变化，各种社会矛盾也伴随而生，由于这些矛盾纠纷被大量导入司法解决途径，使各级法院的民事行政案件受案数激增。与此同时，随着检察机关民行检察监督职能影响的不断扩大，以及人民群众法律意识的逐步提高，依靠诉讼维护自身权益的欲望越发强烈，因而许多当事人在走完了法院的诉讼程序后，又来到检察机关申请检察监督，使得检察机关的民事行政申诉案件也"水涨船高"有了较大的增长。在司法机关承受着案件激增压力的情况下，近年来一种怪胎孕育而生，这就是法院、检察院等司法机关共同面临的缠诉闹访现象。当前，这种非法律、非理性的行为严重损害了司法权威，干扰了正常办案秩序，破坏了社会的公平正义，且有愈演愈烈的趋势，这其中民行检察环节出现的缠诉闹访情况比较突出，已成为阻碍民行检察工作健康发展的恶疾。对此，我们必须认真思考、严肃应对。本文拟对天津市检察机关民行环节近年来发生的典型缠诉闹访事件进行分析，力求总结归纳出该类现象产生的原因、表现形式以及危害后果，并就如何治理这一问题提出相应的措施。

*　于新民，天津市人民检察院民事行政检察处处长。
　　王子健，天津市人民检察院民事行政检察处助理检察员。

一、民行检察环节缠诉闹访的概念和特点

（一）民行检察环节缠诉闹访的概念

所谓缠诉闹访，顾名思义，就是指当事人在诉讼活动开始前、诉讼过程中或者终结后，在检察机关采取缠闹、围堵、示威、自残、绝食，以及多日滞留检察机关等不正当方式及非法手段，扰乱机关秩序，干扰司法程序，从而要挟检察机关满足其个人目的的活动。缠诉闹访不是一个法律术语，而是一个社会现象，是对一种行为方式的描述，具有其自身的特点。所谓缠诉，就是指针对一个诉讼案件或者一个诉讼活动，反复纠缠，反复要求进入诉讼程序，在程序终结后仍纠缠办案机关或者办案人员。所谓闹访，就是指针对一个诉讼结果，在正当诉讼程序结束后，不断采取非正常方式上访、上诉的行为。缠诉闹访并不是孤立的两类行为，而是一种"相互交织"的关系，在司法实践中，"缠"与"闹"往往相伴相生，彼此交错，"缠"的过程中有"闹"，"闹"的目的是达到缠诉的诉求。

民行检察环节中的缠诉闹访是指检察机关在办理民事行政申诉案件过程中，当事人为满足个人目的，向检察机关施压所采取的纠缠、吵骂、围堵、打砸、自残等违法行为。缠诉闹访现象最早出现，并较严重地存在于审判机关，慢慢逐步扩大到各个司法、行政领域。近年来，随着民行申诉案件数量的不断上升，群众对于民行检察工作的期许度逐步增高，在民行检察环节缠诉闹访的现象逐步增多，并有愈演愈烈的趋势，给检察机关和民行检察干警带来较大压力，影响了民行检察工作的健康有序开展。

（二）民行检察环节缠诉闹访的特点

不同于发生在其他党政机关及审判机关的上访上诉活动，民行检察环节的缠诉闹访现象有其自身的特点：

第一，缠诉闹访的发生具有诉讼阶段性。民行检察是宪法和法律赋予检察机关的法律监督职能之一，是依法监督纠正审判机关错误的民事行政裁判和违法诉讼行为的司法活动。因此，民行检察环节缠诉闹访现象具有鲜明的诉讼阶段性特点，即发生于审判机关裁决生效之后。随着2012年民事诉讼法的修改，民行检察监督的法律位阶得到了进一步明确，检察机关受理监督申请应在法院再审程序之后。基于此，检察机关民行检察环节的缠诉闹访一般发生于审判机关作出再审裁决之后，检察机关办理案件中或作出决定后，也有的是不属于检察机关受理范围而发生缠诉闹访的。

第二，缠诉闹访的表现具有持续性和激烈性。诉讼程序将民行检察监督设计在诉讼的最后阶段，因此，客观上造成了当事人认为检察机关是其追求诉讼权利的"最后一根稻草"，许多当事人认为在最后阶段如果达不

到其诉求目的，再没有其他渠道可以表达，所以，民行检察环节遇到的缠诉闹访往往具备持续时间长、行为激烈的特点。许多缠诉闹访情况从受理案件开始一直持续到法院再审审结之后，个别案件甚至出现经过多年仍缠诉闹访的情况，而且往往缠诉闹访的方式比较激烈。如柏某某与其父亲、弟弟之间的公司股权纠纷申诉案。柏某某家族有两家股份公司，在经营十多年后，其与父亲、弟弟之间发生股权纠纷起诉到法院，争议标的额达数千万元。经法院一审审理柏某某胜诉，二审改判柏某某败诉。之后，柏某某到检察机关申请监督。检察机关在审查案件中发现法院二审判决存在一些瑕疵，但尚不足以影响最终判决结果的正确性。检察机关本着促进民营经济发展，维护各方当事人权益的精神，对双方做了大量的工作，希望双方在念及亲情的基础上达成和解，继续经营企业发展。但因双方积怨较深，利益要求差距过大，虽经反复做工作，终未能达成和解。为慎重起见，经检察委员会充分研究讨论，最终决定针对终审判决中的瑕疵，向法院发出检察建议，由法院自行决定纠正存在的问题。最初，柏某某对检察机关的决定表示感谢，还向检察机关送了锦旗。此案在办理终结一年以后，因法院对检察机关的检察建议不予响应，使柏某某的诉求无法得到满足，柏某某在法院门前缠诉达两个月之久后，又来到市检察院门前无理缠诉，要求对该案进行抗诉。虽经多次反复向其解释说明，但其仍坚持无理缠诉。其间，柏某某昼夜滞留在检察机关门前，举牌堵门，多次扬言绝食、喝药，时间竟持续达3个月之久，检察机关为此耗费了大量的人力物力，该缠诉闹访行为严重干扰了检察机关的正常工作秩序。此后，柏某某又在市政法委、最高人民法院及本市高级人民法院等门前继续缠访。

第三，缠诉闹访的方法具有非法性。改革开放三十多年来，我国的法制建设取得了巨大的成就，社会主义法制体系基本建成，三大诉讼程序不断完善，公民的各项权利得到了充分保障，有些方面甚至超过了西方国家。国家法律为保护公民的诉讼权、申诉权、信访权做了明确的规定，但发生在民行检察环节的缠诉闹访，不是法律规定的诉讼程序内的合法行为，而是当事人为了满足个人的诉求，不遵守法律规定，不按照正当程序，不服从检察机关的决定，所采取的非法行为。如孙某某劳动争议申诉案。孙某某71岁，为肺癌晚期患者，其与自己原工作单位发生劳动争议，认为公司认定其退休时间和退休金计算有误，从2002年开始向劳动仲裁委员会、区法院、中级法院、高级法院分别申请仲裁和起诉、上诉、申诉均被驳回。市高级法院在驳回其申诉后，又经与被申诉单位协商，为其争取到了3万元的困难补助，孙某某与单位达成和解协议，承诺就此不再提出争议。事隔多年后，孙某某又向检察机关提出申诉，检察机关审查后认为，法院判决认定事实清楚，适用法律准确，况且又有双方达成的和解协议，故依法作出不予立案的决定。孙某某不服检察机关的决定，多次到检察机关缠诉闹访，在信访接待大厅其用烟灰缸、座椅和其携带的拐杖等物品打砸接待人员，并多次用携带的剪刀和锐器物做出割腕自杀、用头撞击桌角和房门等自伤自残的极端行为，向检察机关施压，要求满足其无理诉求。

第四，缠诉闹访具有双向可能性。民事行政检察监督的属性是检察机关站在客观中立的立场上，对法院的民事行政诉讼活动是否合法、正确进行监督，并不直接干预诉讼的结果。但民行检察的这种特性决定，一旦检察机关作出抗诉或监督的决定，将引起审判机关的再审，有可能改变或者推翻原审判决。因此，申诉方为了使自己的诉求得到支持，往往在案件申诉时或者办理中缠诉闹访，而在原审判决中胜诉的一方得知对方提起申诉后，为了保住已有的对自己有利的判决结果，往往也会以缠诉闹访的方式阻碍办案，导致实践中经常出现"你方唱罢我登台"双方互相缠诉闹访的情况。更有极端的情况，在审判机关依照检察机关抗诉意见作出再审判决后，不利的一方仍向检察机关缠诉闹访。检察机关对法院的民事行政诉讼进行监督，是用公权力对公权力进行干预，是为了维护公平正义，监督审判权正确行使，但在具体的案件中检察权的行使不可避免地会涉及当事人的个人利益，在当前人们追逐利益的欲望已达极致，手段无所不用的情况下，面对即将失去的既得利益，当事人会发疯般阻挠，进而出现不顾一切的缠诉闹访。如郭某闹访案。郭某系张某离婚财产纠纷申诉案的被申诉人。张某与刘某某系夫妻关系，郭某系刘某某之母。在张某与刘某某进行离婚诉讼时，郭某凭一张25万元欠条诉至法院，要求张某、刘某某给付欠款25万元。法院一审判决郭某胜诉，二审予以维持。张某在诉讼中多次到作出笔迹鉴定的鉴定部门和司法行政主管机关缠诉闹访，在法院作出二审判决后，其又到检察机关申诉。检察机关经认真审查发现原审判决所依据的欠条笔迹鉴定程序违法，系不具备鉴定资格单位所作，遂向法院提出抗诉。该案经市检察院抗诉后，市高级人民法院裁定该案由中级法院再审；中级法院经审理裁定撤销原判，发回一审法院重审。在重审中经重新鉴定，认为案中的借条系伪造。郭某眼见案件有可能被纠正，在诉讼中多次大闹法庭，致使案件审理难以正常进行。后郭某突然来到市人民检察院，横躺在大门前，堵塞人员、车辆出入。无理谩骂接待人员，并以用头撞门自残相要挟。当夜，郭某强行在检察院传达室滞留一夜。此后又多次在市检察院门前身穿写有字迹的白背心闹访。造成路人围观将道路堵塞，其无理要求就是要求检察机关撤回抗诉。

第五，多数缠诉闹访呈反复性。由于民行检察的监督权主要体现在启动再审程序，审判机关的再审裁决才是最终裁决。这就导致了民行检察环节当事人缠诉闹访具有反复性，比如在检察机关申诉阶段，在检察机关缠诉闹访；审判机关启动再审程序后，转到审判机关缠诉闹访，当有不利于其的终局裁定时，又再次回到检察机关缠诉闹访。还有的在下级院缠诉闹访后，又到上级院缠诉闹访；多年以前缠诉闹访过的案件，数年后再次到检察机关缠诉闹访。最长的缠诉闹访案件多次闹访近十年之久。

第六，缠诉闹访恶意性突出。近年来发生在民行环节的缠诉闹访案件除少数案件有瑕疵外，绝大多数案件的当事人属无理闹访，而且恶意性突出，妄图通过缠诉闹访的行为，干扰检察机关正常的办案工作，向检察机关施压从而达到自己的目的。如上述柏某某与其父亲、弟弟之间的公司股权纠纷申诉案。柏某某在检察机关闹访期间开着本田雅阁高档汽车，将车停在检察院门旁，躺在门前闹访，傍晚到澡堂泡澡后再回来继续闹。明明是与其父亲之间的纠纷，其却胡说是为了公司员工的利益，当过往群众知道其是与80多岁的父亲打官司时，纷纷对其进行指责。上述郭某闹访案。郭某由其女儿驾车送到检察机关门前，穿上早已准备好的用白布缝的背心，像闹丧般在检察机关哭闹，其女儿却躲在一旁"观战"，滞留检察机关时半夜为其送来有汤有饭的套餐。还有更为恶劣的是本来是虚假诉讼，却仍肆无忌惮地进行缠诉闹访。如王某某腾房申诉案。王某某的一远房侄子在津从事干炒货的小生意，因其是外地户口，所以借用王某某的户口和身份证明购买了一套公产房使用权。所有购房手续、购房款凭证以及原卖房人都证明房屋为其侄子借名购买，而且房屋一直由其侄子居住，但数年后王某某却向法院起诉要求其侄子腾房，法院一、二审根据证据驳回其诉求，之后王某某又到检察机关申诉。检察机关作出不抗诉决定后，王某某多次到检察机关无理缠诉。

（三）民行检察环节缠诉闹访情况的类型化分析

民行检察环节中的缠诉闹访往往与其依托的案件类型性质有一定的关系，具备一定类型化的特点：

第一，案件主体的类型化。民行检察环节的缠诉闹访人员往往具有鲜明的主体特点：一是主体个人化的现象突出。在天津市检察机关民行环节近几年发生的缠诉闹访案件中，绝大多数案件的一方或者双方当事人为个人，鲜有双方当事人均为组织机构而发生缠诉闹访的情况，即使名义上是公司、单位，但实质仍为个人承担责任。造成这种情况发生的原因，是因为个人与个人、个人与组织机构之间的案件，往往为当事人自身直接承担不利结果，对当事人个人利益影响较大，得之一夜暴富，失之片瓦皆无。与此同时，由于当事人相互之间有过接触，因各种原因形成直接、对立、尖锐的关系，在诉讼中容易导致矛盾进一步升级。而组织机构为当事人的案件，由于其责任不直接作用于个人，对个人的利益影响不直接，并且是通过代理人、受托人进行交流、接触，因此，不容易产生强烈的对抗和不满情绪。二是在个人发生缠诉闹访的案件中，有突出的年龄特点，一般为50岁以上的人群，尤以60岁以上为主。有的即使案件当事人是中青年，但是来缠诉闹访的也是其60岁以上的亲属。这是因为中青年有一定的文化和事实认知度，对案件的是非曲直能够理解，而老年人随着年龄的增长会出现性格脾气偏执，有些甚至连家人都无法与其交流，导致出现缠诉闹访的情况。再加上老年人空闲时间充裕，有的人把缠诉闹访作为一种消遣，在天气好的时候想起来就来闹一闹。还有一些倚仗自己是老年人，故意倚老卖老蛮不讲理。如上述孙某某劳动争议申诉案中的孙某某就是自恃年纪大，又为肺癌晚期患者，无人敢碰他，而大肆闹访。三是缠诉闹访者中以社会弱势群体或事业、生活失意者以及曾经遭受过挫折者居多。如劳动争议案件中多为被单位解除劳动关系人员，合同纠纷案件中多为生意失意一方等。这些人面对当今生活有较大的心理落差，把自己地位和生活不如意的情绪发泄到检察机关，因而往往点火就着情绪过激。四是有相当一部分缠诉闹访者有精神疾患。随着社会的发展，心理和精神疾患已成为现代人的时髦病，但却往往被人们所忽视，在缠诉闹访者中有不少人员存在精神疾患。如许某某行政申诉案。许某某所居住的平房因改造被拆迁，许某某因拆迁款与拆迁部门发生纠纷，后其又在原拆迁处私搭临建房居住，被城市管理部门拆除。为此许某某起诉城管部门的拆除行为违法。案件经过一审、二审、再审后许某某到检察机关申诉，检察机关作出不立案决定后，许某某多次来缠访。办案人在接待时发现其着装怪异，一只手上戴了4只戒指，还带着家庭相册给办案人看，办案人夸其年轻时漂亮美貌，其顿时喜形于色情绪有了转变，在经过一番无关紧要的闲聊后便自行离去。再如杨某某因报销丈夫的医药费与单位发生纠纷，多次到检察机关缠访，一次办案人在接待时，得知其儿子在公安部门工作，与其聊起了政法机关的情况，其态度立刻有了转变，谈话中不再涉及申诉问题，之后自动离去。五是缠诉闹访者中有一部分是社会无赖人员。不可否认，社会无赖人员在任何社会形态中都存在，在我们今天同样有些这样的人员把缠诉闹访作为自己的"职业",把一些政府机关对其进行安抚所给的"困难补助"当作"外快",他们也把检察机关的民行部门作为缠诉闹访的对象,以达到"有枣没枣打三杆"之目的。

第二,案由的类型化。分析天津市检察机关近年来的办案实例可以发现,发生缠诉闹访的案件,往往涉及婚姻家庭财产、劳动关系、拆迁以及涉房地产买卖纠纷。造成这一现象的原因是这些纠纷往往深刻影响到当事人的利益,对当事人的经济利益会造成一定影响。另外,婚姻家庭、劳动关系、拆迁等案件往往夹杂着当事人双方的对立情绪,当事人容易产生情绪激动,很容易将对对方的敌视心理转移到检察机关。例如:杨某某离婚财产申诉案,双方争议的标的额仅有几千元,但是由于双方当事人对立情绪严重,导致将负面情绪转移到了检察机关,双方当事人均来到检察机关缠诉闹访,并以作出极端事件威胁办案人员。后经办案人员耐心细致的工作,妥善处理了该案。

第三,案件程序的类型化。案件的诉讼程序对于是否发生缠诉闹访具有鲜明的指向性。在2012年民事诉讼法修改之前,在民行环节发生的缠诉闹访案件,一般是在审判机关终审判决后直接来检察机关进行申诉的缠诉闹访率要远远低于经过法院再审后再到检察机关进行申诉的案件。导致这一现象的原因是根据之前的法律规定,当事人在终审判决后有两种权利救济途径,即向审判机关申请再审或者向检察机关申诉。因此,当事人具有救济途径的选择性,即使检察机关没有支持其诉请,其内心仍然有对法院再审的期待。而经过法院再审之后,由于当事人仅有向检察机关申诉一条途径可以选择,因此,容易造成当事人将检察机关作为"最后一根救命稻草"的心理,一旦检察机关作出对其不利的处理决定,容易引起当事人的情绪波动。目前,随着民事诉讼法的修改,检察机关民行检察部门受理民事申诉案件,必须经过审判机关再审,因此,可以预见未来民行检察环节的缠诉闹访现象会越来越严重。此外,二审对一审进行改判或者发回重审后改判的"烙饼"式案件容易引发缠诉闹访。这种"烙饼"式案件往往在证据方面没有任何变化,而仅是在法官的主观认定方面有区别,就作了不同的判决。这种情况往往使当事人难以接受,认为同一事实在不同的审级作出了截然不同的判决,这其中必然有徇私枉法的情况。因此,在检察机关申诉期间,不管检察机关作出何种决定,最终都会有一方强烈不满,进而发生缠诉闹访。

二、民行检察环节缠诉闹访的原因及危害后果分析

随着我国经济社会的不断发展,各类民事法律关系日趋复杂,当事人之间的矛盾冲突不断加剧，缠诉闹访已经从个案发展为一种普遍的现象，个别地方甚至出现了逢案必闹的情况。因此，分析缠诉闹访情况的原因和危害后果，是我们积极应对这一现象的前提。

（一）民行检察环节缠诉闹访的原因分析

缠诉闹访作为一种特殊的社会和司法现象，有着复杂的客观和主观原因，只有深刻剖析产生缠诉闹访的根源，才能有助于我们在司法实践中把握应对措施。

第一，市场经济所带来的消极副作用是滋生缠诉闹访的土壤。改革开放三十多年来，我国的经济体制由计划经济逐步转化为市场化的自由经济，经济体制的变革极大地解放了生产力，促进了经济社会的飞速发展。在肯定改革开放巨大成功的同时，我们不能忽视其所带来的各种负面影响，其中不择手段追逐金钱的心理和价值观的异化，以及道德底线的丧失是主要的表现形式。面对贫富差距的逐步加大，一些人妄想不劳而获、一夜暴富，为了获取利益所用手段无所不及，缠诉闹访便是其中之一。在所有民行环节缠诉闹访的案件中，争议的焦点最终都指向金钱。为了金钱，在诉讼中母子对立，父子成仇，兄弟反目，夫妻缠斗，分毫不让，百般争夺，乃至在诉讼中进行缠诉闹访，以达到个人的目的。这种情况的出现与当前金钱影响社会及市场经济追求利润的本性有着必然的联系。如王某某债务纠纷申诉案。王某某系退休工人，已60多岁，其母90多岁。王某某与其母亲曾因赡养问题发生纠纷，后双方达成协议，其母居住在王某某名下的单元房内，但该房产生的煤水电气等费用由老人自行负担。老人因王某某不去探望而产生怨恨，向法院起诉王某某负担该房的采暖费。法院审理中出于子女应赡养父母的考虑，在王某某虽然出示原达成协议的情况下，仍判决王某某承担采暖费用。王某某不服，为了2000元左右的利益，经过一审、二审、再审又到检察机关申诉。检察机关经过审查不予支持其诉求，王某某便多次缠诉闹访，声言将与其母亲的官司打到底。上述柏某某申诉案，为了数千万元的经济利益，柏某某写信与其父亲脱离父子关系，其母在诉讼期间死亡，在司法机关多次的调解工作中，其不为亲情所动，宁要股权不要父母。

第二，一些部门对缠诉闹访者的无原则迁就、怀柔起到了误导作用。当前，一些部门在维稳考核的压力下，错误地采取花钱买平安的做法，认为只要能花钱解决的问题，就无所谓原则不原则尽量花钱摆平。这在客观上刺激了一些当事人的闹访心理，许多闹访的当事人互相交流闹访经验，"小闹小解决、大闹大解决"的舆论甚嚣尘上，客观上对当事人形成了潜移默化的影响，让一些心存侥幸的人尝到了甜头，从而加大了缠诉闹访人员的心理暗示，认为只有通过缠诉闹访才能解决问题。凡是在检察机关民行环节缠诉闹访的，都在法院有过"先行先试"的经过，到了检察机关仍然继续演绎。如刘某某房屋买卖纠纷申诉案。陈某某购买刘某某的一套二手房，交易过程中陈某某以房屋下水有问题为由，拒交部分购房款。在房屋不能成交的情况下，刘某某起诉要求解除买卖合同。法院一、二审均判决双方解除合同。此时房价暴涨，陈某某拒不履行终审判决，多次到政法委、法院闹访。在诉讼期间，陈某某以诉争房屋停水为由，数月到法院办公楼内提取生活用水，直至法院决定再审并作出对其有利的判决结果后才停止。之后，刘某某不服，到检察机关申诉。案件刚到检察机关陈某某就又故技重演，以多种形式向检察机关施加压力，妄图迫使检察机关放弃抗诉。其多次向市委政法委及市检察院领导写信反映，混淆视听；还与其妻数次在市检察院门外举牌站立，引来过往群众围观，声言要拦车见检察长。但检察机关敢于坚持原则，顶住闹访压力对案件提起了抗诉，最终获得了改判的结果。

第三，缠诉闹访无风险助长了闹访者的胆量。当前有一种错误的认识，认为缠诉闹访者仍是"人民内部矛盾"，对于缠诉闹访人员不宜采取强制措施，实践中闹访人员很少受到打击处理，而无理要求往往却得到迁就、满足，在社会上形成了闹访得实惠的理念，导致越来越多人效仿，毫无顾忌地闹访升级，发展下去令人担忧。长期以来，我国公民很多行为习惯都带有从众心理。如果因为积习难改，就法不责众，便很难培养公民的法律意识。因此，既要做到有法可依，有法必依，更要做到执法必严，违法必究。在民行检察环节有的闹访人员辱骂检察人员，有的打砸毁坏办公用品，有的多日滞留检察机关，有的甚至在接待大厅便溺。但对这些严重扰乱检察机关工作秩序的人员没有一个受到法律制裁，甚至连治安拘留的都没有。如上述郭某在闹访期间在检察机关门前堵塞交通导致车辆行人无法通过，多路公交车停驶，公安人员到现场后明确表态，认为郭某无端堵塞交通应当拘留，但要等领导批准。结果数小时也没有领导指示，直至郭某自己离开。上述陈某某通过在法院闹访施加压力，致使法院"烙饼"式地将案件颠覆，而对方当事人刘某某服从判决正当利益却得而复失。该案在抗诉后法院审理期间，当刘某某得知陈某某将诉争房卖掉后，眼见无法实现诉求，也开始到政法委闹访。这一情况说明，对无理闹访人员的迁就、姑息，使其感到没有任何风险，其导向会陷入恶性循环，使更多的人走上缠诉闹访的歧路，结果是贻害无穷。

第四，一些案件确有瑕疵，司法机关办案中不够审慎，没有做到有错必纠，造成了当事人对司法机关的信任度降低，误认为通过正规渠道难以解决自身的问题，只有通过缠诉闹访，引起有关机关或领导的重视，引起一定的社会轰动效果才能达到解决自身问题的目的。此外，部分当事人仍抱有传统的"击鼓鸣冤"、"拦轿告状"的心理，不乐于通过正当渠道解决自身问题，对司法机关始终抱怀疑态度，特别是当司法机关的处理决定对自身不利时，往往寻求过激方式妄图予以更改。还有的案件虽然有瑕疵，但司法机关因客观原因难以纠正，被动地为政府部门"扛事"，真正地依法独立行使司法权还不能做到。

（二）民行检察环节缠诉闹访现象的后果分析

缠诉闹访作为民行检察环节的"非正常"现象，破坏了社会主义法制尊严，干扰了检察机关的正常工作秩序，影响了社会的平安稳定，其危害后果极其严重，具体表现为：

第一，阻碍了社会主义法治建设的进程。党的十八大把建设社会主义法治国家作为努力的方向，习近平总书记也对政法机关提出了建设平安中国、法治中国的要求。经过三十多年的努力，我国的社会主义法制体系业已基本建成，已经形成了较完备的各类诉讼制度。但是，仅有有法可依还不是真正意义上的法治国家，只有做到有法必依、执法必严、违法必究才是文明民主的法治国家。而缠诉闹访行为是要求在法外获得非法的利益，是对法律刚性与原则的挑战，更是一种无政府主义新的表现形式。而民行环节的缠诉闹访行为严重损伤了法治的尊严，影响了国家司法秩序的正常运行，是一种严重的违法行为。

第二，扰乱了检察机关的正常工作秩序，抹黑了司法机关和政府形象。我国宪法规定，检察机关作为法律监督机关，独立行使检察权，不受任何机关、团体、个人和社会组织的干涉。检察机关按照法律规定受理民行案件，经过审查作出处理，是行使宪法和法律法赋予的权力。由于缠诉闹访行为的出现，严重干扰了检察机关的正常工作秩序，加大了平息缠诉闹访的人力物力支出，无疑是对国家司法资源的极大浪费。缠诉闹访行为还给检察机关办案人员带来巨大的精神压力，有的缠诉闹访人员威胁辱骂办案人，有的堵截跟踪办案人，对办案人进行人身威胁，还有的多处写信对检察机关和办案人进行诬告等，使办案人心有余悸，经常担心自己和家人的安全，害怕被领导和有关部门误解。同时，由于缠诉闹访人员往往站在自己的立场上表达诉求，故意混淆视听歪曲事实，以博得观望群众的同情，在客观上抹黑了司法机关和政府的形象，还有的以露骨的语言攻击政府和司法机关，败坏党群关系，煽动不满情绪，制造恶劣影响。

第三，严重损害检察机关公信力，削弱了国家机器的强制力。公平正义是司法机关追求的终极价值，公信力是司法机关立足于社会的根基。然而由于缠诉闹访行为的出现，影响了检察机关依法公正作出决定，有损于公平正义的价值体现。久而久之，导致社会对司法机关公信力的质疑，动摇司法机关的信用根本，造成"小闹小解决，大闹大解决"的负面社会影响，扭曲了公众对司法的信仰。检察机关是国家机器的重要组成部分，强制力是检察机关的特性，没有强制力就难以保障国家的运行。而缠诉闹访行为无视国家机器的强制力，客观上削弱了国家机器的作用。

第四，破坏社会稳定秩序。平安稳定的社会秩序，安乐祥和的社会环境，是经济社会发展的前提，没有稳定就没有发展。维护社会和谐稳定，是党和国家的工作大局，更是检察工作的根本职责。然而缠诉闹访的当事人往往采用拉布标、举牌子、呼口号、躺卧下跪或者自残等极端手段，向检察机关施压，有的还采取堵路等方式影响公共交通，不仅影响社会和谐稳定，还有被他人利用造成群体性事件的可能。如左某某系某公司申诉的建筑合同纠纷案的被申诉人，左某某作为包工头借名承包了某公司的建筑工程，后双方因工程款发生纠纷。在经过法院的终审后，某公司到检察机关申诉，检察机关经审查认为法院判决认定的事实缺乏证据证明，遂提出抗诉。左某某在该案的一审、二审、重申和终审中均有缠诉闹访的情况，甚至还带人围攻鉴定机构。左某某在得知检察机关对该案提出抗诉后，多次到市检察院吵闹，指责检察机关的抗诉，纠集社会闲散人员冒充民工多次在检察院门前起哄闹事，制造事端，严重影响了和谐稳定的社会秩序。

三、民行检察环节缠诉闹访的治理对策

缠诉闹访行为已成为目前检察机关乃至所有政法机关的一个棘手的问题，已到了必须拿出解决办法的境地，为此，笔者结合检察机关近年来应对缠诉闹访事件的经验和做法，提出几点对策。

（一）对于情节严重的缠诉闹访行为必须予以坚决打击，维护法律的尊严，维护正常的诉讼秩序

法律具有刚性，不允许任何人违法跨越。司法机关是维护国家秩序的机器，必须保证机器的正常运转，无论古今中外均不能容忍对国家机器的对抗，在检察机关违法缠诉闹访就是对法律的挑战，对于不听劝阻，严重影响检察机关工作秩序的缠诉闹访者应依法予以坚决打击和治理。没有对违法缠诉闹访的严厉打击，就谈不到对这种违法行为的治理，否则只能是愈演愈烈，直至危害政权的稳定。要选择典型的事例予以公开处理，正确

引导社会舆论，由群众评判是非，发挥社会的正能量。近年来，公安机关对严重的"医闹"予以专项打击处理的效果很好，有效震慑了无理闹访群体，维护了医疗机构的秩序。建议立法机关进一步完善检察机关的诉讼惩戒制度，对于违法缠诉闹访者，检察机关应拥有训诫和司法拘留权；对于缠诉闹访造成重大损害结果或者造成恶劣影响的，应当通过刑法予以处罚，从而形成对缠诉闹访者的法律威慑，使其在法律面前不敢跨越雷池。

（二）司法机关要严格执法，坚持原则，对任何无理的缠诉闹访行为都要做到不迁就、不让步

缠诉闹访风之所以越刮越烈，司法机关的迁就、忍让是一个重要方面。面对缠诉闹访行为一些部门和领导出于息事宁人的考虑，往往不讲原则地姑息、迁就，或作出错误的判决，或答应其无理条件，甚至动用国家的金钱予以安抚。要想从根本上杜绝缠诉闹访行为，就必须严格依法办案，敢于坚持原则，顶住闹访者的任何压力，维护正确的司法裁决。这样，所有的司法机关都不向闹访者让步，使闹访者知道无理的闹访不会得到任何好处，久而久之缠诉闹访的人就会越来越少。

（三）讲究方法策略，加强风险研判，规避缠诉闹访行为发生

凡事预则立。近年来，为了应对缠诉闹访行为，各级民行检察部门都摸索出了一些有效的应对措施，以最大限度地减少和避免缠诉闹访行为的发生。一是办案中注意对重要敏感案件和热点敏感问题的分析研判，定期梳理案件，对存有不稳定因素的案件事先采取必要的措施，防范在先，有效规避风险。二是开展检调对接，加大调处的力度。对有可能达成和解协议的案件，耐心做好双方的工作，积极促成和解，化解矛盾。三是对不受理、不支持监督申请，以及抗诉后被申诉人闹访等案件加强释法说理工作，努力使当事人息诉止访。四是要讲究方式方法和策略。工作中注意原则性与灵活性结合，注意积累总结有效的做法，提高化解矛盾能力、正确引导能力、处置突发事件能力。五是对民行、控申及有关部门的干警进行精神疾患知识的培训，使干警掌握辨别精神缺陷人员的技能，对于明显有精神疾患的闹访人员给予一定的心理疏导，使其控制情绪，减少吵闹。只要我们工作做得细、做得认真就能有效避免一部分缠诉闹访的发生。

（四）审判机关要提高审判质量，规范办案程序，杜绝瑕疵案、关系案，依法保证审判权的廉洁、干净行使

检察实践中发现，缠诉闹访的案件确有一些存在程序或实体方面的瑕疵，但又不符合检察机关抗诉的条件，特别是修改后的民事诉讼法将只存在程序问题的案件排除在抗诉范围之外，而当事人又不能理解检察机关的

决定，导致出现严重的缠诉闹访行为。因此，审判机关在办案中应严格依法办案，提高案件质量，不留任何瑕疵、遗憾，从根本上杜绝缠诉闹访的起因。如郭某与杨某离婚财产纠纷申诉案。郭某婚前购买房屋一套，婚后与杨某共同还贷，后双方因感情不和诉讼离婚。法院在判决双方离婚的同时，判决郭某给付杨某共同偿还的贷款及升值部分。法院的判决项目正确，但是在计算贷款的升值部分时出现计算错误，多算了 3 万余元。郭某的父亲申诉时说，3 万多元对于我们工薪阶层就是一年的收入，这样的错误检察机关能不监督吗？为此，检察机关与法院的执行部门进行了沟通，希望在执行阶段能够给予纠正，但法院回复认为无能为力。在此种情况下，检察机关只能抗诉。检察机关对案件提出抗诉后，被申诉方杨某及其父母反映激烈，多次到检察机关缠诉闹访，声言法院的判决是正确的，检察机关抗诉是侵害了妇女的权益。试想，如果一审法院在计算具体数额时能够细致一点，二审能够进行一下复核，就不会出现后面的局面。

（五）检察机关要加强各职能部门之间的协调配合，配备必要的设施器材，形成应对缠诉闹访的整体合力

应对民行环节的缠诉闹访仅靠一两个部门是不行的。各级院都要加强领导，由负责控申和民行的院级领导挂帅，协调民行、控申、法警等部门共同做好息诉维稳工作。首先，民行部门要注意风险研判，在办案中采取有效措施规避缠诉闹访的发生。其次，对于未进入民行环节或者已经办结的案件，民行、控申部门要共同做好解释、说服工作。最后，法警部门要在民行、控申接待时派员现场监护，防止发生意外事件。在发生严重的闹访或滞留检察机关的情况时，要在向公安机关报警，请求公安机关依法处置的同时，果断采取必要的措施，及时予以制止或进行清理。还要适应形势发展，配齐相应的安检、监控、警械设备设施，注意保存好相应的录音录像资料，以备后续工作的需要。如林某某等 3 人闹访案。林某某等 3 人因不服检察机关作出不予支持监督申请的决定，在 3 人中一人患偏瘫、一人患癫痫的情况下，在检察机关闹访十多天，严重干扰了检察机关正常的工作秩序。检察机关在经过认真、多次说服教育无效的情况下，果断采取措施予以强制清除，恢复了办公秩序，维护了法律尊严，同时也积累了宝贵的经验。

（六）充分履行好民行检察监督职能，对于确有错误的判决、裁定和诉讼中的违法情形，依法进行监督，维护法律的公正和尊严，维护当事人的合法权益

一些当事人之所以发生缠诉闹访行为，与现实中存在的司法不公、司法不廉有必然的联系。对于符合法律规定应予以监督的民行申诉案件，检

察机关要依法及时作出监督决定，维护法律的公正，维护当事人的合法利益，减少其对司法机关的对立情绪，避免缠诉闹访的发生。同时，加大民行职能的宣传力度，使当事人充分了解自身的申诉权利和救济渠道，让当事人降低过高的期望值，理性看待检察机关所作的决定，客观平和地接受现实。

综上所述，民行检察环节发生的缠诉闹访行为是新时期的新情况，我们要在高度关注的情况下，不断探索治理应对的措施，以保障和谐稳定的大局，维护公平公正的司法秩序，保障公民的合法权利，最终实现平安中国、法治中国的奋斗目标。

黑龙江省人民检察院关于基层检察院民行检察工作调研情况的报告

黑龙江省人民检察院民事行政检察处

全省 80% 以上的民行检察机构在基层，60% 以上的民行检察干警在基层。基层院民行检察工作开展得如何，直接影响到民行检察职能的履行和作用的发挥。修改后的民事诉讼法对基层院民行检察职能进行了重新配置，基层院民行检察工作面临一个大的调整和转型。为此，黑龙江省院民行处对修改后民事诉讼法实施后全省基层院民行检察工作现状进行了专题调研。调研采取书面调研和实地调研相结合方式，2 月 25 日，黑龙江省院下发调研通知和调研提纲，3 月 10 日至 18 日，调研组深入牡丹江、佳木斯和双鸭山市对 5 个基层院进行实地走访，组织召开了有 28 个基层院参加的座谈会，与基层院民行科长和部分分管检察长进行了座谈讨论，对民行检察工作现状和存在的问题进行了分析探讨。

一、基层院民行检察工作现状

（一）办理民行检察案件情况

2013 年以来，全省基层检察院认真贯彻修改后民事诉讼法相关规定，立足办案，积极推进再审检察建议、违法行为监督、民事执行监督等各项工作，努力构建多元化监督格局。2013 年，全省基层院共办理民行生效裁判监督案件 873 件，同比下降 42.41%，其中办理提请抗诉案件 54 件，同比下降 90.31%，提出再审检察建议 819 件，同比下降 14.6%。共办理民事执行监督案件 119 件，同比上升 221.62%；违法行为监督案件 75 件，同比下降 46.04%。共办理督促起诉案件 226 件，同比下降 5%，支持起诉案件 91 件，同比上升 35.82%。（参见图一）

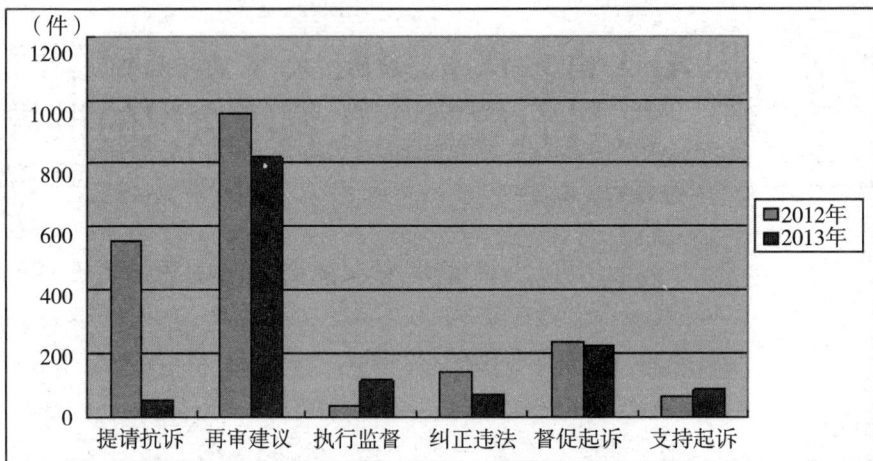

图一：基层院办理民行检察案件统计图

（二）开展释法息诉工作情况

修改后民事诉讼法将民事检察监督作为当事人寻求司法救济的最后一道程序，使检察环节防范办案风险、开展息诉工作、化解矛盾纠纷的压力明显增大。为此，全省基层院民行检察部门在办案过程中注重息诉化解矛盾工作，始终把化解矛盾、促进社会和谐稳定理念贯穿于办案始终，区分不同情况分别采取检察和解、检调对接、联合息诉等多种手段，努力防范和积极化解当事人之间、当事人与司法机关、行政机关之间的矛盾，努力把矛盾化解在基层，化解在最初环节。2013 年，全省基层院民行检察部门共息诉和解案件 319 件，在息诉工作中，基层院发挥了重要作用。

（三）民行检察机构设置情况

据统计，在 175 个应设民行检察机构的基层检察院中，有 160 个院单设民行检察机构，占 91.42%。11 个院民行检察机构与其他机构合署办公，占 6.29%，其中伊春 6 个、大兴安岭 4 个、农垦 1 个。哈铁下辖 4 个基层铁路检察院均未设民行检察机构，占 2.29%。（参见图二）

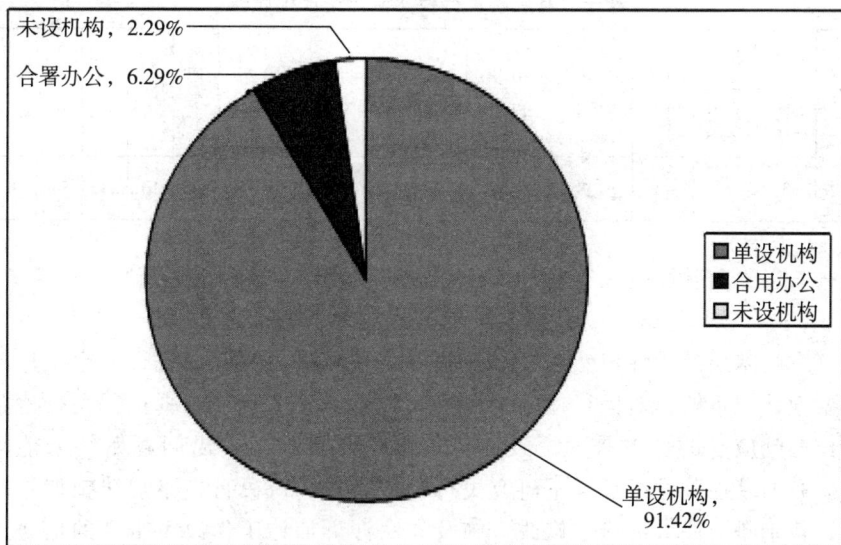

未设机构，2.29%

合署办公，6.29%

单设机构
合用办公
未设机构

单设机构，
91.42%

图二：基层院民行检察机构设置统计图

（四）民行检察队伍建设情况

修改后民事诉讼法实施后，全省基层院对民行检察工作重要性的认识进一步加强，不少地方采取招录、调整等方式，充实民行检察队伍，部分基层院还采取争取公益性岗位工作人员的方式充实办案辅助人员，基层院民行检察队伍不断壮大、结构趋于优化。据统计，截至 3 月 10 日，全省基层院共有民行检察干警 337 人，占全省民行检察干警总数的 67.94%，院均 1.93 人。在年龄结构方面，基层院 30 岁以下民行检察干警 41 人，占民行检察干警总数的 12.17%；31 岁至 45 岁干警 148 人，占总数的 43.92%；46 岁以上干警 148 人，占总数的 43.92%。在干警从事民行检察工作时间方面，3 年以下的有 122 人，占总数的 36.20%；4 年至 9 年的有 148 人，占总数的 43.92%；10 年以上的有 67 人，占总数的 19.88%。在干警学历方面，硕士学历 13 人，占总数的 3.86%；本科学历 287 人，占总数的 85.16%；专科及以下学历 37 人，占总数的 10.98%。基层院民行科负责人任检委会委员的院数共有 42 个，占基层院总数的 24%。（参见表一）

	总人数	科长任检委会委员	30岁以下	31岁至45岁	46岁以上	3年以下	4年至9年	10年以上	博士	硕士	本科	专科	专科以下
人数	337	42	41	148	148	122	148	67	0	13	287	37	0

二、当前基层院民行检察工作存在的主要问题及原因分析

（一）领导重视程度有待进一步提高

有的基层院领导依然存在"重刑轻民行"的思想，对民行检察工作的重要性认识不够，对民行检察工作投入的精力不多，没有真正把民行检察工作摆到应有的位置来抓，致使工作中需要解决的突出问题始终未能解决。有的基层院党组长期不研究民行检察工作，对民行检察规律把握不准确，特别是对民事诉讼法修改实施及涉法涉诉信访工作改革带来的信访工作压力缺乏清醒认识。

（二）工作职能需要进一步调整

修改后的民事诉讼法及《监督规则》施行后，基层院对一审生效裁判监督的空间被挤压，办案数量日益萎缩。修改后的民事诉讼法规定了"法院纠错优先，检察监督断后"的前置程序，使符合实质监督条件的一审案件减少。《监督规则》又对一审生效裁判的受理限定在七种情形，实践中，符合受理条件的一审案件少之又少。2013年，全省基层检察院共办理一审民事行政生效裁判监督案件873件，同比下降42.41%。2014年1月至3月，全省基层院共办理一审生效裁判监督案件2件，同比大幅下降92.59%。修改后民事诉讼法赋予的违法行为监督和执行监督两项新型监督工作进展较为缓慢。2013年，全省基层院共办理民事执行监督案件119件，违法行为监督案件75件，院均不到1件。2014年1月至3月，全省基层院仅办理违法行为监督案件5件、民事执行监督案件1件，未能形成一定监督规模和监督态势。主要原因在于：一是基层院固有思想延续，未能及时按照要求转移工作重心，落实修改后民事诉讼法的规定不到位。二是各地多年来以考核目标为工作导向，片面追求生效裁判监督考核分值，忽略基层普遍存在的大量审判程序违法和执行违法的实际情况，与人民法院审判和执行工作实际及人民群众监督要求有很大差距。三是对修改后民事诉讼法有关内容把握不准，如依职权发现案件的范围、如何发现；执行监督案件是否以向法院申请再审为前置程序等。四是修改后民事诉讼法缺乏具体操作规范，工作中难以掌握，影响审判活动、执行活动监督工作开

民事行政检察指导与研究（总第13集）

Guide and Study on Civil-Administrative Procuratorate

展。五是有些院重配合轻监督，存在不敢监督和不愿监督问题，因再审检察建议等工作需要法院支持配合，担心开展法官违法行为监督会影响检法关系。同时也存在不善监督、不会监督的问题。

（三）民行检察队伍整体依然薄弱

整体来看，各基层院民行检察部门人员力量仍较薄弱，175个基层院民行检察干警院均只有1.93人，仍有一些院民行科为"1人科"，民行科干警在其他科室兼职现象在不少地方存在。部分院民行检察人员流动频繁，民行检察队伍不能及时得到充实，有的院民行科长更换频繁，如佳木斯市某基层院，去年一年调整民行科长3次。基层院民行检察干警年龄构成不尽合理，中青年力量较为缺失，46岁以上干警148人，占了总人数的43.92%，一部分年龄较大干警学习能力不足，工作缺乏热情和激情。有干警戏称基层院民行科是"新进人员的训练基地、拟提拔干部的前进平台、即将退休干警的修养站"。多数基层院缺乏专业民行检察人才，与民行检察业务专业化要求差距较大，难以适应民行检察工作创新发展要求。基层院民行科负责人任命为检委会委员依然较少，仅占基层院总数的24%。《监督规则》规定再审检察建议案件和执行监督案件应由检委会讨论决定，民行科负责人不是检委会委员，难以充分发挥检委会对民行的业务指导和监督作用。

（四）息诉息访工作有待进一步加强

到检察机关申诉的民行案件，绝大多数并不符合启动监督程序的条件，一些当事人的诉求无法得到满足，而这些申诉案件又普遍存在不稳定因素，如果处理不好极易造成矛盾激化，产生涉检信访问题。有的基层干警对不符合监督条件的案件，回复生硬，释法说理不充分，或者对风险评估预警工作的重要性认识不够，对可能出现的矛盾视而不见，对可以解决的问题敷衍推诿，造成群众上访。有的院对提请抗诉和再审检察建议标准把关不严，为应付目标考核办理"凑数案"，所办的案件不该监督而监督，从而引发对方当事人信访，如牡丹江某基层院在市院对该院提请抗诉的一起案件作出不抗诉理由答复函的情况下，向同级法院提出再审检察建议，引发对方当事人进京访。

（五）民行检察后勤保障有待加强

调研中发现，有的院领导重视不够，没有为民行检察部门配备笔记本电脑、便携式打印机、照相机、摄像机、录音笔、移动硬盘等调查取证装备，难以适应修改后民事诉讼法的新要求。多数基层院对民行检察干警参加高检院组织的业务培训，在经费上支持不够。

此外，调研中，不少基层院反映，实践中由于与其他相关机关、部门沟通不够，有些工作难以正常开展，如部分地方法院对检察建议应由何部门受理不明确，导致检察建议法院无人接收；某些地方民行部门与控申部门协调不够，案件受理方面责任不明确。

三、进一步加强和改进基层院民行检察工作的建议

调研中所发现的一些问题具有普遍性，集中反映了当前我省基层民行检察工作的实际情况。针对存在的问题，就下一步工作提出如下建议：

（一）理顺基层院民行检察权行使的外部关系

一是主动向人大汇报基层民行检察工作，争取人大监督支持。以省人大今年下半年开展的修改后民事诉讼法执法检查为契机，积极向省人大提出贯彻修改后民事诉讼法加强和改进基层民行检察工作的可行性建议，争取帮助支持。二是加强与人民法院的沟通协调，完善争议解决机制。通过联合调研、联席会议、联合发文等方式，共同解决诸如检察机关依职权监督的范围、条件及程序、调解监督的范围、检察建议回复期限、跟进监督、执行监督的范围、程序和手段、调阅卷宗等问题上产生的新分歧。三是做好当事人息诉矛盾化解工作，努力做到"案结事了"。以推进涉法涉诉信访制度改革为契机，建立完善诉访分离和终结退出审查机制，全面梳理在手的久诉不息案件，分析存在的问题，对确属合理诉求，想方设法帮助推动解决；对确属不合法也不合理的诉求，加强与控申部门的沟通联系，依法启动信访终结程序。稳步推进基层民行检务公开，加大民事诉讼监督法制宣传力度，让民众知悉向检察机关申请监督的案件范围、受理条件、一次性监督等内容，引导民众依法、有序、理性维护合法权益，努力把矛盾纠纷解决在当地、化解在基层。加强基层民行检察部门与控告部门及法院相关庭室的沟通联系，定期座谈交流，明确责任分工，共享数据信息，协调解决工作中遇到的问题，形成息诉矛盾化解工作合力。

（二）理顺基层院民行检察权行使的内部关系

一是出台加强基层工作文件。建议以省院名义出台文件，在顶层设计上对基层院民行检察职能调整、工作要求、机构人员配置、后勤保障等方面作刚性规定，并加强文件执行情况的督促检查。二是进一步调整基层工作重心。通过采取加大民行检察工作宣传、调研指导、完善目标考评机制等多种方式，及时落实高检院及省院相关会议及文件精神，把积极行使审判程序、执行活动检察监督权力，作为当前基层民行检察工作的重心和方向。三是加大对基层院指导力度。抓好民行部门对口联系基层院工作，以今年省院民行处确定的 15 个基层院联系点为基础，指导联系院抓好各项民

行检察业务，及时总结经验，发现问题，解决问题，树立典型，以点带面，带动各地基层院民行检察工作。加大调研力度，帮助和指导基层院转变监督理念，规范监督行为，增强监督实效。四是完善权力运行制约机制。及时完善相关制度，制定办理支持起诉案件工作办法，力争与法院会签民事执行监督、违法行为监督工作文件，统一执法尺度。建立健全检察机关执法办案说情报告制度，有效防止和减少对执法活动的干扰。全面推行检察人员执法档案制度，实现内部执法及管理监督的信息化、制度化、经常化。全面推行法律文书说理、检察文书公开、人民监督员制度，确保民众知情权、参与权和监督权的实现。开展《监督规则》执行情况专项检查，重点检查受审分离、文书送达、办案期限、再审检察建议和执行监督案件上检委会、法律文书制作说理等方面，促进各地把《监督规则》的具体要求落实到每个工作环节。推进一体化办案机制，整合案源和人员，充分发挥基层院在一体化办案中的基础作用。五是完善机构、人员和后勤保障机制。求得支持，以推动人财物省级统一管理的检察体制改革为契机，建立健全基层民行检察机构，配齐配强民行检察干警，加强民行检察装备保障，以适应民行检察工作发展的实际需要，为依法独立公正行使民行检察权提供基础条件。

湖北省人民检察院关于
民事执行监督工作调研报告

湖北省人民检察院民事诉讼监督处

为了深入推进修改后民事诉讼法实施，加强民事执行活动监督，推动我省民事执行监督工作健康发展，省院民事诉讼监督处于近期对全省各市州分院及基层院 2013 年 1 月至 8 月民事执行监督工作进行了集中调研。共召开座谈会 12 次；抽查了部分院执行监督卷宗材料和案件台账；按照调研需求全面统计案件数据；全面清理了民诉监督中发现和移送职务犯罪线索情况；对 2013 年 1 月至 6 月全省备案的 195 份执行监督文书，围绕违法事实是否进行过必要调查、违法要件事实在文书中是否叙述完整、是否存在该查没查的问题或者该认定没认定的问题、监督意见是否适当、提出监督意见适用法律是否正确、法院是否采纳及没有采纳的原因六个主要问题，进行了逐案审查。

一、基本情况及特点

2013 年 1 月至 8 月，全省共调查终结民事执行监督案件 404 件。认定不构成违法 58 件；构成违法 347 件（根据各地上报情况统计），同比（134 件）上升 159%；提出监督意见 353 件（部分数据以统计报表为准，含口头纠正 38 件），同比（150 件）上升 135.3%。其中，针对执行裁决错误提出监督意见 56 件，采纳 28 件，采纳率为 50%；针对执行行为违法提出监督意见 291 件，采纳 185 件，采纳率为 63.6%；两类违法情形分别占 16.1% 和 83.9%（一案同时存在执行裁定错误和执行行为违法的共 27 件）；从中发现并移送执行人员涉嫌职务犯罪线索 6 件 12 人（其中，执行人员涉嫌职务犯罪 7 人），侦查部门已立案 7 人。主要特点如下：

1. 从违法类型看，针对执行裁决错误提出监督意见 56 件、针对执行行为违法提出监督意见 291 件、两类违法情形同时存在的 27 件（以下称为"复合型违法情形"），分别占提出监督意见（353 件）数的 15.9%、

82.4%和7.6%。

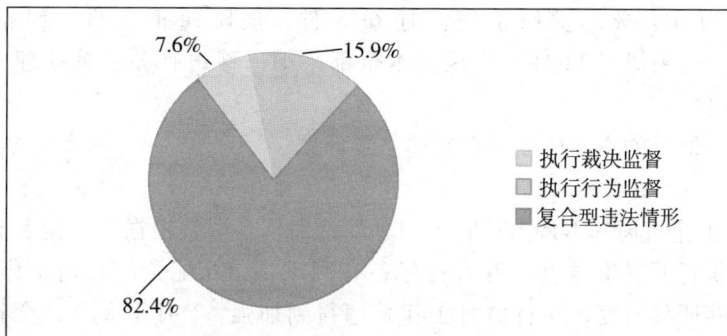

2. 从案件来源看，以受理申诉、举报为主。执行当事人或利害关系人申诉、举报352件、检察机关自行发现62件，其他部门交转办34件，分别占受案总数的78.6%、13.8%和7.6%。

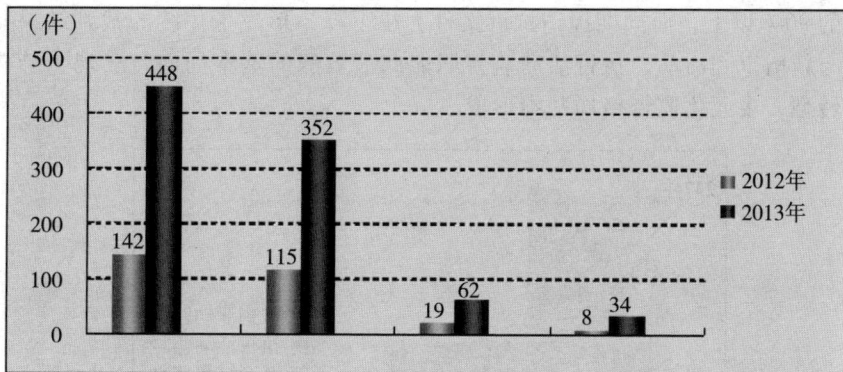

3. 从查实构成违法的主体看，基层法院占绝大多数，共327件，中级法院20件，分别占94.2%和5.8%。其中，执行人员职务违法行为调查18件，涉嫌职务犯罪7人。

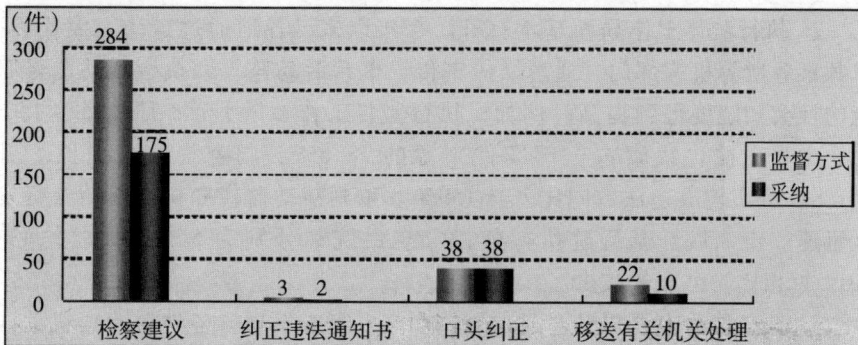

4. 从不同监督方式的效果看，发检察建议 284 份，法院采纳 175 件，采纳率为 61.6%；发纠正违法通知 3 件，法院纠正 2 件，纠错率为 66.7%；口头纠正 38 件，法院基本全部采纳；移送有关机关处理 22 件，采纳 10 件。

二、取得的主要成效及存在的主要问题

（一）主要成效

1. 工作格局基本调整。各市州分院特别是基层院根据高检院和省院部署，以执行监督为重点，着力构建各有侧重、相互配合的纵向工作格局，工作思路明显转变，执行监督工作普遍得到加强。1 月至 8 月，全省查实审判活动违法 318 件、执行活动违法 347 件，两类案件数超出同期裁判结果监督案件数的 169.2%（抗诉 150 件、再审检察建议 97 件，共 247 件），已经形成审判活动监督、执行活动监督、裁判结果监督三项职责协调并进的发展态势。基层院办理审判活动监督和执行活动监督案件占全省两类案件的 90% 以上，而同期提请抗诉案件大幅下降，形成了传统的裁判结果监督与新增审判活动、执行活动监督职能此消彼涨的基本局面，实现了结构性转型，多元化监督格局基本形成。

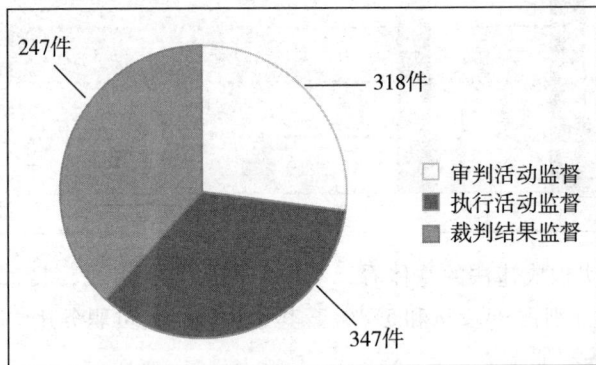

2. 执行监督工作局面基本打开。今年以来，各地通过走访人大代表、律师事务所等机构部门，通过媒体宣传，审判活动监督和执行活动监督职能的社会知晓度得到提高。例如，执行监督工作，1 月至 8 月，当事人申诉、举报、控告线索占全部案件来源的 78.6%，调查终结数同比上升 151%；查实构成违法数同比上升 159%。审判活动监督和执行活动监督发展迅速。市州院、基层院执行监督"空白院"分别为 5 个和 19 个，与 2012 年相比，已大幅减少。

3. 调查能力有所提升。通过调研和文书审查发现，各地对检察机关开

展民事执行监督的依据和范围的认识是统一的；各地调查启动、进行和终结程序基本符合有关司法改革文件和我省《民事行政法律监督调查办法》规定，没有发现调查手段不合法的问题；调查终结数和查实构成违法案件数均大幅上升，并从中发现移送了一批有价值的职务犯罪线索。

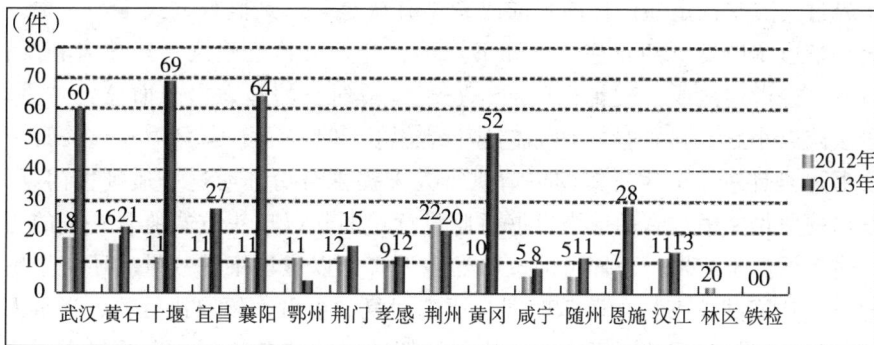

（二）存在的主要问题

1. 工作开展不平衡。一是地区间不平衡局面未得到根本扭转。初具规模的地区集中在武汉、襄阳、十堰、黄冈等地。截止到 8 月份，还有 5 个市州分院、19 个基层院为办案空白院。二是从案件类型看，黄冈、荆门、荆州、汉江调查违法类型以超期执行为主，分别占该地区案件总数的 51%、66.7%、75%、100%；恩施的 17 件中有 16 件为执行超期和一般程序违法或者瑕疵性问题。类型比较全面的地方是黄石、宜昌和孝感。

2. 办案质量有待提高。从审查 1 月至 6 月的 195 份备案文书情况看，我省执行监督案件质量还处于较低水平。从文书反映的违法内容看，属于监督执行裁定错误的 30 件、执行行为违法 184 件，同时存在两种以上违法情形的有 19 件。184 件执行行为违法案件中，一般程序违法 48 件、执行超期 72 件、明显属执行人员违法的 18 件、其他较为严重的行为违法 46 件。整体看，存在"三多三少"：（1）查执行超期、一般程序性违法事项的多，查严重、实质性违法的少。在 184 件执行行为违法案件中，不依法受理、文书送达程序违法、不回复或者回复执行异议超期等一般程序违法和执行超期分别占 26.1% 和 39.1%，两项共占 65.2%。（2）对"事"监督多，对执行人员徇私舞弊等问题调查、监督得少。在审查的 195 份文书中，明显属执行人员违法的 18 件，占 9.2%，占执行行为违法案件（184 件）的 9.8%。（3）停留于材料审查的多，深入调查核实违法情形的少。从备案文书内容看，针对执行超期发出的《检察建议书》中，90% 对超期是否存在正当理由没有进行必要调查予以排除。以上"三多三少"现象说

153

明执行监督目前还止于表层。

3. 文书质量有待提高。主要表现为：一是违法事实叙述不符合要求。绝大多数是因为没有进行必要调查，所以在文书中没法交代清楚、全面；有的虽然调查了事实，但是对事实叙述详略不当，大段叙述审理阶段的事实经过。二是认定违法性质不准或者没有认定。三是监督方式不当，根据违法情形本应发《纠正违法通知书》的，却发《检察建议书》或者相反；对明显轻微违法或者瑕疵性问题，宜于口头纠正的却发出书面监督意见，给法院以小题大做之感。例如鹤检诉监建〔2013〕26号、27号《检察建议书》是针对一个执行案的申请执行人未提供身份证明这一瑕疵性问题，发出的两份文书。有的应当发书面监督意见的却以口头方式监督；有的为应付考评，本应发一份即可的，却发多份文书以虚增案件数量。还有个别地方《检察建议书》的落款时间与法院回复、当事人领取执行款、当事人签收送达回执时间、当事人达成执行和解的时间非常接近，有的仅一天之隔；还有个别地方就同一案件，一方面认为存在违法向法院发《检察建议书》，另一方面向监督申请人发送《不支持监督申请决定书》，说明不存在执行人员受贿、不构成执行超期，自相矛盾。四是援引法律依据不统一、不准确。包括：只援引修改后民事诉讼法第235条；援引修改后民事诉讼法第208条；同时援引修改后民事诉讼法第14条和第235条；同时援引修改后民事诉讼法第235条和《人民检察院民事行政抗诉案件办案规则》第47条，或者修改后民事诉讼法第235条和"两高"《关于对民事审判活动与行政诉讼实行法律监督的若干意见（试行）》第10条，或者修改后民事诉讼法第235条和湖北省"两院"《关于在审判工作和检察工作中加强监督制约、协调配合的规定（试行）》第22条，或者修改后民事诉讼法第235条和湖北省人大《关于加强检察工作的决定》，等等，可谓五花八门。适用法律正确的文书极少。五是文书中提出的监督意见不当。具体表现为：对已经查明的违法问题不能准确定性，提出监督意见避重就轻，或者没有针对性，或者太抽象；有的又太过具体；没有要求回复及回复期限。此外，还有个别地方向执行局、基层法庭发监督文书。

4. 法院不接受监督的问题比较突出。一是不配合调查，阅卷难、找人难、取证难。二是对检察建议等监督意见不回复或者不及时回复的问题比较普遍。法院以函等书面形式和纠错行为回复（包括向检察机关提供送达回执、当事人领取执行款的领条、执行和解协议、处分违法人员的决定、整改方案等）共73件，回复率仅为40.6%。三是对监督意见的采纳纠错率不高。从法院回复的73份文书内容看，采纳44件，采纳纠错率为

60.1%。除汉江（75%）、黄石（50%）外，其余地方均低于50%。属于应当纠正未纠正的16件；监督意见错误或者欠妥的23件；属于立法、司法解释未涉及、存在认识分歧的5件。个别地方的采纳纠错率虽然很高，但属于对无实质性监督意见的表态性回复，无纠错实质内容（如恩施、麻城）。

三、加强执行监督工作的举措与对策

存在以上问题的原因，既有立法不完善、司法改革文件规定的监督方式对人民法院缺乏刚性效力、监督工作尚处于起步阶段，法院还不习惯被检察机关监督等客观原因，也有我们自身监督能力不足、存在诸多不适应的主观原因。针对自身原因，今年以来，我处紧紧围绕修改后民事诉讼法的贯彻实施和执行监督工作的健康发展，着力加强制度规范的顶层设计、加强同步调研和指导。一是针对高检院新的统计报表，于4月份在全省分片开展调研，并进行了统计培训，同时继续坚持"四有一备案"制度（有案卷、有统计、有台账、有文书和全部文书层报省院备案），有效地防止了统计水分。二是根据省院党组部署的诉讼监督"制度化、规范化、程序化、体系化"建设，建立或完善了强基础、管长远的制度规范，包括：（1）在民行厅指导下，与省高级人民法院审判监督第二庭共同印发《关于办理民事抗诉、检察建议案件若干问题座谈会纪要》，解决了检察建议案件的办理部门、办理期限、回复形式等具体问题；（2）与控申处共同印发了《关于进一步规范民事诉讼监督案件受理工作的通知》，根据修改后民事诉讼法规定的职责范围，明确了受理范围、条件变化，理顺了案件受理与办理的关系；（3）鉴于目前没有全国统一的检察建议等文书格式，于8月印发《民事审判活动和民事执行活动监督〈检察建议书〉制作规范》（鄂检民〔2013〕9号），对《检察建议书》等文书的编号、结构、违法事实叙述、法律依据引用等，做了统一规定；（4）修改了对市州分院民事诉讼监督业务考评内容，加重了执行监督案件的分值权重（35%）。三是开展了执行监督专题调研：（1）对2012年执行监督工作和监督文书进行了系统分析和全面清理，于7月份完成调研报告；（2）评出了"2012年度民事执行监督优秀文书"10份；（3）继续实行全部文书层报省院备案制度；（4）对2013年以来全省执行监督备案文书进行了集中审查，形成了全部文书审查台账和《情况通报》；（5）召开了部门负责人参加的全省民事执行监督工作座谈会，采取观摩最差文书（10份）和较好文书（5份）、展示全部文书及文书评查台账、点名通报、座谈研讨的形式，全面盘点突出问题，达到了摆明问题、暴露差距、校正偏差、鼓舞士气、谋求对策的

效果。

下一步，我省将围绕办案数量、质量、效率、效果、规范、安全"六统一"的总体要求、围绕执行监督工作健康发展，着力解决以下问题：

（一）强化质量，着力纠正重数量轻质量的偏差

没有质量的数量，监督效果等于零，甚至是负数。片面追求数量而忽视质量，是自毁检察权威之举。尤其是民事执行监督工作，尚处于起步阶段，如果片面追求数量，不仅影响此项工作的科学发展，甚至会影响民事诉讼检察监督制度的立法完善。民事执行监督权来之不易，目前，民事诉讼法第235条只是一个宣誓性条款，能否完善并最终赋予检察机关执行监督权，很大程度上取决于未来5年检察实践探索的成败。我们将借鉴反贪、反渎工作思路，始终强调立办准确、突出重点、规范监督、凸显质量。继续采取召开现场会、评选精品案件、加重质量在考评中的权重等有效措施，引导基层院抛弃短视做法，把精力投放在案件质量上；更加注重发挥市州分院的示范作用，抓好区域协作和上下协调，有效解决基层院经验不足、阻力较大等问题，进一步提高监督合力，通过1~3年的积累，办理一批有震动、有影响的案件。

进一步提高文书质量。对人民法院发出的检察建议书等文书，是检察机关履行法律监督职责的直接载体，文书质量是案件质量的浓缩，决定监督效果。我们将进一步严格执行文书备案审查制度。（1）各级院部门负责人为文书质量第一责任人，亲自审查文书，指导补充调查的问题、帮助修改文书；发现已经发出的文书存在重大错误、重大质量问题的，要及时报告主管领导后，通知发出单位向法院撤回。（2）各市、县院发出文书前，要报请主管院领导审查把关，严防不合格文书产生。（3）各基层院发出文书后要及时将正式文书报市级院民行处备案；各市级院民行处要确定专人负责对基层院备案文书的收取、登记、提交部门负责人审查；各市级院民行处每月10日前将上个月市州分院及基层院备案的文书整理分类、附文书目录表，集中上报省院。（4）省院确定专人负责接受、提交审查备案文书、确定专人负责审查备案文书；实行定期通报文书备案情况；不定期通报最差文书，继续开展优秀文书评比。

强化跟踪监督。监督意见被采纳、违法被纠正，是监督成效的最终体现。既要加强文书发出前与法院通气，注意处理方式和监督意见的适当性，又要加强发出后的跟踪监督，对于法院不及时审查处理、不回复处理结果的，可采取提请上级院监督、发《纠正违法通知书》等方式，督促法院接受监督；对于执行人员违法情节比较严重尚未构成犯罪的，要根据相

关规定，在向人民法院发出《纠正违法通知书》的同时，按照干部管理权限将案件材料及文书同时移送同级人大或者纪律检查委员会处理。

（二）增强自信，着力解决不敢监督的问题

"三多三少"问题的存在，反映出我们的干部面对新挑战，缺乏能力自信，不主动学习以求适应的消极心理；面对众多监督线索，避难求易、避重就轻，形成选择性监督的功利心理；面对阻力，怕碰钉子，不战而退的畏惧心理；习惯于"坐堂办案"，不愿开展证据调查或者调查浅尝辄止的惰性心理。针对这些主观原因，我们将引导干部学习自侦干警攻艰克难的精神与气魄，养成调查工作必备的韧性和毅力，激发敢于监督的勇气；引导干部理性看待法院设置障碍的不可避免性、从不愿意接受监督到接受监督、从不习惯到习惯接受监督需要一个较长过程的必然性，保持清醒头脑，做好长期作战、逐步强化的战略准备。

（三）苦练内功，着力解决不善监督的问题

一方面，要争取各级院党组的重视，进一步优化队伍结构，通过外部引进、内部调整等途径，充实一批有调查经验的人才，为强化执行监督提供组织保障。另一方面，要倡导干部边干边学，重点学习民事执行的法律、司法解释和人民法院执行工作流程，提高违法问题的识别能力；注重向自侦部门的同志学习，树立问题意识和线索意识，掌握调查的基本功；像自侦部门不断总结侦查工作规律、不断研究侦查工作谋略那样，不断探索总结调查规律、研究调查谋略，推广"一案一总结"等做法，强化调查经验的自我积累；通过汇编典型案例、精品案件评比等，加强经验推广、改革培训模式，着力解决不会调查的问题。拟于年内举办一期执行监督实训班，采取案例研讨的方式，重点培训调查方法。

（四）加强调查与初查、侦查的衔接与转化，着力解决手段不足的问题

民事诉讼监督职能扩大后，需要进一步完善线索移送、反馈与协调工作机制，把民事诉讼监督与预防职务违法、查办职务犯罪结合起来，谋求监督效果的最大化。近期，我处对2010年以来民事诉讼监督过程中发现和移送线索及立办情况，进行了全面清理和分析。发现除自侦部门认为案值小、因人熟不愿查等原因导致有价值的线索被闲置外，我们自身的原因主要是：对明显不可能达到刑事立案标准、不具备犯罪构成基本要件及证据的情形，盲目移送；有的仅凭怀疑即予以移送，没有分析指出存疑的犯罪行为或事实；有的没有分析指出涉嫌犯罪的行为发生在哪个诉讼环节、违反的诉讼法规定、危害后果等主要问题，提供侦查指引，即予以移送，使

一些有价值的线索失去了可查性。有的虽移送正确，但移送程序不规范，如未整理移送证据材料，或者在移送审批表中未阐明移送理由；一些地方与侦查部门未建立联系，不关心侦查部门的立办情况，一送了之；个别地方为考核加分，对同一线索反复移送、重复统计。下一步，我们将进一步规范职务犯罪线索的移送工作，强化移送后配合初查的工作，加强调查与初查、侦查的衔接与转化，着力解决手段不足的问题，有效发挥线索移送与反馈机制作用，提高监督合力。

2013 年上海市检察机关民事执行监督工作情况报告

上海市人民检察院民事行政检察处

为进一步贯彻落实修改后民事诉讼法赋予检察机关的民事执行监督职能，上海检察机关高度重视，在试点工作的基础上不断创新工作方法，完善相关制度，提升业务能力，积极稳妥开展民事执行监督工作。全年共受理民事执行监督案件 146 件，向法院提出执行监督检察建议 22 件，检察公函 12 件，向有关单位提出改进工作检察建议 1 件；收到法院回复 24 件，采纳 21 件；促成执行和解 8 件；移送违法犯罪线索 3 件。各项工作稳中有升，呈现有序、健康的发展态势。

一、案件受理情况

2013 年共受理民事执行监督案件 146 件，同比增加 5%；提出执行监督检察建议 22 件，同比增加 10%；检察公函 12 件，同比增加 300%，法院回函采纳率 87.5%。

（件）

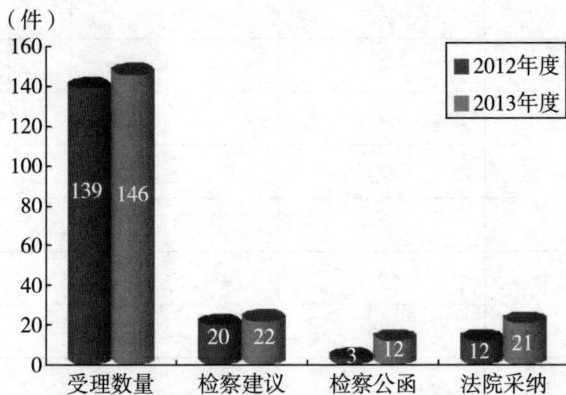

2013 年民事执行监督案件情况图

159

表一：2013 年民事执行监督案件汇总（件）表

单位	受理数	监 督 情 况	
		检察建议	检察公函
市院	2	–	–
一分院	0	–	–
二分院	0	1	–
铁分院	0	–	–
浦东	30	3	–
奉贤	15	1	–
普陀	12	3	1
青浦	11	2	–
徐汇	9	2	1
闵行	9	1	2
闸北	8	1	–
黄浦	7	2	1
静安	7	2	1
嘉定	7	–	2
杨浦	6	2	–
金山	5	–	2
虹口	5	–	2
松江	4	1	–
宝山	4	–	–
长宁	3	–	–
崇明	2	1	–
上海铁检院	0	–	–
总　计	146	22	12

表二：2013 年民事执行监督法院回复情况表（截至 2013 年 12 月 25 日）

单位	检察建议	检察公函	回复期间（月）	是否采纳	未复期间（月）
二分院	√		4	×	
铁分院	2012 年制发		6	√	
普陀	√		3	√	
	√		5	√	
	√		6	√	
		√	4	√	
浦东	√		3	×	
	√		4	√	
	√		5	√	
徐汇	√				11 月 27 日制发
	√				10
		√			2
静安	√		1	√	
	√				12 月 12 日制发
		√	1	√	
黄浦	√				12 月 6 日制发
	√				12 月 6 日制发
		√	2	√	
青浦	√		1	√	
	√		4	√	
杨浦	2012 年制发		2	√	
	2012 年制发		3	√	
	√				10
	√				10
闵行	√		3	√	
		√	5	√	
		√			12 月 6 日制发
松江	√		1	×	
奉贤	√		1	√	
崇明	√		1	√	

单位	检察建议	检察公函	回复期间（月）	是否采纳	未复期间（月）
闸北	√		2	√	
金山		√	1	√	
		√			2
嘉定		√			5
		√			5
虹口		√	1	√	
		√			12月4日制发
总计（件）	24	12	24	21/3	13

二、主要工作情况

（一）加强监督力度，积极稳妥开展民事执行监督

修改后民事诉讼法首次赋予检察机关对民事执行活动实行法律监督的权能，各级民行部门在市院业务处的统筹下，认真学习领会高检院有关文件精神，准确把握当前民行检察工作的职能定位、工作重心和发展方向，积极转变观念，创新办案思路，树立正确的执行监督理念，稳妥开展执行监督工作。一是针对申请人反映的执行问题，采取不同方式开展监督。对于法院在执行裁决告知、送达等方面存在程序性瑕疵和工作疏漏，但未影响当事人合法权益的，制发检察公函，促使法院改进；对于执行裁决违法，执行行为违法，怠于履行执行职责等影响当事人合法权益的，充分发挥三级院合力，共同商研，提出执行监督检察建议，促使法院纠正；对于执行人员的违法行为，由专人负责，进行必要的调查核实，及时将线索移送有关部门。二是对于执行行为并无不当或存在和解可能的案件，做好当事人释法说理工作，争取案结事了。如浦东区院办理的上海某线带有限公司执行监督案，该院在认真听取双方当事人意见的基础上，做好被执行人的思想工作，最终促成双方和解，使该起历时7年的执行难案得以圆满解决。三是对申请监督案件中带有普遍性的执行难问题，以维护社会稳定和司法权威为工作导向，支持和配合法院做好申请监督人的工作。如静安区院办理的周某某等执行监督案，囿于民族政策等因素，迟迟难以执如所判，该院通过检法配合，努力平衡双方利益，最终促成当事人和解，有效维护了正常经济秩序及社会和谐稳定。四是对委托执行案件外地法院执行不力的情况，由市院牵头，积极与受托法院所在地省级检察院沟通协调，共同督促案件的执行。如徐汇区院处理的陈某某执行监督案，市院多次指

导，并致函浙江省检察院，商请该院对受托法院的执行活动予以督促，在该院的协调下，受托法院已积极执行。五是转变案件审查方式，合理运用调查核实权、听证等手段，消除监督盲点。如闵行区院在办理上海某金属包装材料有限公司执行监督案中，充分运用检察调查权，促使案件取得突破。杨浦区院将听证用于执行监督案件的办理之中，制定《民事执行检察监督案件听证会程序规则（试行）》制度，收到了良好的政治效果、法律效果和社会效果。

（二）加强检法沟通，确保民事执行监督顺利开展

鉴于修改后民事诉讼法对民事执行监督规定的比较原则，相关配套工作还不完善，市院、市高级法院有关部门进行了深入商研，达成了基本共识，建立了相关工作机制。一是充分认识检法协调配合对开展民事执行检察监督工作的重要意义，牢固树立"在监督中支持，在支持中监督"的工作理念，加强执行监督中的检法沟通，增进理解，相互支持。二是建立执行监督联络员工作机制，由各级院民行部门负责人担任联络员，负责与法院执行局指定联系人就执行监督案件的沟通及定期通报，规范执行监督工作的开展，确保高效。三是建立检法民事执行监督联席会议制度。市院与市高院每半年召开一次会议，由市院、市高级人民法院分管领导或市院民行处、市高级人民法院执行局联合召集，并根据会议需要邀请检法相关处、庭参加。各分院、中级法院，以及基层检察院、法院每季度或每半年召开一次会议。四是对监督范围、监督方式、沟通流程以及调阅执行卷宗等问题，达成初步共识。在"两高"下发关于民事执行监督的具体规定之前，结合本市工作实际，制定开展民事执行监督的实务性、可操作性规范。五是联合调研，寻求解决"易判难执"案件的途径。如黄浦区检法两家专门成立课题小组，就老私房租赁迁让等历史原因造成的执行难案件进行专题分析，并撰写《关于解决私房租赁迁让纠纷的实证分析及对策建议》提请人大监督相关职能部门合力解决，得到了区人大及相关部门的高度重视。六是对检察机关安排民行干部到法院执行局挂职达成共识。法院积极做好挂职干部的带教工作，保证挂职干部有一定办案数量，不断提升挂职学习的效果。

（三）发挥市院主导作用，规范有序开展民事执行监督

修改后民事诉讼法实施后，对法院民事执行活动进行监督成为基层检察机关的主要工作，市院充分发挥主导作用，规范有序开展民事执行监督。一是规范民事执行监督办案流程和完善工作指导制度。市院以党组课题《检察机关开展民事执行法律监督实务研究》成果为基础，制定了《上

海检察机关民事执行监督工作实施办法（试行）》，完善了流程管理和工作制度，明确了市院业务处对基层院民事执行监督的指导责任，加强了三级院执行监督工作的协调配合，形成办案合力，确保执行监督的规范、有序开展。高检院《人民检察院民事诉讼监督规则（试行）》（以下简称《监督规则》）公布后，市院及时将上述办法进行了修订，进一步细化了执行监督范围，完善了联络员工作机制，进一步突出了分院的指导责任，进一步规范了执行监督工作。二是强化案件汇报制度。完善一案一报制度，进一步加强上下级院之间的沟通和指导，充分发挥三级院合力。对有价值的执行违法线索，定期听取汇报，共同分析研究，并由专人负责，加强跟踪。如奉贤区院受理的王某某执行监督案，该案市院多次听取汇报，并指导下一步工作，目前该违法线索已移送有关部门。三是对法院未采纳检察建议或意见的，探索采用级别上提等方式予以跟进监督。如铁检分院受理的上海某贸易有限公司执行监督案，铁路中院错误查封申请人价值1.28亿元财产，但对铁检分院因此制发的检察建议未予采纳。市院业务处听取汇报后，专门至市高级法院执行局进行沟通，最终铁路中院改变了原来的回复，解除了查封，申请人的合法权益得以维护。四是对法院民事执行活动中的一类问题，市院统一研究，统一协调，统一部署，着力提升监督效果。如浦东区院针对法院和解不规范的类案问题，经检委会讨论提出类案检察建议。下阶段市院将针对违法撤销拍卖、违法执行和解等类案问题进一步加强调研。

（四）加强职能宣传，着力提升民事执行监督影响力

今年以来，全市民行条线深入学习贯彻修改后民事诉讼法、高检院《关于深入推进民事行政检察工作科学发展的意见》和《监督规则》，进一步转变观念，切实把执行监督作为基层民行部门的一项重要工作，加大投入，加强宣传，着力拓展案源。各区县院结合宣传修改后民事诉讼法，积极通过网络媒体、控申窗口、社区检察室、律师协会等，向社会各界广泛宣传检察机关民事执行监督职能。市院领导先后在有关刊物上撰文，阐释修改后民事诉讼法新赋予检察机关的监督权力；做客东方网"检察官在线"栏目，围绕相关话题，就我市检察机关学习贯彻修改后民事诉讼法的举措和典型案例进行了说明，并与广大网友在线交流。浦东区院构建四项长效机制，多渠道、多途径开辟案源渠道，变被动等案上门为主动寻找案源；奉贤区院通过"下移重心、内挖潜力、外拓视野、横向联动"等方式搭建立体案源渠道；青浦、闵行等基层院还探索利用短信平台、官方微博、微信公众号、公益霓虹灯等，使职能宣传进街道，进社区，进居委，

进一步增加了民众对检察机关民事执行监督职能的了解，执行监督案件呈稳步上升趋势。

（五）加强队伍建设，着力夯实民事执行监督工作基础

对法院民事执行活动实行法律监督是修改后民事诉讼法新赋予检察机关的监督职能，全市民行干部普遍对执行理论及执行实务了解较少。因此，市院积极开展针对性培训学习，着力夯实执行监督工作基础。一是逐步建立执行监督专业化办案队伍。市院专门成立执行检察科，各分院和基层院设立执行监督办案组或指定专职办案人员。二是积极开展民事执行理论及实务培训。市院先后组织全员及专职办案人员进行执行监督业务学习，组织全市部分执行监督业务骨干参加高检院举办的全国执行检察工作专项培训，先后邀请高检院民行厅、最高人民法院执行局、市高级人民法院执行局相关领导、专家，就执行工作的基本理论、基本方法，执行监督的方式等专题进行了深入学习。部分区县院也结合工作实际，邀请法院执行局领导进行执行业务讲座。闸北区院构建科室业务学习长效机制，以一周一会的方式促进干警业务学习。普陀区院借助院"青年法学小组"平台，开展民事执行监督工作案例研讨和专题调研，增强干警发现问题的能力。市院结合条线套餐式培训，进一步强化执行基本理论及基本实务的学习，并将部分典型执行监督案例进行了点评。《监督规则》出台后，针对执行监督部分仍规定得较为原则，市院及时进行了解读，明确了思路，统一了思想。三是安排部分民行干部至法院执行局挂职，深入了解民事执行程序；挂职结束后，安排部分挂职人员交流心得体会，传经送宝，共同提高。迄今已有近20名民行干部先后至法院执行局学习，进一步提升了办案人员的民事执行监督业务能力。

三、存在的问题

（一）案件受理数量有待进一步提高

相较民事诉讼监督，民事执行监督刚起步，普通民众对法律新赋予检察机关的执行监督职能知之尚少，部分专业律师对此亦不甚了解，当事人就执行纠纷向检察机关申请监督仍属个别现象。2013年是全面开展民事执行监督工作的开局年，部分工作尚处于探索阶段，案件受理数量总体仍不高，全市18家基层院，年均受理执行监督案件仅有8件，尚需广泛宣传民事执行检察监督职能，广泛开拓案源。

（二）监督工作有待进一步深入

由于执行案件的特殊性，检察机关在审查案件事实时往往存在一定的局限和障碍，表现为申请人提供的信息有限，执行案卷卷内材料不全等，

客观上影响了监督工作的深入。现阶段尚局限于对法院民事执行程序违法的监督，如怠于执行或执行不力，执行异议或案外人异议逾期未予处理，执行裁定、决定未予及时告知、送达等，约占 56%，对超标的执行，查封、扣押、冻结、拍卖中的违法行为以及强迫、欺骗当事人和解等进行的监督尚比较少。这一方面受制于案源，另一方面又受制于办案人员的业务能力，亟须进一步提高。

（三）检法沟通有待进一步加强

当前检法对于民事执行检察监督的范围，在认识上还存在一定分歧，部分法院仍以"两高"《关于在部分地方开展民事执行活动法律监督试点工作的通知》为依据，将民事执行活动的法律监督局限于规定的五种情形，对超出五种情形的监督基本不予回应，或者在检察机关调阅执行卷宗等方面不予配合，或者对检察建议以及检察公函等迟迟不予回复。虽上述通知及上海市高级人民法院《关于检察建议办理的暂行办法》规定人民法院一般应当在受理检察建议后 1 个月内办理完毕并书面回复检察机关，然今年制发的 34 件检察建议和检察公函中，法院仅回复 21 件，回复率61.8%，平均回复期间 2.8 个月，1 个月内回复的仅占 38.1%；13 件至今未予回复，其中 3 件已近 10 个月之久（参见表二）。

四、应对措施

（一）进一步完善机制

一是建立健全外部协调机制。以检法联席会议制度为渠道，逐步建立案件信息共享平台，加强检法沟通联系，完善检察建议回复、案卷调阅、调查听证等协调机制，努力形成共识。对有重大社会影响或争议较大的案件，争取同级人大的支持和监督。二是着力完善内部协作机制。加强横向协作与配合，与控申部门完善案件受理协作机制，与反渎、反贪部门完善案件线索移送机制。加强纵向指导与调研，完善专业化办案机制，强化一案一报制度，深化案例指导制度，三级联动，促进执行监督工作向纵深发展。

（二）进一步加大监督力度

修改后民事诉讼法实施后，检察机关多元化监督呈现新的格局，执行监督成为基层院检察工作的重要内容。各级院要切实把民事执行监督作为基层民行检察的一项重要工作。各级民行部门要深入学习贯彻修改后民事诉讼法、《监督规则》和高检院有关文件，充分认识加强民事执行监督的重要性，从人员、精力上加大投入，加大办案力度。点面结合，多层次多渠道开展执行监督职能宣传。除继续在社区、媒体加强宣传外，可经常性召开律师座谈会，听取律师对民事执行工作的意见，让更多律师和民众了解民事执行检察监督职能，并听取他们对民事执行检察监督工作的建议。加强与人大的联系沟通，定期向人大汇报工作，争取人大的支持。要充分运用检察建议这一监督手段，做到敢于监督、善于监督，提高监督数量和质量。

（三）进一步内强素质

办案人员的业务素质和专业水平直接关系执行监督工作的质量和效果。面对民行办案人员执行监督能力相对薄弱的现状，亟须采取多种措施，加强民行检察队伍素质建设。一是加强人员结构的调整，优化人才梯队和人员结构，吸引具有民商事法律专业背景，有一定民事执行办案经验的年轻干部到执行监督办案一线。二是不断提高民行检察人员的素质，通过日常学习、条线培训、业务讲座等形式，不断加强对民事执行专业知识的学习和提高。探索案例实训，以案件讨论、案件讲评等方式快速提升办案人员的办案能力和素养，适应执行监督职能的需要。三是继续安排民行检察人员到法院执行部门挂职学习，了解法院执行程序和方法等，着力提升实际办案能力。通过知识结构的完善、实践能力的提高，着力培养办案人员发现问题、抓住问题、解决问题的能力，打造具有较高专业水平、业务素能过硬的民事执行监督队伍。

2013 年湖北省行政审判活动监督工作情况报告

湖北省人民检察院行政诉讼监督处

湖北省检察院行政诉讼监督处坚持每年对行政诉讼监督案件文书逐一核查。从核查情况看，2013 年全省共提出行政审判活动监督文书 235 份，同比净增 214 件；法院回复 121 份，其中 113 份被采纳，在规定期限内回复率与采纳率分别为 70.8% 和 66%。为准确掌握当前行政审判活动监督工作存在的主要问题并有针对性地提出改进工作措施，我们对各地报送的文书进行了全面细致的分析，现将有关情况报告如下。

一、主要特点

2013 年，全省审判活动监督案件主要呈现以下特点：

1. 案件来源主要为当事人申诉，占 84.6%，其他所占比例甚少，其中案件跟踪监督过程中发现的占 9%，案件评查过程中发现的占 2%，其他办案工作中发现的占 4%，群众反映的仅有 1 件（参见图一）。

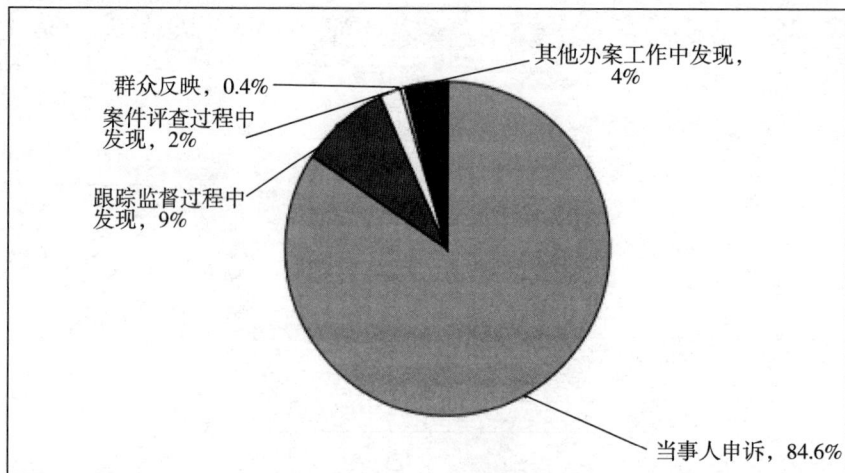

图一：案件来源比例图

2. 主要针对行政诉讼受理难、审理难的突出问题进行监督，监督的违法情形相对集中：该受理的既不受理也不下裁定占 7.9%，违反当事人意愿协调撤诉占 3.3%，超期审理占 47.3%（参见图二）。

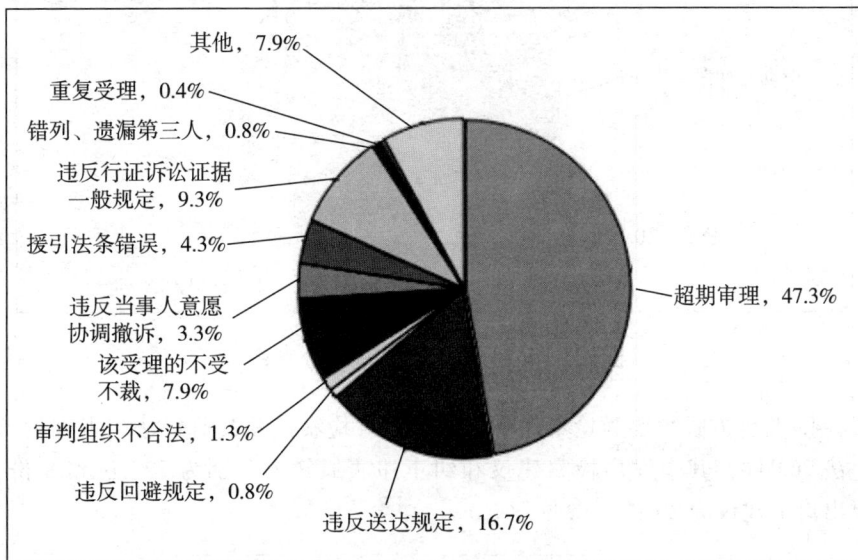

图二：违法情形分布图

其他，7.9%
重复受理，0.4%
错列、遗漏第三人，0.8%
违反行证诉讼证据一般规定，9.3%
援引法条错误，4.3%
违反当事人意愿协调撤诉，3.3%
该受理的不受不裁，7.9%
审判组织不合法，1.3%
违反回避规定，0.8%
违反送达规定，16.7%
超期审理，47.3%

3. 违法情形的发生不受案件领域影响，与法院近 4 年来受案领域所占比例基本相符，主要集中在城建、资源、劳动与社保及公安 4 大领域（参见图三、图四）。

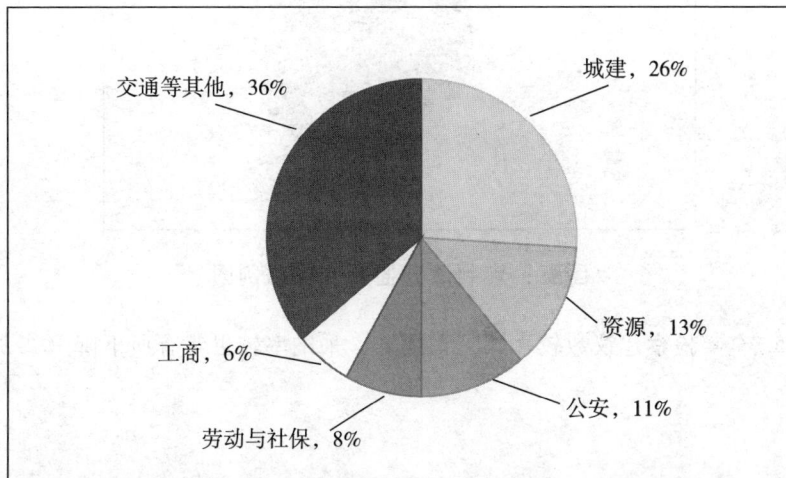

交通等其他，36%
城建，26%
资源，13%
公安，11%
劳动与社保，8%
工商，6%

图三：2008 年至 2012 年全省法院一审行政诉讼案件领域分布图

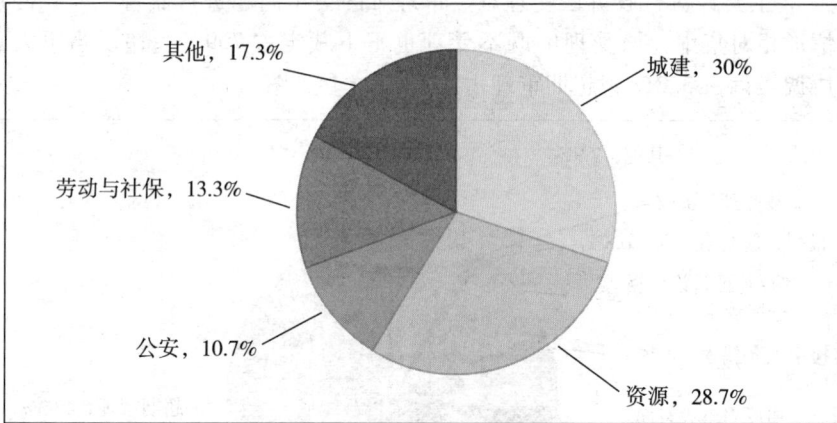

图四：审判活动监督领域分布图

4. 监督方式主要为检察建议。今年全省检察机关共监督法院审判活动违法 264 件，其中发出检察建议和纠正违法通知书分别为 227 份和 8 份，提出口头建议为 29 件（参见图五）。

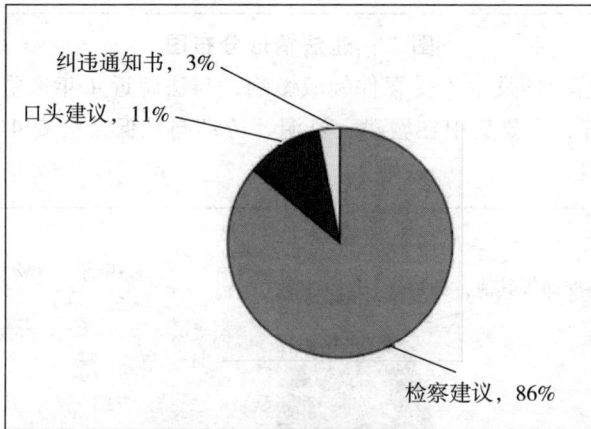

图五：审判活动监督方式比例图

5. 全年检察建议数较去年大幅提升，采纳率较去年有所下降（参见图六）。

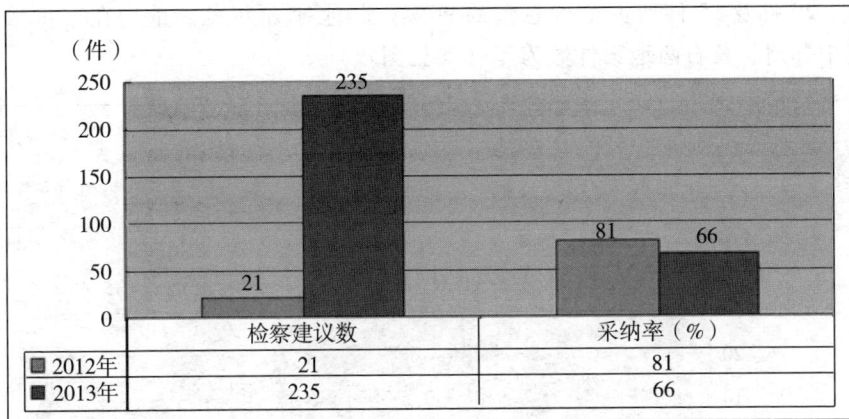

	检察建议数	采纳率（%）
2012年	21	81
2013年	235	66

图六：2012 年至 2013 年审判活动监督检察建议数与采纳率对比图

6. 检察建议采纳比例较高的主要是对以下违法情形提出的监督意见：对审判组织违法进行监督的采纳率 100%、该受理的不受不裁进行监督采纳率为 74%、违反送达规定监督采纳率 55%、超期审理监督采纳率 50%（参见图七）。

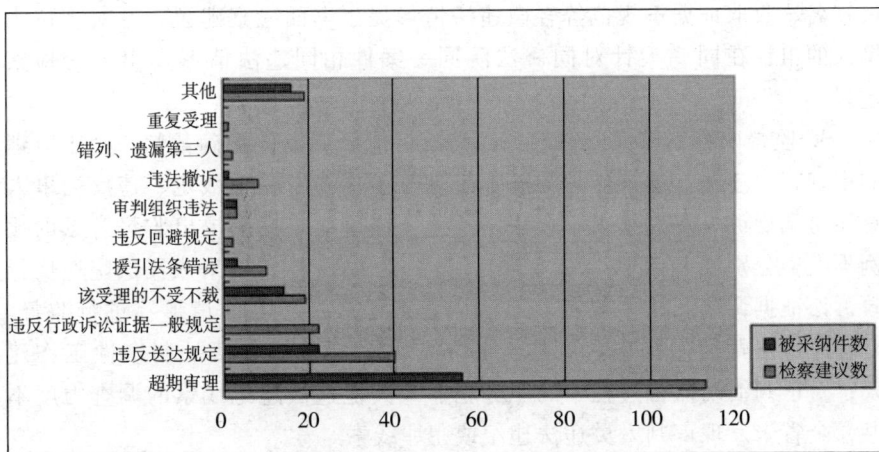

图七：违法情形监督检察建议数与采纳数对比图

7. 基层院为审判活动监督工作的办案主力，共发出 153 份检察建议，占全省总数 65.1%。

二、存在的主要问题

1. 全省监督工作开展不平衡。荆州、宜昌、汉江、襄阳、十堰、恩施、黄冈办理的审判活动监督案件分别为 50 件、41 件、32 件、29 件、26

件、20 件及 15 件，占全省总数的 90%。其他地方办案数量均在个位数，其中鄂州、黄石两地案件数为零（参见图八）。

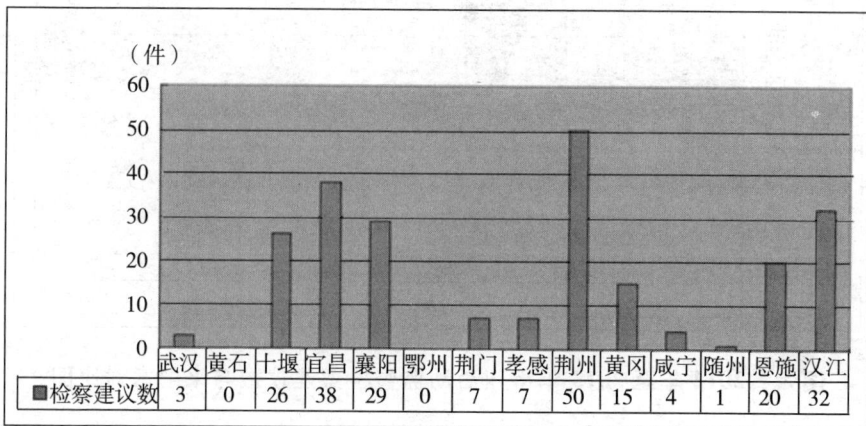

（件）	武汉	黄石	十堰	宜昌	襄阳	鄂州	荆门	孝感	荆州	黄冈	咸宁	随州	恩施	汉江
■检察建议数	3	0	26	38	29	0	7	7	50	15	4	1	20	32

图八：2013 年全省审判活动监督检察建议地区分布图

2. 少数案件监督方式适用不当。全省有 12 份检察建议监督方式与违法程度不符，如针对法院审限超期 3 日、文书校对错误、庭审笔录无书记员签名、收取证据不规范等轻微违法情形提出书面检察建议；针对多位当事人的申请在同一天针对同一法院同一案件相同违法情形提出多份检察建议。

3. 监督内容不够深入。对人民法院可能影响案件正确裁判、公正审理的审判程序违法，如该受理的既不受理又不作不予受理裁定、违反当事人意愿协调撤诉、审判组织不合法以及违反回避规定情形提出监督意见的比例不大，分别仅占 7.9%、3.3%、1.3% 及 0.8%。没有对人民法院违反行政诉讼证据调取、认证规定、违法中止诉讼久拖不判的情形等进行监督。对程序违法背后的深层次问题分析不深入，缺乏有价值的制度性工作建议，对审判活动监督过程中的职务犯罪或其他违法违纪线索的调查力度不够，全省未发现审判人员违法违纪或犯罪线索。

4. 监督质量有待提高。主要表现有：一是文书质量普遍不高。文书制作不规范，缺乏统一文号，说理性不强，部分文书事实依据不充分，援引法律不准确。二是个别地方检察建议采纳率低。5 个地区发出的检察建议采纳率低于（含）50%。三是有影响有震动的案例少。全省发出的 235 份审判活动监督检察建议中，仅有恩施宣恩县一份检察建议引起人民法院的专项整顿。

5. 案件归类统计错误。主要表现为将对法院不受理非诉执行申请、超期立案、裁定准予执行依据不足以及执行文书违法送达等情形提出的监督意见统计为审判活动监督检察建议。从各地报送的文书反映，4个地区共有此类检察建议40份归入审判活动监督类。

三、原因分析

1. 监督案源匮乏。据省法院统计，我省法院行政诉讼一审受案数较周边省份低，且省内地域分布不均衡。从近年各地法院一审受案数看，鄂州、随州、荆门等地相对较少，均不及百件，法院行政诉讼案件数量少的客观现状直接制约我省行政审判监督活动的发展规模，我省行政诉讼监督案件地域分布与我省行政诉讼案件地域分布情况大体相符。

2. 制度规范缺乏。一是相关立法缺失。目前仅有相关司改文件涉及行政审判活动监督工作，但总体上过于原则，无法应对实践中不断出现的新情况、新问题。二是内部规定缺少相关操作规范。高检院《人民检察院民事行政抗诉案件办案规则》仅用一个条文涵盖了向人民法院提出检察建议的所有情形，对行政审判活动监督范围、条件、程序、方式、期限、效力等未作规定，导致实践中操作不规范、不统一，效力得不到保障。

3. 法院支持配合不够。我省审判活动监督类检察建议回复率、采纳率较低，除有建议本身质量不高的原因外，与被监督单位的支持配合度较低有关。人民法院对检察机关带有纠错功能的检察建议存在一定抵触情绪，要么置之不理，要么敷衍了事，极少引起重视。检察建议刚性不强，监督效果不好，也导致有些地方对于发现的问题不想监督，不敢监督。

4. 监督力量薄弱，能力欠缺。一是各市州分院民事、行政诉讼监督机构尚未分设，在民事诉讼法已作修改，检察机关民事诉讼监督范围覆盖诉讼活动全过程、监督任务大幅度增加的情形下，有限的民事、行政诉讼监督队伍力量进一步向民事诉讼监督倾斜，直接影响行政诉讼监督工作的有效开展。二是现有办案人员的监督能力无法满足审判活动监督工作开展的需要。我省民事、行政诉讼监督队伍长期以来习惯了坐堂办案、就案办案的工作模式，对程序监督工作的重要性认识不够，缺乏线索意识，相关理论储备、经验积累不足，调查能力更是奇缺。

四、下一步工作措施

1. 切实转变工作思路。一是切实树立程序与实体并重的观念。充分认识诉讼程序对保障行政裁判公正的特殊作用，正确掌握最高人民检察院、最高人民法院的文件中有关行政审判活动监督范围与方式的规定，依法加大对法院在行政审判活动中各类程序违法情形的监督力度。二是增强线索意识，深挖案源。在办理传统结果类监督案件时，不能就案办案，要认真研读当事人申诉、举报材料，仔细审阅法院卷宗，发现审判程序违法及审判人员违法违纪线索。加强对抗诉后法律再审程序违法情形的监督。

2. 全面提高监督质量。一是正确适用监督方式。对于法院行政审判活动中出现的轻微违法或不规范的情形，应当通过口头建议方式指出，或通过对其背后深层次的制度性问题进行分析归纳提出改进工作检察建议。严格坚持"一案一监督"，严禁针对同一法院在同一审判程序中出现的违法情形，提出多份检察建议；鼓励针对法院在不同审判程序中出现的相同或相似的违法情形进行类案监督，提高检察建议的"含金量"和严肃性。二是审慎提出监督意见。切实发挥法律监督调查机制固定证据、查清事实的重要作用，在充分核实违法事实的基础上，找准法律依据，提出具有针对性的监督意见。三是规范文书制作。统一文书编号，明确案件来源，正确援引法律，确保监督文书类型、监督的违法情形与引用的法律、法规及规范性文件相匹配，加强释法说理。四是加强跟踪、跟进监督。案件承办人应加强跟踪监督，督促法院及时作出处理、及时回复。未及时回复的，可向其纪检监察、人事部门反映。对于监督意见正确但法院不采纳的，可视情向纪检监察、人事部门或上一级检察院报告。对法院回复不规范的，要及时提出、纠正。五是加强与法院的沟通协商。就发现的法院审判活动中出现频率较高，问题较大的程序问题提出有价值的整改建议，以监督促规范，赢得法院的支持与配合。

3. 依法规范办案程序。一是统一线索管理。由案件管理部门统一管理行政审判活动违法线索，行政诉讼监督部门通过其他途径发现的线索应转案件管理部门登记。二是依法调查核实。行政诉讼监督部门对受理后的行政审判活动监督案件进行实质审查，通过阅卷、审查现有材料难以认定或其他确有必要进行调查核实的，可根据调查措施专业程度的不同，经部门负责人或检察长批准，由两名以上检察人员共同开展调查。三是准确提出处理意见。调查终结后要制作调查终结报告，认为符合抗诉条件的，依法经检察长批准或检委会决定提请或提出抗诉、提出再审检察建议；认为行政审判活动存在违法情形的，经处室集体讨论，分管副检察长审批后，提出检察建议；发现违法违纪或犯罪线索的，经检察长批准后，移送相关单位或部门处理；认为不符合抗诉条件或不存在违法事由的，依申请的案件作出不支持监督申请决定，依职权发现的案件作出终结审查决定。四是规范文书存档备案。根据案件的办理流程，及时将案件的受理分案、领导审批以及通过调查措施取得的各类文书材料等归档入卷，以备统计核查。

4. 进一步突出监督重点。突出对行政审判活动受理难、审理难的监督。加强对该受理不受理、既不受理又不作不予受理裁定，剥夺当事人答辩、上诉等权利的违法送达，损害国家利益、社会公共利益或违反当事人意愿协调撤诉，严重超审限、违反回避规定、审判组织不合法等审判活动中严重违法情形的监督。探索对人民法院违法调取收集证据、依法应当调取证据不予调取、违法中止或终结诉讼等情形的监督。注意审判活动监督与审判人员违法违纪或犯罪行为监督的衔接。

5. 努力提升监督能力。深入学习有关行政诉讼程序的法律法规、人民法院关于审理行政案件的相关司法解释及内部规定、关于行政诉讼法律监督调查及对司法工作人员在诉讼中的渎职行为进行法律监督的司法改革文件，掌握民事诉讼法及民事诉讼监督规则中对民事审判程序中违法行为进行监督的相关规定，熟悉行政审判与行政审判活动监督的具体流程。认真总结行政审判活动监督规律，掌握行政审判活动违法发生的重点环节和主要类型，区分人民法院审判程序严重违法与一般违法及不规范的情形，深入分析程序违法与职务犯罪之间的深层联系。加强对行政审判监督工作的培训，制定下发《行政诉讼监督规程》，编辑下发典型案例，开展优秀案件、优秀法律文书评选等活动。各市州分院可根据工作情况，适时开展行政审判活动监督案件、文书评比，开展法律监督调查的模拟实训等各种形式的岗位练兵活动。

2013 年贵州省民事行政
抗诉案件再审结果分析

贵州省人民检察院民事行政检察处

一、基本情况

2013 年，省院民行处共收到法院送达以及 9 个市州分院报送的再审裁判文书 75 份，其中改判 24 件、调解 13 件、和解撤诉 1 件，发回重审 9 件、其他处理 3 件、维持原裁判结果的 25 件，改变率为 62.67%。

二、主要特点

表一：2013 年全省民事行政抗诉案件再审改变率情况表

裁判结果 / 具体分项	抗诉类型		案件类型		再审法院	
	一审抗诉	二审抗诉	行政案件	民事案件	上级提审	指令再审
总计	20 (26.67%)	55 (73.33%)	13 (17.33%)	62 (82.67%)	16 (21.33%)	49 (78.67%)
改判	10	14	2	22	5	19
发回	0	9	2	7	4	5
调解	5	8	0	13	3	10
和解	1	0	0	1	0	1
其他	1	2	0	3	1	2
维持	3	22	9	16	3	22
改变率	80%	56.34%	30.77%	69.36%	75%	59.32%

表二：2013 年全省民事抗诉案件再审结果统计表（按案件类型分）

裁判结果	侵权	婚姻继承	合同纠纷		物权确认	劳动人事	合伙纠纷
			土地房屋	其他			
合计	22	4	11	13	5	4	3
改判	6	1	5	7	2	0	1
发回	2	2	0	1	1	1	0
调解	7	1	1	1	0	2	1
和解	0	0	0	1	0	0	0
其他	2	0	1	0	0	0	0
维持	5	0	4	3	2	1	1
改变率	68.18%	100%	54.55%	76.92%	60%	75%	66.67%

1. 一审抗诉案件改变率高于二审抗诉案件改变率。根据统计表一，一审抗诉案件改变率达 80%，明显高于二审抗诉案件改变率，反映出市州院一审抗诉案件质量较好。经过抗诉结构调整，全省一审抗诉案件占抗诉总量的比例明显降低，把握好二审抗诉案件质量是提高全省抗诉案件改变率的重中之重。

2. 行政抗诉案件改变率明显低于民事抗诉案件改变率。2013 年，全省共收到行政抗诉再审结果 13 件，其中改判 2 件、发回重审 2 件，改变率为 30.77%，与民事抗诉案件改变率 69.36% 相比，差距明显。对于行政案件，法院较多从减少行政成本角度考虑，倾向于维持具体行政行为；检察机关则更多是从统一法律适用，推进行政执法公信力建设出发开展监督，反映出两家执法理念上的差异。如王某某与贵阳市住建局行政征收纠纷一案，从法律适用角度来看，该案理应属于法院受案范围，生效裁定未予受理确有错误，省检察院抗诉后，鉴于申诉人的实际诉求确无正当性，贵阳中级法院再审维持了原裁定。

3. 指令再审情况普遍，且指令再审案件的改变率低于提审案件的改变率。根据统计表一，2013 年收到的再审结果中，指令再审比例为 78.67%，行政抗诉案件中更为突出，指令再审比例高达 92.31%。从提审、指令再审两者改变率来看，指令再审案件改变率较低。可见，指令再审一定程度上影响了抗诉改变率的提高。

4. 涉及土地、房屋类的民事抗诉案件改变率较低。从民事抗诉案件类型来看，除涉及土地、房屋类的合同纠纷再审改变率为 54.55% 外，其他类型的抗诉案件改变率均在 60% 以上。反映出法院对土地、房屋类的合同纠纷维持较多的情况，究其原因，有些土地、房屋类案件时间跨度较长，涉及历史因素多，法院从维护既有现状和维稳出发，倾向于维持。

三、抗诉改变率下降的原因分析

表三：2013 年抗诉维持原裁判结果案件列表

序号	抗诉机关	申诉人	案由	民事或行政	指令或提审
1	贵州省院	陆某莲	颁发国有土地使用证行政争议	行政	指令
2	贵州省院	李某良	土地行政登记	行政	指令
3	贵州省院	揭某	土地行政登记	行政	指令
4	贵州省院	聂某忠	土地行政登记	行政	指令
5	贵州省院	周某	土地行政登记	行政	指令
6	贵州省院	赵某墈	土地行政登记	行政	指令
7	贵州省院	蔡某先	土地行政登记	行政	指令
8	贵州省院	王某昌	其他行政行为	行政	指令
9	贵州省院	钟山区保健用品厂	不服土地颁证	行政	指令
10	贵州省院	李某珍等	物权确认	民事	指令
11	贵州省院	柯某燕等	土地租赁合同	民事	指令
12	贵州省院	王某	商品房买卖合同	民事	指令
13	贵州省院	汪某仙	土地承包经营权	民事	指令
14	贵州省院	姚某伟	商品房销售合同	民事	指令
15	贵州省院	吕某学	土地承包经营权纠纷	民事	指令
16	贵州省院	张某亮等	合伙纠纷	民事	指令
17	贵州省院	王某荣等	返还财产	民事	指令
18	安顺市院	中国人保公司盘县支公司	机动车交通事故责任	民事	提审
19	铜仁市院	许某环等	生命权	民事	指令
20	毕节市院	张某	民间借贷	民事	指令
21	贵州省院	贵州路桥集团	损害赔偿	民事	指令
22	贵州省院	鸿鹄选矿厂	买卖合同	民事	提审
23	贵州省院	张某	劳动争议	民事	提审
24	贵州省院	唐某珍	身体权	民事	指令
25	贵州省院	水矿焦化公司	买卖合同纠纷	民事	指令

1. 指令下级法院再审比例过高影响了抗诉监督效果。维持原裁判结果的 25 起案件中，有 22 件是由原审法院再审后作出。由于抗诉针对的生效

判决本身是由原审法院作出，一些案件甚至经过原审法院审委会讨论决定，在此情形下，原审法院通过再审纠正自身裁判错误的局限性大，再审维持原裁判结果的可能性也相应增大。2010年省检法两家就形成会议纪要，明确规定了省高级人民法院应予提审的抗诉案件情形，但执行情况并不理想，违法下裁情况仍然存在，如我院以适用法律错误为由提出抗诉的贵阳市人民政府与李某良等6人土地行政登记系列纠纷以及王某昌、郑某萍与贵阳市住建局行政征收纠纷，省高院均违反两家会议纪要精神，将案件指令贵阳市中级法院再审，市中院再审后维持了原裁判结果。

2. 检法两家执法理念、执法尺度不一。检察机关抗诉的申请监督案件，绝大多数经过法院多次审理裁判，一些案件各省乃至省内各市、州法院裁判结果都不一致，法律关系、案件事实认定以及适用法律上争议较大，在此情况下，两家执法理念、执法尺度上容易产生分歧。从2013年收到的再审裁判结果看，维持率较高的案件主要集中在行政纠纷以及涉及土地、房屋的民事纠纷。此类案件关乎行政机关执法公信力建设，关乎基本民生，社会影响较大，示范效应较强，检法两家执法尺度、理念上存有差异，保持了近年来此类案件维持率较高的态势。当前，在土地承包经营权纠纷、劳动争议和机动车交通事故责任有关案件中，也不同程度反映出两家执法理念、执法尺度不一的情况。

3. 检察机关抗诉审查不到位。检察机关抗诉的绝大多数案件符合法定再审条件，但仍有个别案件反映出抗诉审查的不足。如水矿焦化公司与钟山区海威洗选厂买卖合同纠纷抗诉案，由于案件材料审查不仔细、法律引用不完整，导致对法院合法的程序问题提出监督意见。

4. 其他处理3件，均是由于申诉人撤回申诉，法院作终结再审程序处理。

四、改进措施

1. 切实改进和强化抗诉再审情况跟踪。一是与法院建立数据共享机制。目前，全省抗诉改变率统计、分析工作主要以法院送达以及市州院报备的再审裁判文书为基础，由于可能存在法院对抗诉案件作出再审裁判后未送达检察机关或者下级院收到再审裁判后未向省院报备情况，故抗诉结果案卡填录、跟踪分析工作的基础数据不尽准确。下一步，要尽快与法院建立数据共享机制，由法院每月向检察机关提供抗诉案件再审裁判结果数据及裁判文书，保证抗诉结果跟踪分析工作基数清、底数明，为检察机关全面掌握抗诉再审结果提供方便。二是由抗诉结果跟踪转向再审情况全过程跟踪，注意跟踪法院裁定再审情况、再审审理以及再审裁判结果情况，重点监督纠正法院违法下裁和再审超审限问题，如人民法院作出的再审裁判仍符合监督标准的，力争再次启动监督程序，树立检察监督的权威。

2. 切实提高人民法院提审抗诉案件比例。省检法两家要形成共识，对于检察机关抗诉案件，要以上级法院提审为原则，严格控制指令原审法院再审数量。对于法院明显违法下裁的，要切实监督纠正。当前，省检法两家要抓紧会签《关于办理民事抗诉案件有关问题的规定》，再次明确应由上级院提审的案件类型，大力支持法院裁定同级其他法院再审。特别要加强与省高级法院的沟通联系，加大省高级法院提审行政抗诉案件的比例。

3. 加强类案沟通协调。对于社会影响大、适用法律争议较大的类案，省检法两家要切实做好沟通协调工作，要建立经常性的沟通机制，通过个案沟通、召开联席会或研讨会等方式，统一执法尺度。尤其要在提高行政抗诉案件改变率上下功夫，进一步加强与法院行政抗诉案件有关审判庭、室的沟通联系，对行政抗诉案件做个案沟通或类型化研讨，力求在适用法律等方面达成共识。坚持检察长列席审委会制度，特别要强调市州院主管领导列席法院审委会，以有效促进检法两家协调沟通，提高抗诉改变率。

4. 着力提升办案质量。要坚持抗诉案件法定标准，加强文书说理，严格案件审批流程，确保案件质量。要依法运用调查取证权，收集案件相关证据查清案件事实，确保检察机关监督意见依据充分，提升监督效果。

5. 加强对下指导。对于办理提抗案件或备案审查过程中发现的案件质量问题，要注意加强指导。对于省检法两家类案沟通成果，要及时下发分州市院。加强培训力度，开展多种形式的以案代训。制定科学合理考评制度，将抗诉案件质量作为重要考评标准，促进案件质量提高。

安徽省民事行政抗诉和再审检察建议案件再审情况调研报告

安徽省人民检察院民事行政检察处

　　案件质量是民事行政检察工作的生命线，抗诉案件再审改变率、再审检察建议法院采纳率是检验案件质量和监督效果的重要依据。根据安徽省院统计部门 2013 年 7 月份的通报，2013 年上半年全省民行抗诉案件再审改变率为 62.79%，再审检察建议法院采纳率为 21.11%，均低于同期全国平均水平。为分析原因，研究对策，安徽省院民行处开展专项调研活动，现将抗诉和再审检察建议再审情况报告如下。

　　一、抗诉及再审检察建议案件基本情况

　　2011 年至 2013 年 6 月，全省检察机关共向人民法院提出抗诉 1259 件（2011 年 600 件，2012 年 492 件，2013 年 1～6 月 167 件），人民法院共审结抗诉案件 990 件，其中改判 273 件、调解 316 件、撤销原判发回重审 173 件、维持原判 175 件、其他 53 件，再审改变率达 76.97%（其中 2011 年为 81.7%，2012 年为 73.83%，2013 年 1～6 月为 62.79%）。

　　2011 年至 2013 年 6 月，全省检察机关共向人民法院提出再审检察建议 886 件（2011 年 354 件，2012 年 442 件，2013 年 1～6 月 90 件），人民法院裁定再审 647 件，采纳率 73.03%（2011 年为 76.27%，2012 年为 81%，2013 年 1～6 月为 21.11%）。

　　从数据上看，2013 年 1～6 月抗诉案件再审改变率及再审检察建议采纳率（以下简称"两率"）低于全国平均水平，且均明显低于往年。但几年来，我省抗诉案件再审改变率一直高于法院自行再审案件的再审改变率（法院自行启动再审案件改变率为：2011 年 58.73%、2012 年 55.12%、2013 年上半年 57.29%，分别低于同期抗诉案件再审改变率 22.97、18.71、5.5 个百分点）。

二、影响抗诉案件再审改变率的因素

（一）法院方面的原因

1. "上级抗、下级审"是抗诉案件再审改变率低的重要原因。民事诉讼法第211条确立了抗诉案件以接受抗诉的人民法院审理为主、下一级人民法院审理为辅的原则。但实践中，由于上一级人民法院办案压力大等原因，绝大多数案件被指令下一级人民法院再审，将民事诉讼法确立的上述原则颠倒过来，变成了"上级抗、下级审"。经统计，2011年至2013年6月，全省法院提审的抗诉案件仅占抗诉案件总数的22.3%。而由于省高级人民法院再审任务更重，省高级人民法院提审案件更少，统计区间，省高级人民法院对省检察院抗诉的505件案件仅提审60件，占11.88%。

经调研，"上级抗、下级审"的再审改变率远低于"上级抗、上级审"的再审改变率：2011年至2013年6月，省高级人民法院共提审审结省检察院抗诉案件36件，再审改变率达72.22%（其中改判6件、撤销原判发回重审12件、调解8件、维持原判7件、其他3件）。而同期，经省高级人民法院指令市中级人民法院再审审结省检察院抗诉案件166件，再审改变率仅为41.57%（其中改判24件、撤销原判发回重审14件、调解31件、维持原判88件、其他9件）。同样是省检察院抗诉案件，省高级人民法院提审的再审改变率明显高于市中级人民法院的再审改变率，充分说明"上级抗、下级审"不利于纠正错案。

"上级抗、下级审"再审改变率较低的主要原因有：一是法院内部考评因素。再审改变得多了，说明原审质量不高，考评成绩会受影响，因而不愿改判。二是再审法官往往因与原审法官是同事关系，甚至关系很密切，不愿改判其案。三是少数原判系经审判委员会讨论的案件或者原判系再审判决的案件，下一级人民法院更是很难改判。

2. 应该改判而维持原判。有些案件检察机关抗诉理由正确，法院维持原判明显错误。这类案件有19件，占14.18%。有的案件检察机关已进行跟进监督，再次提出抗诉。如李某申诉案，省检察院第一次抗诉后，省高级人民法院指令中级人民法院再审，中级人民法院再审维持原判，省检察院审查认为再审维持原判错误，再次提出抗诉，省高级人民法院提审后再审改判。但大多数案件因考虑到不是重大错误且影响不大等因素，未再次抗诉。

3. 原审裁判确有错误，再审予以指正但维持原判。有些案件，尽管原审判决确有错误，检察机关抗诉正确，但考虑到信访压力、执行回转困难，或者错误对当事人实体权利影响不大等因素，再审法院仅予以指正却

民事行政检察指导与研究（总第13集）
Guide and Study on Civil-Administrative Procuratorate

不予改判。此类案件在统计区间内有 5 件，占 3.73%。

（二）案件自身原因

1. 抗诉条件自身原因。民事诉讼法第 200 条规定的十三种再审情形中，下列八种情形，即使检察机关抗诉正确，再审结果也可能是维持原判：（1）原判决、裁定认定的基本事实缺乏证据证明的；（2）原判决、裁定认定事实的主要证据未经质证的；（3）对审理案件需要的证据，当事人因客观原因不能自行收集，书面申请人民法院调查收集，人民法院未调查收集的；（4）审判组织的组成不合法或者依法应当回避的审判人员没有回避的；（5）无诉讼行为能力人未经法定代理人代为诉讼或者应当参加诉讼的当事人，因不能归责于本人或者其诉讼代理人的事由，未参加诉讼的；（6）违反法律规定，剥夺当事人辩论权利的；（7）未经传票传唤，缺席判决的；（8）审判人员审理该案件时有贪污受贿、徇私舞弊、枉法裁判行为的。

检察机关发现上述八种情形提出抗诉，再审结果有以下几种情形：一是检察机关抗诉情形不存在，人民法院维持原判。也就是说，人民法院通过再审，认为原判程序合法、判决裁定有充分证据支持或者不存在剥夺当事人诉讼权利等情形，检察机关抗诉理由不成立，因而维持原判。二是检察机关抗诉情形存在，人民法院通过另行组成合议庭再审，纠正了原审程序瑕疵，或者通过调查取证、当事人举证、质证等程序完善了证据，但经过依法再审，可能查明的事实与原判相同，因而再审维持原判。三是检察机关抗诉情形存在，人民法院再审时通过调查取证、当事人举证、质证等程序，查明原判决、裁定认定事实错误，且实体处理结果错误，因而改变了原判决、裁定。对于上述三种情形，只有第一种情形是因检察机关抗诉错误，第二、第三种情形实际上都是检察机关抗诉正确。但在实践中，对于第二种情形，因结果是维持原判，检察机关都是作为维持原判的结果录入统计报表，未能真实反映抗诉质量。全省复查的 134 件再审维持原判的案件中，有 10 件属于这种情况，占 7.46%。

2. 民事行政案件证据审核判断和证明标准方面的原因。民事诉讼证据的审查判断较为复杂，既涉及举证责任分配、举证责任转化，又涉及对证据的审核判断，这里面包含了较多承办人的认识、理解因素，特别是当双方当事人对某一事实均举出一定证据，一方无法排除另一方证据时，人民法院不能拒绝判决，需要运用优势证据规则对案件事实作出认定。优势证据规则的运用，包含了法官通过庭审中对当事人察言观色所形成的内心确信等认识因素。检察机关审查案件时，由于所站角度、考虑问题的侧重点不同等，会与人民法院有不同的认识。这些案件，检察机关抗诉和人民法院维持原判都有一定道理，不能简单地说抗诉错误或者维持原判错误。在复查的 134 件案件中，由于检察机关对举证责任分配、证据的审核认定等与法院认识不同导致维持原判的案件 49 件，占 36.57%。

3. 民事行政案件法律关系复杂性原因。有些民事行政案件法律关系错综复杂，有的还涉及法律之间的衔接、法律与政策的衔接等，对如何适用法律、如何认定法律关系性质和法律行为效力等，往往仁者见仁、智者见智，在复查的案件中，因检、法两家认识不同而维持原判的案件有 36 件，占 26.87%。

（三）当事人自身原因

再审过程中，因当事人撤回申诉、不积极应诉，或者一方当事人死亡、被注销又无权利义务承受人等原因，导致法院终结再审程序，维持原判。此类案件在统计期间内有 3 件，占 0.2%。

（四）检察机关原因

1. 两院沟通协调不够，一定程度上影响了案件改变率。一是在整体上，一些地方检法两院缺乏沟通，关系不融洽，法院对检察监督抵触情绪较大，对抗诉案件持尽量维持原判的态度，甚至明显有错不纠。二是在个案上，检察人员与再审审判人员沟通联系不够，未能及时消除认识分歧，或者未能积极配合法院做调解工作，使一些本能改判或调解的案件被维持原判。前述因认识不同而维持原判的案件，如果加强与人民法院的沟通协调，将有不少案件能够被改判。

2. 案件质量不高而导致维持原判。复查案件中，有 12 件是由于检察机关对抗诉标准把握不够严格，抗点不明确、不准确，抗诉理由片面而导致维持原判，占复查案件总数的 9%。

（五）统计方面的原因

近几年，法院为降低再审改变率，在对案件调解成功后，让以当事人自行签订和解协议并撤诉的方式结案。针对这种情况，省院曾要求将和解协议和裁定书一起入卷归档，并将此结案方式作为调解结果录入报表。但 2013 年统计报表升级后，在再审结果中增加了一项"当事人和解后撤诉"，上述情况只能填入该项中，不再计入再审改变结果中，从而影响了再审改变率。2013 年 1～6 月，全省有 6 件该类案件，如将该 6 件计入，则再审改变率为 69.77%。

另外，不少因当事人和解而终结再审程序的案件，法院在裁定书中并不表述因当事人自行和解而撤诉，检察机关只能将这种再审结果作为"其他"结果录入统计报表。而"其他"结果不计入再审改变结果,这必然影响再审改变率。

三、影响再审检察建议采纳率的因素

上述影响抗诉案件改变率的因素中,两院协调不够、当事人自身原因、案件质量不高等,也是影响再审检察建议采纳率的因素,除此之外,影响再审检察建议采纳率的因素还有以下几项:

1. 报表填报数据不能真实反映再审检察建议实际采纳率。再审检察建议采纳率应该是法院采纳数占法院回复数(包括采纳和未采纳)的百分比。但是,当前的统计报表对再审检察建议案件采纳情况只录入法院采纳的案件,法院未采纳的或者未回复是否采纳的案件,不录入报表。因此,当前计算的再审检察建议采纳率是报表显示的法院采纳数和提出再审检察建议总数的比率,由于未除去法院未回复的案件数,该比率并非再审检察建议的实际采纳率。由于法院系统对当年结案率进行考评,当年的案件一般都在当年审结,所以存在下半年审结案件多、上半年审结案件少的现象,因而上半年法院未回复的再审检察建议较多,造成上半年的再审检察建议采纳率较低。从实际情况看,2013 年全年的再审检察建议采纳率为 61.33%(该数字也是法院采纳数占提出再审检察建议总数的百分比),明显高于上半年。

2. 法院方面的原因。一些法院对再审检察建议仍持排斥态度,不接受,或者不审理、不回复,直接影响了再审检察建议的采纳率。一些法院虽然能够接受再审检察建议,但对再审检察建议采纳标准过高,除非确有错误,能改判的外,一律不予采纳。这就直接将部分程序违法或事实不清的案件排除在外,降低了再审检察建议的采纳率。

3. 检察机关自身原因。少数检察机关提出再审检察建议的标准低于提出抗诉的标准。个别地方未掌握好再审检察建议适用范围,对于作出该裁判的法院不宜进行再审案件(如生效裁判系再审判决,或者系审判委员会讨论决定的案件),仍向该法院提出再审检察建议,造成再审检察建议不能被采纳。

四、进一步提高"两率"的意见和建议

1. 加强队伍专业化建设,着力提升监督能力。民行检察业务涉及的法律法规范围广,解决的法律关系复杂,对民行检察人员的专业水平要求很高。近几年来,省院组织不断创新培训方式,先后多次通过举办培训班、在线学习、挂职交流及评选十佳办案人、精品案例、理论研讨等活动,鼓励民行检察人员加强学习,提高业务水平,我省民行检察队伍整体素质得

到提升。但是，由于受省院培训覆盖面窄、时间有限以及民行检察队伍业务骨干流失严重等因素影响，当前我省民行检察队伍整体专业化水平还不高，不能适应工作发展需要。这需要各级院共同努力，重视民行工作、关心民行干警，稳定业务骨干，创新培训方式，提高培训实效，切实提升队伍专业化水平。

2. 牢固树立质量意识，严格把握抗诉条件。在再审维持原判的案件中，有9%的案件是因检察机关对抗诉条件把握不准造成的。各级院一定要增强案件质量意识，完善、落实案件集体讨论制度等各项案件质量保障制度、措施，严格把握抗诉条件，确保抗诉和再审检察建议质量。同时，对于案件在认定事实、适用法律等方面存在认识、理解不一致的问题，特别是检察机关内部讨论时对这些问题就有分歧的案件，要注意与原审法官沟通，听取其意见，慎重提出抗诉或者再审检察建议。

3. 加强与法院的联系沟通。检察机关要主动加强与法院的沟通，取得法院对检察工作的理解与配合。要通过沟通，提高法院对抗诉案件提审率，落实检察长列席审判委员会制度。省检察院正在与省高级人民法院协商会签文件，争取通过会签文件减少"上级抗、下级审"案件数量。对于具体案件，检察人员要加强与再审法官的庭前和庭后联系沟通，交流对案件的看法。法院对抗诉案件提审率为19.26%，但对其自行启动再审程序的案件提审率却为41.56%，比抗诉案件提审率高19.26个百分点，说明法院对抗诉案件的重视程度不如其自行启动再审程序的案件，检察机关应通过加强沟通协调，提高再审改变率，提审监督效果。

4. 争取党委、人大等有关部门的支持。要主动向党委、人大、政法委汇报民行检察工作，争取理解、支持，为民行检察工作的开展创造良好的环境。

5. 建议修改统计报表。一是对再审结果进一步细化，增加因抗诉条件自身原因导致维持原判的情形，并将这种结果计入改变结果。二是对再审检察建议案件法院采纳情况中，增加"法院未采纳"项，并改变再审检察建议采纳率计算方法，即再审检察建议采纳率为法院采纳数占法院采纳和不采纳数之和的百分比。

6. 加强对案件的跟进监督。对于法院维持原判的抗诉案件和未采纳的再审检察建议案件，要认真进行复查，对于抗诉和再审检察建议正确，法院维持原判或不采纳再审检察建议明显错误的，要跟进监督，继续提出抗诉或者提请上级院抗诉。

为"依法行政"扎紧权力运行的"篱笆"

——湖南省津市市人民检察院探索开展行政执法检察监督的实践和启示

习近平总书记在中纪委十八届二次全会上指出:"要加强对权力运行的制约和监督,必须把权力关进制度的笼子。"津市市政府为了促进行政执法权的规范运行,主动要求检察机关加强行政执法监督。津市检察院紧扣国家法律监督机关的宪法职能定位,遵循权力监督制约的基本原理,积极探索开展行政执法检察监督工作,努力为"依法行政"扎紧权力运行的"篱笆"。2010年以来,津市检察院共督促相关部门依法履行职责18次,监督范围涵盖重点工程建设、廉租房建设、税收征缴、房地产开发超容积率、"津市牛肉粉"品牌形象维护等领域,累计为国家挽回税费损失和追回应收款项2000万余元,节约项目资金5000万余元,市委、市人大、市政府以及社会各界均给予好评。

一、探索开展行政执法检察监督的背景

检察机关对行政执法进行法律监督并非标新立异,也不是法律监督权的自我膨胀,而是法定职责的应有之义。特别是基于法治湖南建设的特定履职背景,加强行政执法检察监督的重要性、必要性、紧迫性更加凸显。

一是宪法和法律有规定。宪法第129条规定,"人民检察院是国家的法律监督机关"。这意味着检察监督承担国家的法律监督职能,对国家法律实施的多个领域实施监督,既要监督司法机关的执法行为,也要监督行

---

[*] 调研组成员由湖南省人民检察院民事行政检察处、湖南省人民检察院办公室、湖南省常德市人民检察院工作人员组成。

政机关的执法行为。宪法的这一规定为检察机关开展行政执法监督提供了根本法上的依据。基于这一定位，我国刑法和刑事诉讼法分别规定，人民检察院通过查处行政执法工作人员贪污贿赂、渎职侵权犯罪，而对违法行政行为进行监督。行政诉讼法规定，"人民检察院有权对行政诉讼活动实行法律监督"。这些单行法律的规定表明检察机关具有监督行政执法行为的职责。另外，其他相关法律的规定也为检察机关监督行政权提供了有力的法规基础。如国务院2001年7月颁布的《行政执法机关移送涉嫌犯罪案件的规定》明确指出，发现行政机关对构成犯罪的案件不移送时，检察机关有权监督；人民警察法规定，"人民警察执行职务，依法接受人民检察院的监督"；治安管理处罚法规定，"公安机关及其人民警察办理治安案件，不严格执法或者有违法违纪行为的，任何单位和个人都有权向人民检察院检举、控告"。

二是高检院有要求。2010年，全国第二次民事行政检察工作会议提出，各地检察机关要加大行政检察力度，积极探索开展督促起诉等工作。为此，省院在2011年出台了《湖南省检察机关办理支持、督促起诉案件暂行规定》，对检察机关督促有关行政机关依法履行职责、提起民事诉讼维护国家利益的条件与程序进行了规范。为贯彻党的十八大关于推进依法治国、促进依法行政的决策部署，2013年，高检院下发《关于深入推进民事行政检察工作科学发展的意见》明确提出"在履行民事行政检察职责过程中，发现有关机关存在不依法履行职责的情形，可以提出检察建议，促进依法行政和社会管理创新"。

三是党委政府有意愿。津市市委、市政府高度重视依法行政工作，将建设法治津市作为推动津市发展的重要抓手，自觉将行政权运行纳入法治轨道。市委、市政府要求全市行政机关全面支持检察机关开展行政执法检察监督工作。市长罗先东亲自写信给省检察院游劝荣检察长，希望省检察院对津市检察院探索开展行政执法检察监督的工作加强领导和指导，给予支持和帮助，并表示市委、市政府将全力配合检察机关开展好这项"双赢"工作，努力把津市行政执法工作提高到新水平。在市委、市政府的强力推动下，全市行政执法部门接受检察监督的意识不断增强，检察机关对行政执法活动的监督越来越受欢迎，对依法行政的促进和保障作用日益凸显。

四是人民群众有呼声。行政执法行为与老百姓的生产生活关系密切，深入人民群众的衣食住用行等各个方面。行政执法行为是否依法规范，行政执法权是否被滥用、被怠于行使，与人民群众的合法权益是否被有效维护休戚相关。近年来，国土、建设、环保、交通、城管、教育、社会保障、医疗卫生、食品药品安全、安全生产、新农村建设等领域，由于行政执法不规范、不作为、乱作为等引发的社会问题广受关注，人民群众对加强行政执法活动监督的呼声日益强烈。检察机关作为国家的法律监督机关，承担着监督公权力依法行使、保障国家利益与社会公共利益不受侵害的神圣使命，检察监督理应成为加强行政执法监督体系中不可替代的重要组成部分，这也是检察机关探索开展行政执法监督工作的动力之源。

二、探索开展行政执法检察监督的路径

行政执法检察监督作为一项公权力监督工作，本身也是公权力的运行，须遵循"法无授权即禁止"的公权力行使基本原则。在现行法律对大部分的行政执法行为进行检察监督缺乏明确授权的立法语境下，津市检察院成功探索行政执法检察监督的实践路径更具借鉴意义。

（一）深入调研论证，审慎确定监督重点

为确保行政执法检察监督工作稳妥开展，津市检察院从一开始就注重围绕行政执法检察的基本原则、必要性、可行性、正当性，开展行政执法检察的条件、程序、范围等问题，通过召开座谈会、理论研讨会、请示上级院、走访相关部门等方式，广泛听取行政执法部门、一线执法人员、上级检察机关、专家学者、行政相对人、普通社会群众等各个方面的意见。经过深入调研论证，在以维护公共利益和维护国家利益为基本原则的基础上，确定行政执法检察监督工作的监督范围主要是行政机关没有依法履行行政执法职责，包括：行政执法主体不适格，超越或者滥用职权，适用法律法规等规范性文件错误，违反法定程序，主要事实认定不清、证据不足，不履行法定职责，或其他违法行使行政职权等情形。同时，结合津市的实际情况，确定征地拆迁补偿、环境保护、食品安全、惠民资金、涉农补贴、社会保险、国家重点工程项目招投标及其建设等领域与环节为当前监督重点。

（二）广泛争取支持，着力营造监督氛围

津市检察院对涉及行政执法检察监督的法律、法规、政策进行了系统梳理，分别呈送市委、市人大、市政府主要领导，并多次进行专题汇报，争取对行政执法检察监督工作的理解、重视与支持。市委书记两次听取市检察院关于行政执法检察监督的工作报告，明确表示市委将全力支持检察机关开展行政执法检察监督工作，对工作中的困难和问题将及时研究处理，并要求市委政法委抓好督促落实。市长要求全市各级行政执法部门全力配合检察机关开展行政执法检察监督，为检察机关开展监督提供最大便在市委常委会、市政府办公会、市委党校科级干部培训班上进行专题宣讲，促使市领导以及行政职能部门主要负责人了解和把握检察机关开展行政执法检察监督的目的、意义、方式、方法，行政执法检察监督在促进依法行政、提升行政执法公信力、保护干部队伍等方面的积极作用，增进全市党政各级各部门领导干部对行政执法检察监督工作的理解和认同，深化全市行政执法干部对行政执法检察监督工作必要性与重要性的认识，从而增强接受监督、配合监督的自觉性和主动性。

（三）多种方式并用，切实提升监督效果

一是调查核实。介入行政执法领域，根据需要适当采取询问当事人或知情人、查阅、调取或复制相关材料、勘验、鉴定、检查等方式，对行政机关及其工作人员的执法活动及其所认定的事实进行调查核实，确保对行政执法行为是否违法的认定准确有据。在调查中，坚持不得采取限制被调查人或相关当事人的人身自由和财产权利，不妨碍被调查单位正常工作的原则，要求检察人员严格遵守保密纪律，注意维护有关行政执法单位形象和工作秩序。如在该市投资上亿元的民生工程——污水处理厂建设施工中，施工方存在采用劣质地下排水管的问题，该院通过现场调查核实，查实了施工方铺设的 2600 米地下水管中，仅 1000 米是由湖南省特许生产厂家生产的，其余均为无特许生产证明的产品，两者每米差价上千元。后该项目决算时据此核减决算金额 1000 万余元。又如，在津市主城区主干道车胤大道升级改造中，群众举报施工方有偷工减料现象，该院通过到施工现场调查核实，查明车胤大道施工过程中，存在使用钢筋规格不符合设计要求、混凝土厚度不够、工程技术人员没按要求驻守施工现场等问题。该院据此向负有监管职责的相关行政机关提出检察建议，促使相关行政执法单位加强了工程质量监管，施工单位增强了依法守约确保工程质量的自觉性。

二是进行现场见证。津市检察院在探索行政执法监督中，在听取相关执法单位的建议与意见后，确定对于国家重点项目、市属重点工程项目以及其他涉及民生的重点项目，可以视情况需要采取现场见证的监督方式。如针对群众举报的德雅中学整体搬迁项目中新增工程量大大超过原招投标金额、可能存在违法行为的问题，该院在调查核实的基础上，应邀参加市政府主持召开的由市人大、财政局、审计局、建设局、教育局、建筑公司、质监局等 10 多个单位参加的德雅中学项目决算专题工作会议，现场听取施工单位、相关部门的汇报，提出了新增 4000 万的工程量没有按法定程序招投标，审计部门、财政评审中心、质监部门、教育局未按法定程序对新增工程量严格把关等问题的监督意见。会后，相关责任部门根据检察监督意见对该项目认真评审和审计，依法在决算中核减工程金额近2000万元。

三是督促起诉、督促履职。对没有依法履行职责的行政机关，区别情况提出督促起诉或者督促履职意见，是津市检察院探索开展行政执法检察监督的主要方式。在2013年以前，检察机关主要从诉讼监督的角度出发，要求进行检察监督的行政执法案件具有可诉性，即相关行政机关不履行或怠于履行职责，致使国家利益、社会公共利益受到侵害或有受侵害危险，且该权益可通过民事诉讼方式进行救济的，依法督促相关行政机关提起诉讼。如津市"金海岸"小区的开发商金华公司，将住宅用地的土地使用权年限由40年变更为70年，按照国有土地使用权出让合同的约定，应当补缴土地出让金，但市国土资源局未及时催缴。该院经过立案调查，认为该案涉及国家利益，且具有可诉性，及时发出督促起诉意见书，督促津市国土资源局依法提起诉讼。市国土资源局吸纳检察意见后，积极催缴，促使金华房地产公司依法补缴土地出让金200多万元。2013年，对于虽不具有可诉性，但行政机关依法具有监管职责，案件涉及国家利益、社会公共利益的，检察机关采取发出督促履职意见书，督促行政机关依法履职。如津市雪丽造纸有限公司在股本分红时涉嫌欠缴税费一案，该院进行了相关调查，听取了市地税局的相关意见。在查清基本事实后，向该局发出督促履职检察意见书，督促其依法追缴相关税费。由于工作到位，仅两个月时间，市地税局就依法对该公司追缴税费1400多万元。又如，针对群众反映的该市廉租房福民小区9号楼在施工建设过程中出现部分桩基础偏位较大、存在重大安全隐患，而相关行政主管单位监管不力的问题，该院经过调查核实，确认群众反映的问题属实，向市房管局发出检察建议书，建议其牵头会同相关责任单位查明原因、厘清责任、迅速整改。市房管局召集建设、施工、质检、监理等相关方召开现场办公会，制定补打取桩处理方案，后该项目顺利通过验收，福民小区按期按质交付使用。

四是提出改进工作检察建议。在针对具体的违法或者怠于履行职责的行政执法行为提出检察建议的同时，注重就工作中发现的某些违法问题或者相关行政机关工作中存在的管理漏洞、制度缺口等提出改进工作的检察建议，推动相关行政执法单位强化执法力度、完善管理制度，提高依法行政水平。如该院在办理黄某等3人生产销售有毒有害食品一案中，发现犯罪嫌疑人生产加工的劣质牛肉有部分销售到市内一些牛肉粉店使用。津市牛肉粉是全省知名品牌，为了避免给知名品牌的声誉造成不良影响，该院将情况向工商局、食品药品监督管理局等相关执法部门通报，发出书面检察建议书，建议相关执法部门联合开展生产销售牛肉粉环节中非法使用劣质食材的专项整治行动。津市工商局等相关部门开展了专项治理，查处了部分不法商家，维护了津市牛肉粉的品牌形象。又如，在办理督促规划部门及时收缴有关容积率调整后的相关费用的案件后，该院向市国土局与市规划局提出检察建议，建议两家就工程竣工验收和容积率确定建立可操作性的长效机制。市国土局与市规划局制定了有关容积率调整与验收的规范性文件，明确了容积率调整的报批标准与程序，明确了规划委员会在容积率调整中的权限，促进了容积率调整、确定、费用收缴工作的规范化。

五是开展违法行为调查。行政执法行为出现违法情形，有时是由于执法人员个人存在失职渎职甚至贪赃枉法的违法犯罪或者违纪问题而引起的。因此，该院在探索行政执法检察工作时，不仅注重对事的监督，而且注重对执法人员的监督。在对人监督方面，既注重对涉嫌的职务犯罪依法查处，也注重保持对虽然不构成犯罪，但构成渎职行为，或者违反党政纪律规定的行为进行查处的警惕，使行政执法检察工作在对事与对人监督两个方面整体推进，确保行政执法检察监督效果最大化。如该院在办理该市7名房地产开发商擅自提高容积率、超规划面积开发房地产的案件时，经过调查，发现市规划局存在违法变更规划、未经法定程序批准提高容积率、增加建筑面积，在开发商未补缴土地出让金的情况下为其核发建设工程规划许可证并进行验收等问题，经进一步调查发现这些问题主要是由于该局副局长陈某违规审批所致。该院向市规划局提出检察建议，督促其及时追缴津市"幸福家园"小区和"九里华都"小区的土地出让金共121万余元，并将陈某渎职与违纪的事实移送纪检监察部门，纪检监察部门调查后提出处理意见，免去了陈某市规划局党组书记职务，并调离市规划局。

（四）注重构建机制，规范监督行为

该院与市政府联合出台了《检察机关开展行政执法检察监督暂行规定》（以下简称《规定》），重点从三个方面对行政执法检察监督进行了规范：一是明确行政执法检察监督的目的、内涵、原则，启动检察监督的情形，实施检察监督的程序要求、监督意见提出及其处理。二是建立市检察院与市政府之间的信息互通案件协查、纠错及线索移送机制，并规定检察机关在发出检察建议前，应与市政府进行沟通；市政府发现行政执法中的违法犯罪情形时，应及时通报检察机关。检察机关认为行政机关不采纳检察建议理由不成立的，可以建议市人民政府予以纠正。三是建立联席会议机制，由市政府分管法制工作的副市长担任联席会议召集人，定期召集市检察院、市监察局、市政府法制办以及相关行政机关或组织负责人召开行政执法联席会议，通报并协调处理行政执法检察监督中发现的有关问题。2013年9月28日，津市市政府与津市检察院联合召开津市行政执法检察监督工作联席大会，市人大、市政协、市政法委以及84家市直单位、乡镇街道负责人参加会议，共同研究了行政执法检察监督中的重要问题。此外，为了进一步提高行政执法监督的规范化水平，市人大常委会草拟了《关于加强人民检察院行政执法检察监督工作的决议》，即将审议通过。

三、深入推进行政执法检察监督的思考

津市检察院在对行政执法检察监督的探索实践进行经验总结的同时，鉴于此项工作涉及检察权与行政权的相互关系，直接法律依据并不充分，也对如何推进此项工作稳步、深入、健康发展进行了一些理性思考。他们认为，作为一项探索性的工作，在推进中务必注重把握以下五点：

一是必须把促进依法行政作为行政执法价值追求。行政权的运行关乎国计民生，影响重大而深远。运行得当，则实现社会有序，增进公共利益，保障公民合法权益；运行不当，则滋生腐败、损害民主自由、侵害公民人权、导致社会无序。现代法治国家普遍通过实施法治来制约行政权的运行，以扬利避害。检察机关作为国家法律监督机关，其基本使命在于维护宪法和法律的统一正确实施。依法治国是我国基本治国方略，检察机关开展行政执法检察监督，应当以促进依法行政为价值追求，唯有在法律的准绳下，监督才有依据，监督也才有标准，监督与被监督才能和谐统一。

二是必须把积极、稳妥、公益作为基本原则。检察权本身具有主动性，在当前行政执法检察监督法律依据不充分、不明确的情况下，检察机关探索对行政执法的监督，既要有积极的一面，也需要坚持稳妥和公益的原则；既需要立足检察监督职责，主动积极地进行探索，更需要尊重行政权的边界、尊重行政权的运行规律，不能干预行政执法部门具体的行政管理，更不能代行行政权。同时，也只有出于维护国家利益、社会公共利益的需要，才能启动监督程序，而不能简单地成为行政相对人利益的代言人。

三是必须把依法、规范、理性作为理念遵循。任何公权力都有边界，检察机关进行法律监督必须在法律规定的范围内，运用法律规定的手段，并依照法定程序进行。同时，开展行政执法检察监督，还需特别注意遵循规范和理性的执法理念。规范就是检察监督行为要符合程序要求，启动监督程序、调查核实、提出监督意见、制作法律文书等，均必须严格按照规定的程序、要求与条件进行，不得随意执法。理性就是要求检察机关应当坚持客观公正的立场，谦抑地行使检察权，坚持有限监督，特别是要注意检察监督与行政复议、行政诉讼、行政监察等行政执法行为的其他监督制度之间的衔接，注重研究和比较各种监督制度之间的关系、范围、特点和优劣等，既不能简单地以现行法律规定了其他监督制度为由，就简单地否定检察监督存在的必要性与价值，也不能无视其他监督制度所发挥的作用，简单地以为检察监督可以代替其他监督。在实践中，还需要注意，检察监督对行政执法既是监督，也是支持，既要注意避免因为监督干扰依法行政，也要注意避免过于强调支持而丢掉了监督的本职。

四是必须把行政不作为、乱作为等违法行政行为作为监督着力点。行政权行使点多面广，在有限的司法资源内，检察机关不可能对所有的未依法行使的行政权进行监督。从现实性出发，当前的行政执法检察监督，应当将群众反映强烈、造成或者可能造成重大社会影响、重大损失的行政机关的不作为、乱作为等严重违法行为作为着力点，突出监督重点，注重监督效果。通过对一些具有代表性和典型意义的行政执法违法行为的监督，发挥办理一件、警示一面、教育一片的监督效果，使监督案件的办理有效促进和引领行政执法部门依法行政。

五是要把党的领导、人大监督、政府支持、部门配合作为根本保障。津市检察院探索行政执法检察监督的实践之所以能有力推进、有效落实，最重要的保障就在于自始至终有市委、市政府的领导、重视与支持。检察机关在制定行政执法监督相关规范性文件的过程中，要主动听取人大、政府法制部门、行政执法单位的意见；在办理行政执法监督案件过程中，要主动接受人大和社会各界的监督，切实把党的领导、人大监督、政府支持、部门配合作为检察机关开展行政执法检察监督工作的根本保障和动力之源。

湖南省检察机关民事调解检察监督调研报告

湖南省人民检察院民事调解检察监督调研课题组[*]

一、问题提出

民事调解制度是我国一项重要的民事诉讼制度，是中国特色民事诉讼制度的重要组成部分，有效地发挥着化解矛盾纠纷、提高司法效率、缓解司法压力、减少涉诉上访、促进社会和谐的作用。从近年的司法实践来看，民事调解在民事诉讼中的地位越来越重要，民事调解案件在民事案件中的比重也越来越高。根据最高人民法院公布的统计数据，2008 年至 2012 年，全国法院民事案件调解和撤诉结案率由 58.86% 提高至 64.6%[①]。顺应这一变化与要求，民事诉讼法修改着力完善和强化了民事调解制度，明确规定起诉阶段可以调解，使调解贯穿于诉讼全过程；明确规定当事人签订调解协议后可以申请人民法院司法确认，完善了调解与诉讼相衔接制度，为更好发挥调解功能奠定了制度基础。

但正如硬币存在两面，调解制度在司法实践中也出现了运行失灵甚至与立法目的相悖的问题，各地调解案件中暴露出来的虚假调解、强制调解、损害国家利益、公共利益及第三人利益等现象逐步引起了社会关注，成为司法实务甚至调解制度设计中一个不容忽视并亟待解决的问题。

为了发挥调解制度的积极价值，减少和防止虚假调解、违法调解等问题的产生，修改后民事诉讼法增加设置了民事调解检察监督制度，规定人民检察院对损害国家利益、社会公共利益的民事调解书应当提出抗诉或者再审检察建议，同时规定人民检察院有权对民事审判程序中审判人员的违

---

[*]　课题组成员包括：雷丰超、朱斌、姚湘中、李琼、钟孝明、欧阳祖毅、黄舟、马凌、谭卫红、吴政文、汪成立。

[①]　参见 2009 年、2013 年《最高人民法院工作报告》。

民事行政检察指导与研究

Guide and Study on Civil-Administrative Procuratorate

（总第13集）

法行为提出检察建议。根据民事诉讼法的规定，高检院 2013 年 11 月 18 日公布实施的《人民检察院民事诉讼监督规则（试行）》进一步规定，调解违反自愿原则或者调解协议的内容违反法律的，人民检察院应当向人民法院提出检察建议。

目前，修改后民事诉讼法已经实施一年多，修改后民事诉讼法强化的调解制度究竟运行如何？检察机关对调解案件的监督情况如何？检察机关在调解监督中的地位如何？民事调解检察监督的难点与重点何在？解决民事调解监督难的出路何在等这些问题，事关民事调解制度运行，事关民事调解检察监督制度的实践、评价与完善，事关民事诉讼法的贯彻实施，因此成为当前检察机关亟须调查研究的重要课题。

为全面了解民事诉讼法修改后新增民事检察职能的实施情况，准确掌握民事调解检察监督中存在的问题，为完善立法和民事调解检察监督制度、加强民事调解检察监督工作提供实证素材，湖南省人民检察院组织开展了民事调解检察监督专题调研活动。

二、民事调解及检察监督情况

（一）民事调解情况

表一：全省人民法院调解案件办理情况表①

年度	一审受案数	一审调解撤案数	一审调解结案数		二审调解结案数		对生效调解不服申请再审数	再审调解结案数		调解申请强制执行数
			制作调解文书	制作调解笔录	制作调解文书	制作调解笔录		制作调解文书	制作调解笔录	
2011	203900	42600	77219	2881	3366	14	65	130	0	884
2012	214800	42200	76800	3300	3328	25	91	230	0	978
2013	245500	40200	81531	4969	3674	36	92	152	0	1282

依据表一，全省市、县（区）人民法院调解案件办理具有如下特点：

1. 调解撤案及结案数总体保持较高水平。自 2008 年最高人民法院明

---

① 本表数据由全省三级检察院向同级法院收集而来，由于部分法院未按设计要求区别统计相关数据，且益阳和邵阳两地因故没有统计进来，故有的数据属于不完全统计，其中一审、二审调解结案数中的制作调解笔录结案数、对生效调解不服申请再审数为全省除益阳、邵阳之外12个地市统计数据总和，调解申请强制执行数为长沙等8个地市统计总和，其余数据为全省三级法院统计总和，而且一审受案数、一审调解撤案数和一审调解结案数原始数据系以万件为单位、精确至百分位统计而来。

确"调解优先"的司法政策以来，全国法院一审民事案件的调解结案率有了明显提高。从全国的情况来看，2008 年至 2012 年，全国法院民事案件调解和撤诉结案率由 58.86% 提高至 64.6%；2013 年，全国各级法院通过调解和撤诉方式处理案件数达到 479.8 万件，而 2008 年这一数据为 316.7 万件①。从公布的数据来看，湖南省的情况总体水平与全国基本一致，但地区之间存在一定的差异。全省三级法院一审民商事案件调解撤诉率，2008 年为 52.69%，2012 年上升到 61.9%②；另据统计数据显示，2013 年全省法院一审调解撤诉率为 51.6%，同比略有下降，但总体来看，近 3 年来，全省法院一审调解撤案及结案的数量均占了案件受理数的一半以上。因此，可以说，近年来调解在民事诉讼中的运用一直得到重视，调解结案在民商事案件结案中所占的比重也越来越重。

2. 调解结案以制作调解书结案为主。从调查的情况来看，调解案件以制作调解书结案为主。2011～2013 年，人民法院一审制作调解笔录结案的数量仅占调解结案总数的 4.5% 左右，二审及再审中的调解案件几乎全部都以调解书形式结案。调研中，法官也普遍认为以调解笔录方式结案的情况较少，多为可即时履行的情况；而且调解笔录并非正式法律文书，因此双方当事人通常都会要求法院制作调解书予以确认，以获得强制执行力的保障。③

（件）

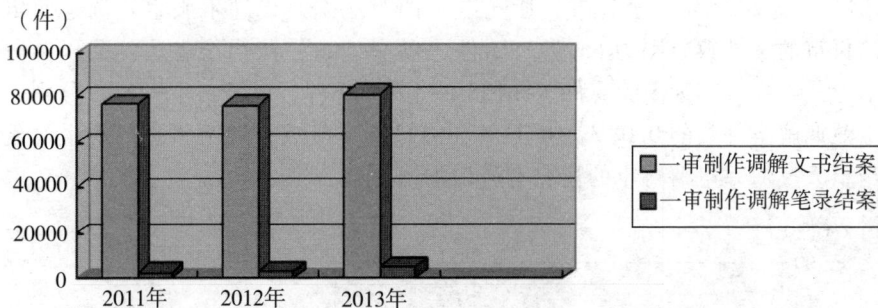

图一：调解书结案情况图

3. 调解案件申请强制执行数有上升趋势。经统计，2011 年至 2013 年，长沙、株洲、湘潭、衡阳、娄底、常德、湘西、永州 8 个地区调解案件申请强制执行数分别为 884 件、978 件、1282 件，呈逐年上升趋势（如图

① 参见 2009 年、2013 年、2014 年《最高人民法院工作报告》。
② 参见 2009 年、2013 年《湖南省高级人民法院工作报告》。
③ 这里的法官调研主要来自长沙市中级人民法院和长沙市基层人民法院的法官走访。

二）。其中长沙市中级人民法院 2011～2013 年，一审民事调解结案数分别为 138 件、136 件、180 件，其中申请强制执行数分别为 42 件、52 件、55 件，申请强制执行的案件占调解结案总数的 30% 以上。调研中，执行法官甚至认为，在强制执行案件中，对调解书的执行比对判决书的执行难度更大，当事人更加不愿配合。因此，民事调解书的自觉履行情况并不理想，将近 1/3 的调解案件当事人并没有自觉地按调解协议履行。

(件)

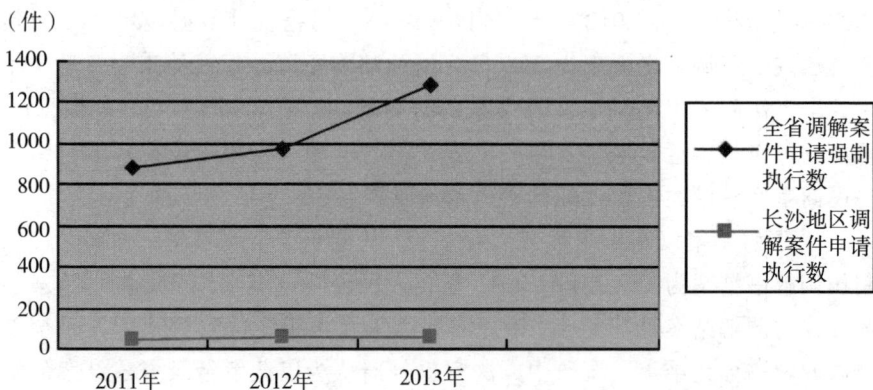

图二：调解案件强制执行图

4. 对生效调解不服到法院申请再审数上升（如图三）。根据表一，2011 年至 2013 年，全省市、县（区）两级法院共受理不服生效调解而申请再审的案件数分别为 65 件、91 件、92 件。这三年内全省法院共以调解书形式结案分别为 80585 件、80128 件、85205 件，申请再审案件数分别占生效调解案件数的 0.08%、0.11%、0.11%。显然，近两年来调解生效后当事人反悔并申请再审的情况有所增加（如图三）。

(件)

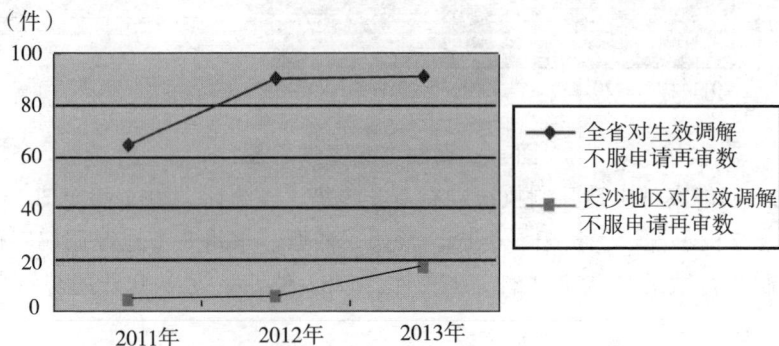

图三：调解申请再审情况图

5. 法官对调解的态度。调研中，法官对于调解的态度主要包括以下五个方面：

第一，绝大多数法官都充分肯定调解制度的意义和作用。在办案过程中，承办法官普遍希望并愿意促使当事人达成调解协议，以调解方式结案，普遍认为调解能够节约司法资源、取得较好的办案效果。目前有不少法院也将调解率及调解能力作为法官考核评比标准之一。

第二，法院越来越注重发挥"大调解"体系的合力。修改后民事诉讼法实施后，诉前调解力度加大，法院在诉前审查阶段会视情况积极调动各种有利因素来促成调解，通常采用的方法有：邀请居委会、村委会的治安调解委员会、乡镇的便民联络员等参与调解，或者与司法局建立联合调解委员会等，诉前委托其调解部分案件。

第三，关于调解和审判的关系。在调解过程中，法官基本上能本着"能调即调、当判即判"的原则办案，有较强的程序意识及规范意识，认为调审合一的模式能够发挥承办法官熟悉案情的优势，能直接、有针对性地在调解过程中为当事人释法说理、进行过错剖析。同时，法官们对法院设置专门的诉前调解机构，对事实简单、矛盾较小的案件先行调解也持欢迎态度。

第四，对于调解结案的效率问题。法官普遍认为，调解案件对程序及法律文书的规范性要求相对较低，且便于息访息诉，有利于提高办案效率。但也有不少法官反映，目前民商事案件上升势头很强，法院案多人少的压力本身比较大，很多案件诉前经过基层组织的调解委员会调解不成，诉中想达成调解协议，同样要耗费法官大量的时间和精力，效率上有时甚至不如直接判决。

第五，对于虚假调解等现象的看法。近年出现较多的虚假调解、恶意调解、损害国家利益及社会公共利益等问题，不少法官认为确实难以发现和甄别，尤其是隐藏较深的虚假调解、双方恶意串通以合法形式掩盖非法目的的情况，法官作为中立、被动的裁判者，确实存在发现难的问题。

6. 当事人对调解的态度。通过走访案件当事人并座谈，当事人对于调解的态度主要包括以下三个方面：

一是当事人普遍乐于接受调解。多数当事人认为调解对于当事人之间的关系、情感破坏较小，在解决纠纷的同时，比较有利于修复双方之间的关系，因此，相对于判决方式，他们更倾向于以调解方式结案，特别是离婚纠纷、邻里纠纷、普通人身损害纠纷等案件，调解工作到位的话，调解成功率比较高。

二是普遍认为法院在调解中能够遵循合法自愿原则。对法院在调解过程中的行为，走访的当事人普遍反映法院基本上能遵循平等、自愿、合法的调解原则，办案行为比较文明，未出现明显的以判压调、强制调解、以拖促调的现象。

三是对调解结案存在一定的顾虑。部分当事人提到在接受法院调解的过程中也存在一定的顾虑，如有的当事人认为，由于对法律适用、可能出现的判决结果、对方当事人对判决的履行配合程度、法院强制执行能否到位、强制执行的时间、效果等方面均难以把握，因此在调解时不得不选择妥协；但是，即便愿意妥协，在把握妥协底线的问题上，当事人认为自己在调解中透露出让步底线的话，如果调解不成，法院在随后的判决中可能参照该底线作出对其不利的裁判，但如果不以底线调解，又可能失去最大可能达成调解协议的机会，这是调解中当事人遭遇的"底线两难"问题。

7. 调解书的履行情况。根据调研，人民法院通常对于法律关系比较简单、能够及时履行的案件会采取调解笔录的方式结案；而对于法律关系相对复杂、不能当场履行的案件，人民法院通常会出具调解书，当事人一般也会要求法院出具调解书。而且，人民法院还会通过回访等形式敦促调解书尽快履行到位。实践中，为了减少调解反复，避免一方已经签收的调解书因另一方不愿签收而归于无效，人民法院一般会当天制作调解书、当天送达，且多采取直接送达。尽管如此，生效调解书未履行或申请进入执行程序的仍占到全部调解案件的 20% ~ 30%，调解书的履行仍然是调解中的一个重要问题。

（二）民事调解检察监督情况

1. 民事调解检察监督案件办理情况。

表二：全省市县两级检察机关调解监督案件办理情况表

| 年度 | 受理数 | 立案数 | | 结案情况 | | | 启动再审数 | 再审改变数 | 涉及渎职行为及程序违法数 |
		涉及两益案件数	不涉及两益案件数	抗诉	再审检察建议	检察建议			
2011	7	0	6	3	2	0	3	3	0
2012	14	1	10	0	6	3	5	5	3
2013	13	3	8	4	6	1	5	2	5

从表二可以看出，我省检察机关民事调解监督案件办理具有如下特点：

一是调解监督案件总量少。从统计数据来看，2011 ~ 2013 年，全省检察机关民事调解监督案件总受理数仅为 34 件，相比较而言，即便在不完全统计的情况下（参见表一），同时期人民法院共受理因不服生效调解书而申请再审的案件达到248件，两者比较相差悬殊。而且，在调解监督案件办理中，各地也不均衡，有的地区3年来两级检察院没有受理过一件调解监督案件①（对比如图四）。

（件）

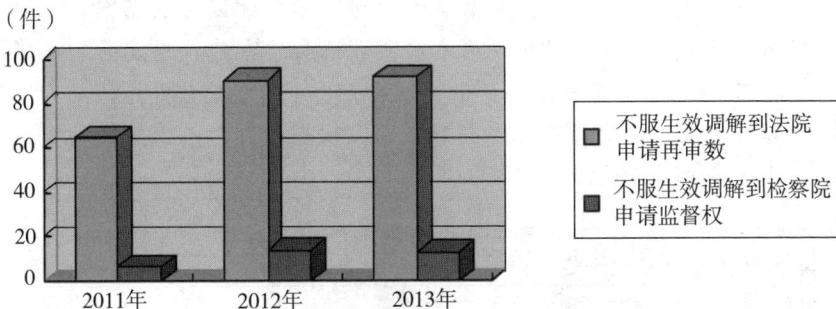

图四：调解案件申请再审与检察监督情况图

二是涉及"两益"案件少。2011年至2013年，全省检察机关只有湘西和郴州两个地区共受理了4件涉及损害"两益"的调解案件，仅占总受案数的11.8%。按照民事诉讼法的规定，人民检察院仅能对损害"两益"的生效调解书提出抗诉或者再审检察建议，显然，这一职能在实践中没有得到充分履行（如图五）。

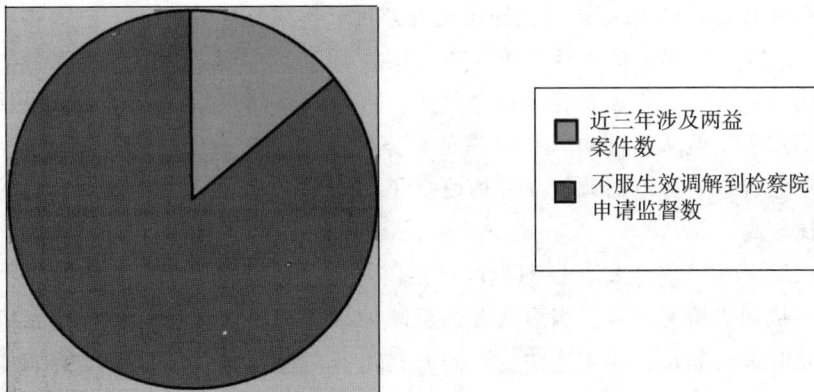

图五：涉及"两益"调解监督案件图

三是受理数总体呈上升趋势。"两高"于2011年会签《关于对民事审

---

① 从统计来看，怀化、常德、张家界近三年均没有受理过调解监督案件。

判活动与行政诉讼案件法律监督的若干规定（试行）》后，各级检察机关积极强调对调解案件的监督，各级民行部门也加强对此类案件的普法宣传，使2012年调解监督案件受理数与上一年相比翻了一番，且省内多个地区均开展了对调解案件监督的尝试和探索。

四是从监督手段来看，大多数案件以再审检察建议方式结案。在对民事调解进行检察监督中，抗诉、再审检察建议和检察建议是实务中运用的三种监督方式，从2011～2013年的情况看，再审检察建议是运用最为广泛的一种监督方式，在全部案件中占56%；其次是抗诉，占28%；检察建议最少，占16%（如图六）。

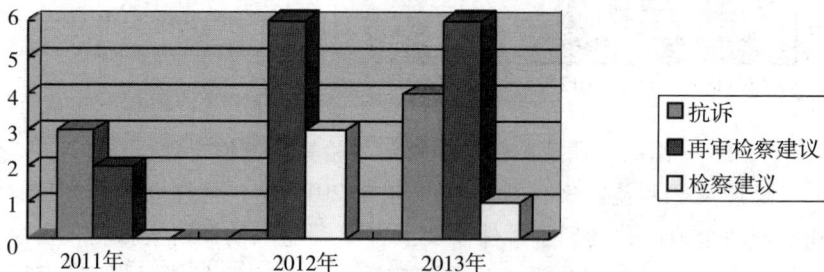

图六：调解检察监督方式情况图

五是检察监督意见启动再审效果尚不理想。从法院对待检察监督意见情况来看，2011年检察机关提出抗诉和再审检察建议共5件，进入再审的3件；2013年提出抗诉或再审检察建议共10件，目前进入再审仅5件。抗诉案件人民法院必须裁定再审，显然，再审检察建议启动再审的效果目前并不理想。但从案件进入再审后的结案情况来看，2011年及2012年通过检察监督进入再审的调解案件均改变了原调解结果，这说明检察监督的质量比较高。

2. 当事人及人民法院对调解检察监督的态度。

从调研情况来看，当事人普遍反映如果遭遇违法调解，希望检察机关能及时进行监督，纠正违法；但同时提出，对检察机关的调解监督职能不太清楚，希望能获得更多有关检察监督的信息，如检察机关调解监督案件范围、方式、条件、程序、效果等。人民法院和法官对检察机关开展调解监督同样持欢迎和配合态度。调研中，不少法官对如何加强调解案件的检察监督提出了建议：一是检察机关进行调解案件的过程监督以及法官违法行为监督，甚至参与诉前调解、诉中调解等，均具有可行性，但需要检法两家进一步划分职责、制定规范；二是应当区分法官是否明知而参与违法调解进行问责，对于事后发现虚假调解、恶意调解等问题，只要法官没有违法违纪行为，就不应当被追责，当然违法调解的案件可以纠正。

三、民事调解制度及检察监督中存在的问题分析

（一）民事调解制度存在的不足

调解制度所追求的价值在于意思自治及司法效率，运行中要求灵活、便捷。而司法实践中，调解优先并不必然带来高质量和高效率的司法效果，虚假调解、强行调解、久调不决的现象时有出现。民事调解制度本身存在的不足是其根本原因：

1. 调解弱化了程序法的约束，其灵活性、非程序化的运行方式容易导致审判活动无序。首先，调解的灵活性突出表现为在审前、诉中甚至判决后都可以进行，而且很多法院在调解程序上有各自的发挥和创新，制定许多独具特色的调解规程；同时，法院也在实践中总结形成了许多调解方法，如面对面、背靠背等，针对具体情况具体适用。而以目前的执法环境、法官素质及监督机制，这种灵活度较高的制度易产生人情案、金钱案，或者地方保护主义。其次，现行调解制度对自愿、合法原则规定的过于笼统，也没有对调解期限作出明确的规定，难以保障当事人自愿原则的全面落实，各种"久调不决"、"以调代判"的现象，甚至未查明事实分清是非的情况下"和稀泥"式的调解，实际上阻碍和限制了当事人正当的诉讼权利。很多调解仅仅是表面的自愿和暂时的缓和，而不是真正地化解矛盾，这从调解后偏高的强制执行率也可以看出。

2. 调解弱化了实体法的约束，其伸缩性较大的审查处理容易导致审判权的滥用。首先，调解往往是当事人自由处分权利的过程，在当事人刻意隐瞒或审判人员忽略合法性审查的情况下，调解很容易成为某些人规避责任甚至从事损害国家利益、社会公共利益及第三人利益的隐蔽途径。其次，法院调审合一的诉讼模式，判决与调解相互结合、相互转换，在此模式下的以合意为基础的调解往往会演变为法官主持引导下的调解，难以保障当事人的意思自由及案件的公正处理。而法官往往为追求迅速结案，在调解中容易导入自己的主观倾向，出现"以判压调"的情况，且调解过程中存在较大的回旋余地，很可能造成同一类案件处理结果的千差万别，影响到后续同类案件的处理。

3. 调解弱化了审判内部监督，导致当事人的合法权益难以获得保障。我国民事诉讼法赋予调解以完全的既判力和执行力，原因就在于我国民事调解制度具有法官主导的"调判结合"的天然属性。同时，民事调解书还具有不可上诉性，只能通过法院再审监督程序纠正。根据民事诉讼法的规

定，"当事人对已经发生法律效力的调解书，提出证据证明调解违反自愿原则或者调解协议的内容违反法律的，可以申请再审"。即民事调解案件申请再审的事由只有违反自愿原则及内容违反法律两种。而该规定极其简略和概括，当事人无论程序上还是实体上都很难就违反自愿原则进行举证，且实践中，调解协议往往有当事人亲笔签名，调解方式、程序、内容透明度都不高，当事人仅凭口述很难达到证明效果，其关于调解违反自愿原则的主张也就因为举证不能而难以获得支持。

4. 调解缺乏外部监督传统，导致少数法院的违法行为难以得到纠正。长期以来，检察机关对民事诉讼的监督局限于民事审判活动，主要针对法院生效民事判决、裁定，在调解案件的监督方面是缺位的。最高人民法院在 1994 年的《关于人民检察院对民事调解书提出抗诉人民法院应否受理问题的批复》中，明确规定人民法院不予受理人民检察院对民事调解书提出的抗诉，进而在司法实务中产生了调解不受人民检察院监督的观点。这样，民事调解案件几乎脱离了外部监督，当事人也因此丧失了一条重要的救济途径。2011 年"两高"共同出台了《关于对民事审判活动与行政诉讼实行法律监督的若干意见（试行）》，规定"人民检察院发现人民法院已经发生法律效力的民事调解、行政赔偿调解损害国家利益、社会公共利益的，应当提出抗诉"。该意见赋予检察机关对调解案件的抗诉权。修改后民事诉讼法从法律层面正式明确了检察机关对损害"两益"调解书的监督权。[①] 但"两益"内涵外延的不确定性、争议性，损害"两益"案件的有限性、隐蔽性，导致司法实务中此类案件数量很少，直接影响了民事调解检察监督职能的有效发挥。

（二）民事调解检察监督中存在的问题

1. 民事调解申请监督案件线索少，受理条件把握不准。相比于法院每年办理的民商事案件总数以及持续上升的调撤率，全省市县两级民行部门每年受理的调解监督案件不仅在数量上偏少，仅有个别案例，也未呈现正比例的上升趋势，甚至大部分基层院数年来该项数据为空白。尤其是从近三年的数据来看，很少有涉及"两益"的案件，大多数案件来源为案外人申诉，即属于可能损害第三人利益的情形。造成这种情况的原因有四：一是检察机关办理裁判结果（包括调解书）监督案件一般以当事人申请为主，依职权发现为辅，虚假调解或违法调解而损害"两益"的调解案件，当事人一般不会申请监督，因此很难进入检察监督视线。二是在民事诉讼

---

① 参见《中华人民共和国民事诉讼法》第 208 条。

法修改前，检察机关在裁判结果监督中，主要集中于生效裁定与判决，对调解书的监督一直缺乏必要的法律依据及监督手段。三是检察机关对调解监督的实践经验少、对外宣传少，导致调解案件当事人对检察监督不甚了解，遭遇违法调解后不知道可以申请检察监督。四是在受理条件的把握上，民事诉讼法规定了对调解书提出抗诉与再审检察建议的条件，《人民检察院民事诉讼监督规则（试行）》才进一步明确如何受理违反自愿原则与合法原则的调解监督申请，但《人民检察院民事诉讼监督规则（试行）》实施于 2013 年 11 月 18 日，此前实务中对于此类民事调解案件是否受理以及如何处理把握不准，可能流失了一批申请监督案件。

2. 对民事调解案件监督的成功案例较少，尚难以总结提炼值得推广的办案经验。2011 年"两高"会签《关于对民事审判活动与行政诉讼实行法律监督的若干意见（试行）》之前，检察机关以再审检察建议办理过少量调解监督案件。2011 年后，根据会签文件，检察机关加大了调解监督力度，长沙市院当年办理了 3 起针对调解的抗诉案件，开全省之先河。其中有 2 件为长沙市望城区院提请抗诉案件，该案原审法院对当事人之间虚假债权的调解书进行了确认，检察机关以损害社会公共利益抗诉后，法院再审撤销了原调解书。虽然该案再审撤销了原调解书，但对于案件是否损害了社会公共利益，市、区两级院仍存在较大的争议和分歧。因此，总的来讲，民事调解检察监督案例太少，而且"两益"标准不好把握，实践中，对于调解监督的案件来源、案件线索处理及案件办理，缺乏比较成熟的办案经验总结。

3. 调解监督中调查核实任务重、难度大，影响对违法调解的有效监督。调解案件不仅可能出现与生效判决、裁定共同的实体或程序问题，还存在许多新的问题，集中表现为虚假调解、违法调解等。虽然调解工作开展的基本原则是"查清事实、分清是非"，但司法实践中往往以民事案件是当事人的私权争议，当事人对自己的权利享有处分权，当事人认可的事实无须举证和审查为由，没有严格的查清案件事实、分清是非，对当事人之间达成的调解协议也很少进行实质性审查。更重要的是，通常情况下调解过程透明度不高，法院原审案卷中能够呈现诉讼过程的材料较少，调解书制作时对事实认定及法律适用的阐释要求不高，所有这些情况使得调解案件进入检察监督程序后，检察机关作为事后审查的"局外人"难以窥其全貌，这既加重了调查核实的任务，也因为线索少、可用资料少而增加了调查核实难度。因此，尽管修改后民事诉讼法赋予了检察机关调查核实权，但该规定属于原则性规定，缺乏可操作性规范。在检察机关刚刚开展民事检察调查核实的阶段，如何既有效查明相关案件事实，又把握调查核实范围、坚持检察机关的客观中立地位，是一个很富有挑战的课题，这也一定程度上制约了检察机关调查核实功能的发挥，进而制约了对违法调解的监督。

4. 法定监督范围较窄，监督方式不足，难以发挥检察监督的应有作用。修改后民事诉讼法第208条概括地规定了检察机关对调解监督的范围和方式，即"发现调解书损害国家利益、社会公共利益的，应当提出抗诉"或"向同级人民法院提出检察建议"。但与第201条规定的当事人申请人民法院对调解书进行再审的范围表述相比，检察机关对民事调解书的监督范围仅限于"两益"，即"损害国家利益、社会公共利益"。由于对国家利益和社会公共利益的概念、范围、类型等目前并无权威界定，尤其是社会公共利益，本身是一个含义广泛而抽象且具有较强的历史性和发展性的概念，其与个人利益存在明显区别，但又不必然排斥个人利益，在实践中既导致检察机关不容易准确把握其范围，又导致检察机关与法院协调时不太容易达成一致。这些问题和争议的存在，使民事调解的法定监督范围在实践中变得比较狭窄，影响了民事调解检察监督作用的发挥。

在监督手段方面，按照民事诉讼法的规定，对调解书的法定监督手段包括抗诉和再审检察建议两种方式。《人民检察院民事诉讼监督规则（试行）》在违法行为监督中进一步规定了调解违反自愿原则或者调解协议内容违反法律的，人民检察院应当向人民法院提出检察建议。三种方式中，抗诉方式具有启动再审的刚性效力，效果较好。再审检察建议则不然，一是需经检委会决定程序，比较复杂；二是人民法院如何处理缺乏明确规定，效果没有保障；三是对于违反自愿原则和合法原则的调解以检察建议进行监督，来自于《人民检察院民事诉讼监督规则（试行）》的规定，其效力层级不如民事诉讼法的明确规定。这些都影响了调解检察监督工作的开展。

四、加强民事调解检察监督的对策分析

（一）充分认识民事调解在民事诉讼中的地位

1. 民事调解在我国有着悠久的历史传统。我国的民事调解起源于中国自古以来"中庸"、"息讼"、"和为贵"的文化和心理，"早在西周的铜器铭文中，已有调处的记载，秦汉以来，司法官多奉行调处息讼的原则，至两宋，随着民事纠纷的增多，调处呈现制度化的趋势，明清时期，调处已臻于完善阶段"①。抗战时期，马锡五审判方式为当时广大群众所接受和推崇，并在以后相当长的时间内影响着我国民事诉讼程序的构造，其中许多具体原则和做法以后被直接运用于新中国的民事诉讼制度，如审判的三个步骤包括查明案件事实、听取群众意见形成解决方案、说服当事人接受。新中国成立后，民事调解制度经历了一个"U"形的曲折发展过程，1958年确立的"调查研究、调解为主、就地解决"② 这一民事审判基本方针在1982年实施的《民事诉讼法（试行）》中改为"应当着重进行调解"③，1991年颁布的《民事诉讼法》又将着重调解原则改为"根据自愿和合法的原则进行调解"④。2008年，最高人民法院提出"调解优先、调判结合"这一指导民事审判工作的司法政策，把调解确定为法院处理案件的首选方式。2013年，民事诉讼法修改进一步完善了调解制度，实现了调解制度与审判制度之间的更好衔接。由此可见，我国民事调解制度有着悠久的文化传统和深厚的文化底蕴，新中国民事诉讼调解制度一脉相承、推陈出新，经历了调解为主—着重调解—自愿调解—调解优先、调判结合的发展历程。

2. 民事调解的国际借鉴。自20世纪60年代起，一些西方国家为了避免和弥补诉讼本身的弊端和不足，开始寻求并探索替代性争议解决办法。ADR（Alternative Dispute Resolution），替代性争议解决方式，指在法庭审理之外通过仲裁、调停等非诉讼形式，由第三人参加，自主解决纠纷的方法、机制的总称。该制度最早引起关注是在美国，而后盛行于欧洲和日本、韩国、澳大利亚等国，现已成为国际上现代法律制度发展的一大趋势。相对于法院诉讼程序烦琐、费用昂贵、时间太长，ADR由于其本身所固有的经济性、便民性、简捷性而受到了各国政府和民众的高度评价，在社会管理实践中也产生了很好的成效，并被引入民商事司法制度的范畴，并且以法律的形式予以肯定。ADR在各个国家有着不同的具体运行模式。在美国，ADR分为法院附设ADR和民间ADR两种。据资料显示，美国人身伤害案件95%是通过调解的方式解决的，95%的民事案件在审判前就通过各种ADR方式解决了，只有5%的案件才真正进入审判程序。韩国法院设有专门的调停法官及法院内部的调停委员会，专司调停的法官原则上不得担当其他案件的审理工作。日本创设了"和解兼辩论"程序，在进入诉

---

① 张晋藩：《中国法律的传统与近代转型》，法律出版社1997年版，第283页。

② 毛泽东根据处理人民内部矛盾的理念于1958年提出。

③ 《中华人民共和国民事诉讼法（试行）》第6条，1982年颁布实施。

④ 《中华人民共和国民事诉讼法》第9条，1991年颁布实施。

讼程序后，主审法官可以在诉讼程序中积极促成当事人和解，以调停人身份先行调解；如不成功，转入辩论程序。因此，从民事纠纷解决机制的国际化来看，法院通过诉讼程序进行裁判只是其中的一种方式，裁判方式虽然具有强制性、权威性、共通性和最后选择性，但以调解为基本内容的多种替代性纠纷解决机制实际上发挥着越来越重要的作用，这也启示着我们，面对立法对调解的强化，作为法律监督机关，我们基本职责是依法监督、并在监督中维护好调解制度。

（二）充分认识强化调解检察监督的必要性

1. 强化调解检察监督是坚持民事诉讼检察监督原则的应有之义。修改后民事诉讼法在总则中明确规定人民检察院有权对民事诉讼实行法律监督。立法将检察机关对民事诉讼的监督由"民事审判活动"修改为"民事诉讼"，明确地宣示着检察监督贯穿于民事诉讼全过程及所有的要素，既包括对事监督，也包括对人监督；既包括结果监督，也包括过程监督。总则是民事诉讼的总括性原则，是民事诉讼的基本原则，适用于民事诉讼全部活动。因此，对调解进行监督，是坚持民事诉讼检察监督原则的要求。实际上，修改后的民事诉讼法在分则中，进一步明确了检察机关对损害"两益"的调解书的监督。这既是对民事调解检察监督的具体制度规范，更是检察监督原则在调解制度中的具体化与体现。

2. 强化调解检察监督是完善我国"调审合一"模式的必要选择。归纳各国关于调解与审判关系的立法体例，调解制度运行的模式主要分为调审合一与调审分离两种，两种模式各有利弊，也并非完全不能共存，而是兼收并蓄，共同发挥作用。目前我国民事诉讼调解采用"调审合一"模式。这一模式发挥了调解在我国有着良好历史传统的优势，并具有调解主体的权威性、调解和审判的高度衔接性等特点，但因缺乏现代的、规范性的制度设计，仍然存在一些弊端，主要表现在：当事人的意思自治与法院审判权的强制性之间的张力，调解追求的司法效率与审判追求的司法公正之间侧重的矛盾，法官兼任调解主持者与裁判者的身份的竞合，当事人对调解中所作妥协在法院裁判时是否会受到影响的担心，等等。可以说，正是"调审合一"模式先天所具有的不足与弊端，强化了民事调解检察监督的必要性。

3. 强化调解检察监督是遏制违法调解的必然要求。从司法实践来看，民事调解中容易出现两种违法现象：一是当事人之间恶意串通、虚假调解，损害国家利益、社会公共利益或者第三人合法权益；二是法院法官在调解中，因为个人因素的介入而进行的强制调解，违反自愿原则与合法原

208

则进行调解。从第一种现象看，受到损害的国家利益、社会公共利益，由于不知情等原因，往往缺乏合适的主体来主张权利，人民法院由于其在司法活动中的被动性地位，既难以了解和掌握当事人之间的违法事实，也难以进行有效查证而进行监督。在第二种情形下，法官本身参与甚至是制造了违法调解，故难以依靠法院监督该类违法调解；同时，由于调解制度的透明度不高等原因，当事人难以收集和提供证据，故仅依靠其自身力量也难以有效监督违法。对于这两类情形，检察监督因为其法定性、专业性、主动性等特点，都能有效地起到监督作用，遏制调解中的各种违法现象。

（三）多措并举，全面强化调解检察监督能力

1. 增强调解监督的信息获取能力。解决调解监督案件的来源问题是强化检察监督的前提，也是当前民事调解检察监督中的难点所在。为此，首先要畅通信息获取渠道，积极借助各方有利因素，切实增强调解监督的信息获取能力：一是加大宣传力度，提升民事调解检察监督的社会认知度。对于法律赋予的民事调解检察监督职能、民事检察工作中办理的民事调解检察成功案例，要通过新闻发布会、网络、电视、报纸等现代与传统媒体，加大宣传力度，增加社会各界对民事调解检察职能的了解和认可。二是强化从网络信息中发现案件线索的能力。检察机关应当主动增强从新闻媒体、网络论坛中捕捉案件线索的能力，善于通过报刊、电视、网络等媒体收集、整理各种调解案件信息，及时发现各种违法调解线索，对可能损害国家利益和社会公共利益的还需要进行重点摸查、核实。三是加强与检察机关内部各部门之间的配合与协作。加强与控告检察部门对调解案件受理工作的沟通和协调，进一步明确调解监督案件的受理标准、受理范围，确保检察机关内部的受理渠道畅通。加强与侦查部门、侦查监督部门、公诉部门的联系与沟通，对于刑事案件办理中发现的虚假调解、违法调解线索，及时移送民事行政检察部门办理。四是建立健全与人民法院之间的信息共享和案件情况通报制度。尽快实现法院的调解文书、调解案卷、调解执行等电子版与人民检察院之间的网络互通、信息共享，切实提高检察机关作为监督机关对案件信息的掌握能力。

2. 进一步拓展调解监督范围。修改后民事诉讼法将检察机关对调解的抗诉和再审检察建议范围限定为损害"两益"的调解书，既从内容上限定了调解监督的范围只能是损害"两益"的案件，将损害当事人一方合法权益和第三人合法权益的案件排除在外，又从形式上将没有制作调解书的调解活动排除在外。客观地看，民事诉讼法第 201 条规定违反自愿原则和内容违反法律的，当事人可以申请再审；第 198 条规定人民法院发现判决、

裁定、调解书确有错误的，可以由本院院长提交审判委员会讨论决定再审，或者上级法院发现后有权提审或者指令下级法院再审。也就是说，当事人可以就确有错误的全部调解书申请再审，人民法院可以就确有错误的全部调解书决定再审。当事人申请再审是当事人在诉讼程序内对生效调解书寻求公权力救济，当事人申请检察监督也是在诉讼程序内对生效调解书寻求公权力救济；人民法院决定再审，是诉讼程序内公权力自行纠错，人民检察院启动再审程序，同样是诉讼程序内公权力对诉讼违法的纠错。因此，无论是从对当事人的诉讼权利保护，还是从公权力纠错的制度安排来讲，将违反自愿与合法原则的调解书排除在检察机关提出抗诉与再审检察建议范围之外，均缺乏正当性依据。针对这一立法现状，虽然高检院以司法解释的形式制定了《人民检察院民事诉讼监督规则（试行）》，将违反自愿与合法原则的调解规定为审判程序违法，从而纳入检察监督范围。这一变通处理在实践中一定程度上解决了民事诉讼法对调解书监督范围的限制，但由于司法解释毕竟不是民事诉讼法，更重要的是，根据民事诉讼监督规则，检察机关对于违反自愿原则与合法原则的调解书，只能提出检察建议，而不能提出抗诉或者再审检察建议，不同监督方式所具有的不同法律效力决定了其监督效果的差异，因此，有必要通过立法的完善，进一步拓展民事调解检察监督范围。

值得指出的是，对于实践中比较普遍的损害第三人合法权益的民事调解书，在将违反合法原则的调解纳入检察机关监督范围后，没必要再作为独立的类型进行规定，因为损害第三人合法权益，属于违反合法原则的具体类型。

3. 强化调解监督手段。"两高"《关于对民事审判活动与行政诉讼实施法律监督的若干意见（试行）》对人民法院如何处理人民检察院提出的再审检察建议和检察建议作出了规定，但由于修改后民事诉讼法实施在后，实践中，人民法院比较普遍地认为民事诉讼法没有规定再审检察建议和检察建议处理程序，所以对于检察机关提出的再审检察建议和检察建议，甚至没有按照"两高"会签文件的要求进行处理。对此，我们建议进一步强化民事调解检察监督手段：一是有必要由最高人民法院或者"两高"以司法解释的形式，对再审检察建议和检察建议的效力与处理程序进行明确规定，强化再审检察建议和检察建议的程序效力。二是由高检院进一步完善再审检察建议与检察建议、抗诉监督手段的衔接机制，进一步强化跟进监督。三是在调解监督中强化调查核实职能，对于涉及司法人员的虚假调解、违法调解，全面强化调查核实。四是结合司法人员渎职行为监督，综合运用更换办案人、移送渎职行为证明材料、纠正违法通知等多种监督措施，确保调解监督效果。

4. 构建调解监督合力机制。调解监督从案源到受理、从受理到办理、从办结到取得监督效果，各个环节比判决、裁定监督受到影响制约的因素更多、更广，尤其需要加强与相关部门与单位的沟通协调，构建调解监督合力机制：一是要加强民行检察部门与控告检察部门的联系沟通，规范调解案件的受理，确保符合受理条件的调解案件进入监督程序。二是加强民行检察部门与反贪、反渎、侦查监督、公诉等部门联系沟通，注意发现刑事案件隐藏的虚假调解、违法调解线索，以及法官在违法调解案件中可能出现的违法行为，同时将民事调解案件中发现的司法人员涉嫌违法犯罪线索移送相关刑事检察部门依法处理。三是要积极探索调解监督与人民法院调解活动的适当衔接机制，如在检察机关支持起诉案件、抗诉或者再审检察建议后进入再审程序的案件中，人民检察院参与并监督调解过程的监督机制；人民法院认为不履行调解书的被执行人涉嫌拒不履行判决裁定罪而移送公安机关时，将案件情况告知人民检察院的告知机制等。四是建立健全与公安机关的协作机制，对于虚假调解、恶意调解涉嫌犯罪的，建立与公安机关的线索移送、信息共享、协作支持的工作机制，加大对虚假调解、恶意调解等违法犯罪行为的查处力度。

5. 注重发现调解检察监督重点环节，开展类案分析。强化调解检察监督既需要完善法律制度，也需要从经验入手，注重发现调解检察监督的重点环节，并开展案件类型化分析。从民事调解及检察监督实践来看，虚假调解、违法调解在不同的诉讼环节可以有不同的审查重点：一是在受理阶段应当重点审查当事人身份。包括：当事人是否是本案适格的原、被告；如果非本人参加诉讼，那么是否经法定代理人、特别授权的委托代理人代理；如果是法人或其他组织，要重点审查是否是法定代表人或委托代理人；双方当事人之间是否存在亲属关系、同学关系等较为亲密的关系，或者具有共同的经济利益等。二是在调解实施阶段重点审查调解程序。重点审查调解过程中是否存在明显的合理怀疑，包括：是否保证了当事人行使调解的诉讼权利；当事人是否无正当理由拒不到庭参加诉讼；调解中原、被告是否存在配合默契、没有进行任何实质性的诉辩对抗；调解协议达成是否异常容易、顺利；调解笔录签字是否真实，调解过程中的签名前后是否一致；调解书是否依法送达；办案期限是否合理，是否存在"当天受理、当天调解"的情形；是否存在调解笔录过于简略、调解文书制作过于简单等情况。三是在调解结果确认阶段重点审查调解内容及其依据。包括：起诉事实、理由是否符合常理；证据是否存在明显的伪造嫌疑；调解书约定的权利义务是否明显不对等，有无明显偏袒一方、显失公平的现象；调解书的内容有无违反法律禁止性规定或侵害国家、集体或他人合法权益的情况。

司法实践中常见的虚假调解、恶意调解等违法调解案件类型主要有两种情形：一是规避法律法规，以合法形式掩盖非法目的；二是逃避法定或约定义务，损害对方或第三人合法权益。从类型上看，比较容易发生于以下四种类型案件：

（1）民间借贷纠纷或企业欠款纠纷等，通过法院调解将财产清偿给部分债权人，使其他债权人利益受到损害，或者债务人为了逃避将来的执行，通过法院调解转让按规定不能转让的财产，特别是土地等大额财产。

（2）离婚或合伙纠纷中的财产分割，一方伪造债务转移财产，通过法院调解使之合法化，损害他人合法权益。

（3）国有企业以无独立请求权的第三人身份参与调解，并在调解协议中自愿承担责任，造成国有资产流失。

（4）以调解取得需经登记才能变动的财产所有权。房屋、车辆、股票等需经登记才能变动的财产所有权，当事人为了规避税收，或者对抗其他债权人，通过提起虚假诉讼，再在审理中达成确认所有权份额的调解协议，从而以确权的方式规避转让，损害国家利益或者第三人合法权益等。

湖南省检察机关
民事执行监督专项调研报告

湖南省人民检察院执行监督调研课题组*

一、2013 年全省民事执行监督基本概况

（一）案件受理总数较小，但总体平稳

2011 年至 2013 年，全省 76 个单位受理民事执行监督案件分别为 332 件、374 件和 322 件。从受理案件绝对数来看，2011 年至 2013 年每院受理案件数每年均在 4～5 件。从受理案件相对数来看，2011 年至 2013 年法院民事执行案件立案数分别为 39789 件、40117 件和 44279 件，检察机关受理案件数约占同期法院执行案件立案数的比例为 0.83%、0.93%、0.73%；同期法院民事执行案件结案数分别为 37435 件、37757 件、40494 件，检察机关受理案件数约占同期法院执行案件结案数的比例为 0.83%、0.99%、0.8%。可见，2013 年受理案件数相较 2011 年、2012 年有所下降，案件受理总数小，但总体相对平稳。

---

* 课题组成员包括：雷丰超、王宇清、龙玉华、隆涛、伍松林、黄赛花、肖福、李启明、黄纯丽。

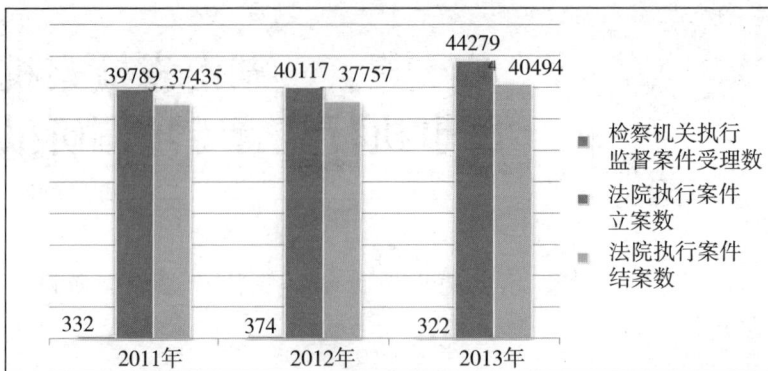

图一：2011 年到 2013 年检察机关执行监督受理与
法院执行案件立案数、执结数对比图

（二）案件来源以当事人申请为主

实践中，检察机关执行监督案件的来源主要有当事人申请监督、检察机关自行发现和其他（案外人举报，相关单位交、转办等）三种。2011 年至 2013 年，全省 115 个市州县检察院民事执行监督案件受理数分别为 425 件、546 件和 401 件，其中，当事人申请监督数分别为 358 件、485 件和 285 件，分别占当年执行监督案件受理数的 84%、89% 和 71%，检察机关自行发现依职权监督办理的案件分别为 24 件、36 件和 80 件，各占当年监督案件受理数的 6%、7% 和 20%。可见，民事执行监督案件以当事人申请为主，但检察机关自行发现、依职权办理的案件数有逐年增长趋势，2013 年增长幅度尤为明显。

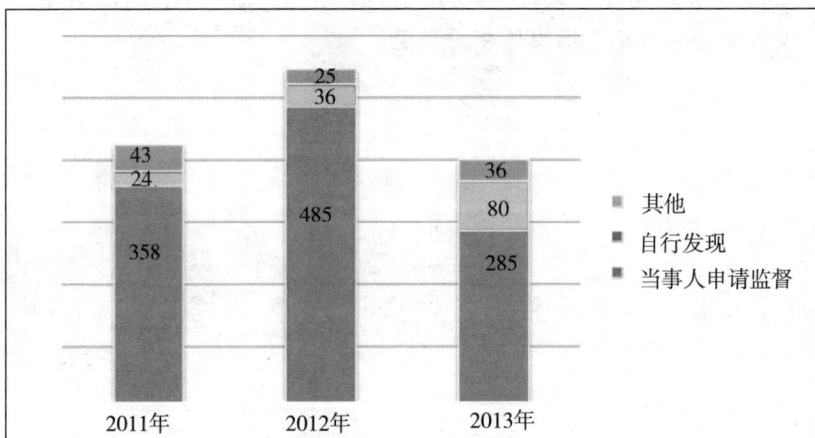

图二：2011 年至 2013 年执行监督案件来源对比图

（三）民事执行违法情形以执行不作为和执行实施违法为主

执行违法主要包括执行审查违法、执行实施违法和执行不作为三种违法类型。2013 年 115 个单位办案情况反映，检察机关以检察建议、纠正违法通知书形式提出监督意见的案件共 333 件，其中法院执行不作为的案件（包括不积极采取执行措施、超期未执行等）有 212 件，占提出监督意见案件总数的 63.66%；法院执行实施违法的案件（超标的执行、错误执行等）有 83 件，占提出监督意见案件总数的 24.92%；而执行审查违法的案件（执行裁定、决定违法等）仅 15 件，占提出监督意见案件总数的 4.50%，此外，收取执行费违法等其他违法现象占 6.91%。

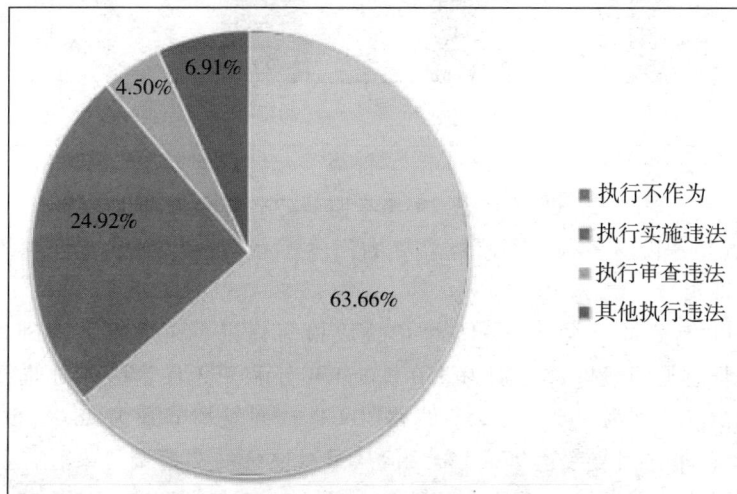

图三：2013 年执行违法案件类型比例图

（四）监督方式多样，但以检察建议为主

从全省 115 个单位调研情况来看，民行检察部门在执行监督工作中，根据案件的具体情况，灵活使用多种监督方式进行监督，其中以向法院发出书面检察建议方式结案的分别为 2011 年 306 件、2012 年 352 件、2013 年 286 件，以向法院发出纠正违法通知书方式结案的分别为 2011 年 44 件、2012 年 108 件、2013 年 47 件，采取促成当事人和解、检察监督函等其他监督方式结案的分别为 2011 年 67 件、2012 年 39 件、2013 年 58 件。

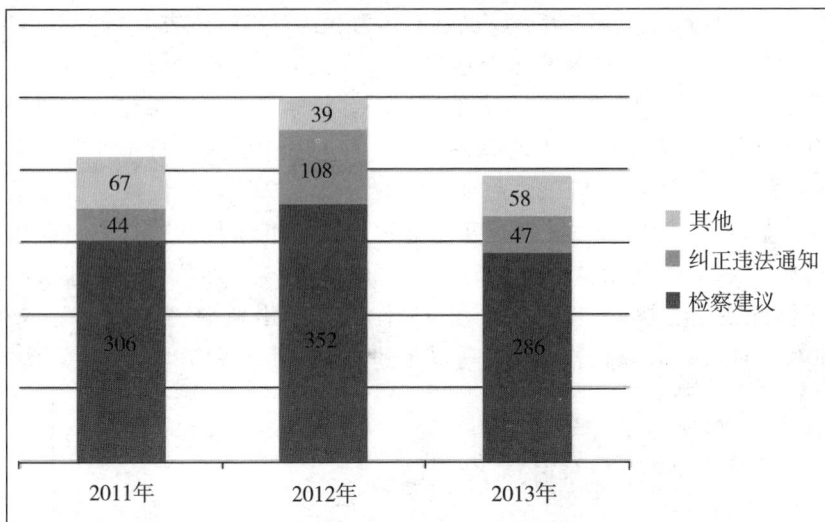

图四：2011 年至 2013 年监督方式类型对比图

（五）法院对各种检察监督意见的回复率较高，但采纳建议或纠正情形并不理想

2011 年至 2013 年全省 115 个单位以检察建议、纠正违法通知书形式提出监督意见的案件数分别为 350 件、460 件和 333 件。法院对监督意见的回复情况分别为 343 件、458 件和 309 件，回复率分别为 98％、99％和 92.79％，平均回复率达 97.11％。但从重点地区的实地调研来看，受各种因素的影响，实际纠正情况并不理想。例如 2013 年湘西州两级检察院向同级法院发出 30 份检察建议书和 1 份纠正违法通知书。法院共回复 28 份，除 13 份建议得到妥善处理并予以了详细答复外，其他 18 份监督意见要么以无财产可供执行裁定中止进行简单回复，要么置之不理，未予任何回复，其实际采纳建议或纠正违法行为的比例约为 42％。调研发现，其他地区也存在类似情形。对于这种检察监督意见未予以有效回复的情形，各级检察院很少采取应对措施。

（六）以对事监督为主，兼有少量对人监督

2011 年至 2013 年全省 115 个单位以检察建议、纠正违法通知书形式提出监督意见的案件数分别为 350 件、460 件和 333 件，其中包括对事监督与对人监督的案件数。而据全省备案系统统计，2011 年至 2013 年全省办理的涉及执行监督的渎职行为调查案分别为 23 件 23 人、27 件 28 人和 33 件 37 人。显然，对人监督的案件数仅占办结案件的少数。对人监督的案件数量虽少，但监督效果较好。譬如，永州江华县院办理的执行法官蒋某、曾某违法行为监督案，被高检院制作成专题片在中国网络电视台《法治中国栏目》播放，社会反响较好。

（七）基层院成为办理民事执行监督案件的主力军

2011 年至 2013 年，全省 115 个单位分别办结执行监督案件 430 件、514 件和 399 件，其中基层院分别办结 400 件、460 件和 349 件，占全年办结案件数比重分别达 93%、89.49% 和 87.46%。可见，基层院已经成为办理民事执行监督案件的主力军。这对优化层级监督结构，推动基层民行工作转型具有重要意义。

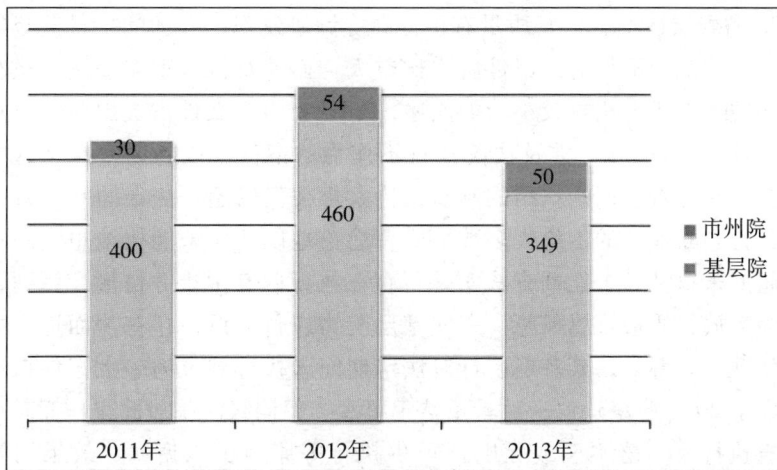

图五：2011 年至 2013 年市州院与基层院执行监督案件办结数对比图

（八）各地区执行监督工作开展不平衡

从 115 个单位近 3 年民事执行监督办案数量和质量来看，长沙、株洲、岳阳、郴州、常德、湘西等地区已初具规模，效果颇为显著，但也有部分检察院还没有完全适应民事检察工作格局和办案结构的变化，面对转型束手无策。例如，调研发现，有 7 个基层院 3 年仅办理过一起民事执行监督案，有 9 个基层院为办案空白院，反映了执行监督工作开展的地区差异较大，发展不平衡。

二、目前民事执行监督存在的问题、困难及成因分析

（一）问题与困难

调研发现，修改后民事诉讼法实施后，检察机关履行执行监督职责仍存在诸多困难和问题，主要有：

1. 案源不足，受理案件数小。调研中，各级检察机关普遍反映案源少，受理案件数小，无案可办。执行监督主要以当事人申请监督为主。从调研座谈的情况来看，当事人、律师等对检察机关新增的执行监督职能不了解或了解不多的现象普遍存在。一些当事人、律师反映，执行程序正在进行中当事人及其代理人寄希望于法院及执行人员能采取有利于自己一方的执行行为，不敢、不愿就某些执行违法行为向检察机关申请监督。一些当事人、律师了解到检察机关监督的方式主要为检察建议，并无相应的监督效果保障机制，更多倾向于选择向上级法院申请监督，除非无其他选择，不会首先选择申请检察监督。因此，案源少、无案可办成为制约执行监督工作开展的首要问题。

2. 监督层次低，监督质量有待提高。调研发现，办理的执行监督案件中涉及法院执行不作为的案件所占比重大，而涉及执行审查违法、执行实施违法的案件所占比重较小。如前述，2013 年该类案件占提出监督意见案件的比重达 63.66%。涉及法院执行不作为的案件又以超期未执结这类案件居多。对是否超期未执结的判断，检察机关仅以超过法定的 6 个月执行期限作为判断标准的占绝大多数，或者简单地以几年未能执结想当然推断存在超期未执结，未能调查核实是否存在执行确有困难等情形，因而，办案较为粗放，质量难以保障。一些基层院为应付考评，存在片面追求办案数量的现象。譬如，某基层院针对法定期间未执行到位的一批案件依次向法院发了 20 份检察建议，数量虽然很可观，但同级法院对此仅作简单回复并以被执行人下落不明或无财产可供执行等原因予以搪塞，效果明显不佳。一些检察机关在办理执行监督案件过程中只注重监督执行活动中的违法情形，未能深挖违法情形背后的执行人员的违法行为，对人监督案件所占比重小。

3. 办案缺乏规范，多数院感觉无所适从。调研中，多数院反映希望能有统一、详细的执行监督规范性文件作为开展工作的依据。调研也发现一些检察机关所办案件存在诸多不规范之处。譬如，文书类型、名称不统一，格式不规范，引用法条不明确甚至错误等。一些基层院希望能概括一些典型的执行违法情形等作为办案指引。还有一些基层院对执行案件的管辖、受理等办案程序提出了一些具体问题，希望能够予以明确。譬如，经执行异议、复议并维持的案件应由哪级检察机关受理；检察机关受理执行监督案件后应否通知被监督对象说明理由等。

4. 检、法分歧仍然存在，监督工作开展及监督效果欠缺保障。检察机关与法院因立场、角色不同，对执行监督工作的认识等分歧较大。一些法院拒绝监督，给监督工作正常开展带来较大阻力。譬如，借口执行卷宗尚未组建不提供借阅、复制或借口执行卷宗下落不明等使检察机关难以掌握一手材料。一些法院对监督意见不回复、敷衍回复。如前述调研数据显示，法院回复率虽然较高，但实际纠正情况并不理想。一些法院甚至拒绝纠错。譬如，某市院办理的一起执行监督案件，经省检察院与省高级法院沟通，省高级法院指令某中级法院重新作出执行裁定，但该中级法院重新作出的裁定内容几乎与原裁定一致。

5. 队伍建设滞后，监督能力与监督职能不匹配。修改后民事诉讼法实施后，执行监督成为检察机关法定的职责，对民事执行检察人员的监督能力和业务水平提出了新的要求。目前，全省民行部门，尤其是基层民行部门，普遍存在人员配置少，专门人才储备不足的问题。一些基层院民行部门受编制及人员老化等因素影响，甚至还是"一人部门"或"养老部门"，不能适应监督工作发展需要。各级院民行检察人员对民事执行监督工作经验不足，相关民事执行法律法规掌握不够，严重制约执行监督工作的开展。

6. 业务数据统计不便捷、不准确，业务指导缺乏基础信息。2013 年之前全省检察机关尚未实现网上办案。业务统计数据仍然以所填报的案卡为基础统计生成。2013 年修改后民事诉讼法实施后，民行案件业务数据报表上已包含民事行政执行监督工作的业务统计数据，但统计分类不明晰等问题的存在使得业务数据统计对研判工作情况及科学决策意义不大。譬如，统计报表将执行监督案件分为两类，一是对执行根据的监督，二是对执行行为的监督。"对执行根据的监督"这一概念让人困惑。所谓执行根据是指执行机关据以执行的法律文书，如民事判决、裁定、调解书、支付令，仲裁裁决书、公证债权文书。根据这一概念，则"对执行根据的监督"并非对执行活动的监督，如对民事判决、裁定的监督应属于对生效裁判的监督，对诉讼结果的监督。根据统计报表，经逐一查看案情查明，此类案件均非执行根据的监督，这表明检察人员在填报案卡时也把握不准。此外，执行监督案件的案由仍然列为民事抗诉案件的案由，如"人格权纠纷"、"婚姻家庭纠纷"等，这种案由不能集中概括执行监督案件所涉及的执行违法情形等案件特点，不利于案件的分类管理，也不利于提高统计的准确性和科学性，可以说，依据这种案由所统计的数据对掌握执行监督工作情况毫无意义。2014 年全省全面推行检察机关统一业务应用软件，但业务应用软件设计上仍然没有解决上述问题。数据统计中诸如此类的问题较多，如无法分别统计对事监督及对人监督、无法统计证明渎职行为材料的受移送机关等，这使得业务指导、调研均依赖于人工临时统计数据，既费时费力也缺乏准确性。

（二）原因分析

通过调研分析，导致上述问题、制约民事执行监督发展的原因涉及诸多方面，但主要有以下几点：

1. 立法不完善是导致民事执行监督现状的根本原因。《民事诉讼法》第 235 条规定，人民检察院有权对民事执行活动实行法律监督。该条虽赋予了检察机关执行监督的权力，但民事诉讼法未规定具体条款对执行监督的范围、方式、程序、效力等予以明确。《人民检察院民事诉讼监督规则（试行）》第 8 章对执行监督进行了规范，但仅有 3 个条文。就监督方式而言，只明确了经检察委员会提出检察建议一种方式。立法及司法解释的不明确、不详细是当前执行监督工作所暴露的许多问题的根源。规定不明确，则开展执行监督缺乏统一的依据，办案质量难以保障，监督效果难以实现。尤其是监督效果保障机制的缺失，根本制约了执行监督工作的生命力。与民事诉讼结果监督工作相比，执行监督缺乏基本的监督效力。检察机关发现生效的民事诉讼裁判存在法定监督事由的，可以向法院提出抗诉，法院必须启动再审。而执行监督以检察建议的方式提出监督意见，法院可以采纳也可以不采纳。虽根据此前司改过程中"两高"联合颁布的规范性文件，法院负有回复的义务，但如果在个案中法院不回复、敷衍回复、拒不纠正，又无须承担相应的责任，而检察机关也无相应的应对措施，监督只能流于形式，不能取得实效。当然，抗诉启动再审并非意味着法院必须予以改判，监督权应定位于程序性权力，但抗诉启动再审至少确保了法院应当再次依照审判程序对案件进行审理并作出判决。而执行监督中提出检察建议等监督意见，法院并无类似的义务，对检察建议案件依何种程序进行处理、由哪个部门处理、如何作出处理决定、如何回复、回复何种内容等均无相应规定。这种"柔性"的监督使得监督权的行使无基本的效力，便谈不上确保有良好的监督效果。民众从维护权益的角度也倾向于不选择检察监督的渠道。

2. 转型不力是导致民事执行监督现状的直接原因。修改后民事诉讼法带来了民事检察工作的全面转型，修改后民事诉讼法全面拓展民事检察职能，除传统的诉讼结果监督新增了调解监督外，审判人员违法行为监督、执行监督均在立法上得以确立。全省三级检察机关在职能配置上趋向均衡，尤其是充实了基层检察机关的检察职能。新职责需履行，新业务亟待开拓，但与之不相适应的是大部分分州市及基层检察机关尚未能适应转型并有效应对转型带来的问题。一些地方对新增职责缺乏了解，仍以诉讼结果监督工作为重心；一些地方领导重视程度不够，未能安排与履职相匹配的人员从事民事检察工作；一些地方民行人员对新增业务开展存在懈怠、畏难情绪，未能积极主动开展监督；一些地方还存在"等、靠、要"的心理，未能因地制宜，积极应对工作困难，等等。调研发现，凡是思想上重视、人员安排得当、主观能动性发挥充分的地方，工作业绩就比较突出。同样面临立法不完善、案源匮乏、人员不足、经验欠缺、监督效果不明显等一系列问题，一些市州及基层院主动与法院磋商，联合出台规范性文件，探索优化办案机制，寻求党委、人大支持等，在工作中取得了一定成效。譬如，湘西州院、长沙市院、泸溪县院、桂阳县院等与同级法院联合出台了民事执行监督的规范性文件；郴州市检察院促进郴州市中级法院出台了《郴州市中级人民法院办理检察建议暂行规定》，为规范法院关于检察建议案件办理，保障监督效果，提供了制度依据；永州市院探索运用一体化办案机制，查办民事执行领域渎职案件；岳阳市院促成该市人大常委会出台相关规范性文件等。这些积极努力都对相应地区民事执行监督工作的开展起到了较好的推动作用。

3. 监督实践不足是导致民事执行监督现状的重要原因。执行监督是专门性、专业性法律监督。对执行活动的了解、执行权运行规律的把握、监督重点、难点及其应对方法等都有赖于通过监督实践不断深化认识。检察机关执行监督探索起步较晚，湖南省的探索实践更为不足。2011年3月10日，最高人民法院、最高人民检察院联合下发《关于在部分地方开展民事执行活动法律监督试点工作的通知》，确定12个省、自治区、直辖市作为执行监督的试点地区，湖南省并未在试点之列。虽然湖南省以渎职行为监督为依托开展执行监督工作，取得了一定成绩，在全国反响较好，但毕竟渎职行为监督侧重于对人监督，全省对执行中违法情形监督的探索、实践、思考等经验不足。当前，所办理执行监督案件监督层次较低、质量不高，对案件办理所面临的问题和困难估计不足及缺乏应对举措，案件办理规范化程度不高均与监督实践不足紧密相关。事实上，全国检察机关执行监督工作都受监督实践不足的制约，执行监督工作刚刚起步，远未达到精细化的程度。前述业务数据统计的问题表面上似乎是业务软件设计的问题，实际上则是对执行活动的基本概念把握不准，对执行监督工作自身特点研究不透，对工作需求及问题估计不足，根本上还是监督实践经验不足。

三、加强和改进民事执行监督工作的建议

如前所述，修改后民事诉讼法实施后全省执行监督工作取得了一定的成绩，但仍面临诸多的问题和困难。为全面、正确履行执行监督职责，建议着力从以下几个方面加强和改进执行监督工作：

（一）转变监督理念，增强履职能动性

理念是行动的先导。全省检察机关应进一步顺应修改后民事诉讼法实施后职能的变化，转变监督理念，加快实现民事检察工作的转型。一是要树立全面正确履职的理念。修改后民事诉讼法实施后执行监督是检察机关法定的职责。不履行或不履行好法律赋予的监督职责，便是"失职"。执行监督工作与其他监督工作并无优劣之分，不可厚此薄彼。尽管目前执行监督仍面临诸多的困难，甚至缺乏监督效果保障机制，但并不意味着检察机关可以选择性地行使监督职权，集中优势力量去开展有监督效果产出的监督工作。二是要树立敢于监督、善于监督的理念。新型监督业务难免遇到困难和问题，对此要有充分的思想准备，但不能在困难和问题面前心存畏难情绪，止步不前。知识储备不足可以加强，经验不足可以更为慎重，但绝不可以放过任何监督实践的机会，也不可以对执行违法听之任之，要敢于"亮剑"。在立法没有完善之前、监督工作的环境没有改善之前，各级检察机关要善于用好、用足现有监督手段，积极整合各种资源，探索新的途径与手段，迎难而上，推动执行监督工作上新台阶。三是树立依法监督、规范监督的理念。《人民检察院民事诉讼监督规则（试行）》已经搭建了执行监督案件办理程序的基本框架，各级检察机关应严格遵循，依法、规范开展监督工作，但也应处理好该司法解释与作为司改成果的相关规范性文件的关系。与该司法解释不冲突，已为司改所确定的制度应适用于执行监督。譬如，最高人民法院、最高人民检察院、公安部、国家安全部、司法部《关于对司法工作人员在诉讼活动中的渎职行为加强法律监督的若干规定（试行）》中规定的检察机关对执行活动中司法工作人员渎职行为进行监督的制度；最高人民法院、最高人民检察院《关于对民事审判活动与行政诉讼实行法律监督的若干意见（试行）》、最高人民法院、最高人民检察院《关于在部分地方开展民事执行活动法律监督试点工作的通知》中规定的检察建议回复制度、对回复有异议的处理制度，等等。此外，还应当处理好依法、规范监督与探索开展监督的关系。对民事诉讼法、《人民检察院民事诉讼监督规则（试行）》等司法解释或规范性文件没有规定的监督工作方法，在监督工作中可以大胆探索，但应当符合监督职能定位和法理要求。

（二）加大职能宣传，积极拓展案源

案源是监督工作的生命线，无案可办则监督如"无源之水"，规范监督、强化监督效果等都将成为空谈。全省检察机关应充分认识拓展案源的重要性，切实采取措施，积极广泛宣传民事执行监督职能，畅通案源渠道。一是加强与人大、党委政法委、信访局、乡镇司法所、律师事务所等当事人权益诉求相对集中的单位、部门、社会组织的联系，引导当事人寻求法律监督以维护自身权益。二是积极开展送法下乡、进社区、进企业、进学校等各种形式的现场普法活动，宣传新增民事执行监督职能，提供法律咨询，挖掘潜在案源，提升社会认知度和影响力。三是探索完善申请监督权利告知模式。如我省部分县院将制作的民事执行监督申请书放置于法院立案庭，将申请监督的权利告知当事人以供选择向法院申诉还是向检察机关申请执行监督。四是充分利用媒体，尤其是网络媒体，宣传民事执行监督职能。如利用短信平台、官方微薄、微信公众号、公益霓虹灯等媒介强化宣传效果。五是积极宣传执行监督的工作成绩，鼓励民事检察人员通过撰写论文等方式与实务、理论界对话，扩大社会认知程度。尤其是全面客观反映执行监督实践中的困境与问题，为理论研究及推动司法改革提供实践素材，营造认同监督、支持监督的氛围，间接推动案源拓展。

（三）推进机制建设，规范案件办理

当前应着力加强执行监督案件办理的专门性规范性文件的制定，细化办案流程及要求，规范案件的办理。一是进一步明确监督的范围和重点。总结归纳，列举典型的违法情形，作为执行监督工作的指引，包括执行审查违法、执行实施违法、执行不作为三类情形。重点推动执行监督工作由监督执行不作为及轻微违法为主逐步向监督查封、扣押、冻结、拍卖等其他涉及严重程序违法、实体违法为主转变。二是区分对事监督与对人监督，明确不同构成要件，提升监督精细化水平。人民法院行使执行权违法，外在表现为执行活动中存在违法情形，包括执行审查违法、执行实施违法及执行不作为。检察机关对执行违法情形的监督是对事监督。但执行违法情形背后可能存在执行人员的违法行为，检察机关核实、查证并确认执行违法情形的发生归责于特定执行人员，则是对人监督。两者具有不同的构成要件。办理执行监督案件应适时深挖执行违法情形背后的执行人员违法，对人员追责，提升监督层次。三是完善以检察建议为主的执行监督方式。探索简化经检委会决定程序，提高办案效率。明确对检察建议回复有异议，提请上级院跟进监督制度，增强监督实效。进一步完善和规范移送立案侦查、纠正违法通知、移送证明渎职行为（违法行为）材料、建议更换办案人等监督方式的适用范围、程序、效力保障等问题。推动法院规范对执行监督案件相关监督意见的处理及反馈程序的规范化。禁止以其他监督方式代替法定监督方式，部分地区实践中使用的检察公函、要求说明理由通知书、检察监督告知函等均非执行监督方式，只能作为检法沟通协调的载体。慎重开展现场监督，严格审批程序，明确现场监督准则。现场监督只能作为检察机关了解法院执行活动情况的途径。对法院邀请进行现场监督，应告知其检察机关派员现场监督并不能产生免予事后监督违法情形及人员违法的效力。对执行活动当事人申请现场监督，应告知其因未经充分调查核实，不负有现场及时纠正违法的义务。四是完善案件办理及指导机制。充分发挥省院指导作用，健全纵向一体化办案机制。通过健全业务考评、业务培训、专题讲座、专题调研、巡回讲课等形式，有针对性地强化省院对下级院的业务指导，及时将业务中碰到的热点难点问题汇集形成专题报告，编写经典案例，条件成熟时制定相应的指导性意见或操作规程，指导全省执行监督工作。各分州市院可以通过抽调业务骨干办理疑难复杂案件，通过交转办方式平衡各基层院业务不均，通过探索实案轮训机制储备执行监督人才，通过备案审查、提级监督等机制指导、激励、支持基层院业务开展，从而发挥本地区执行监督的整体效能。全省各级院要派专人负责案件材料的整理分析、呈报、上下联络，规范办案程序，提升办案质量，形成上下步调一致的监督合力。

（四）整合内外资源，强化监督效果

监督效果事关执行监督生命力、检察机关公信力及监督权威，应着力整合内外资源，搭建工作平台，强化监督效果。一是发挥检察监督体系的职能合力。强化对执行领域的监督是检察监督的重要内容，民事诉讼法所确立的民事执行监督职能仅是其中一部分，应着力加强各职能间的分工配合，形成监督合力。加强与控告申诉、案件管理部门的联动，把好案件出入口关，强化沟通交流，定期通报案件进程，探索检察建议等监督意见的跟踪反馈机制。加强与职务犯罪侦查部门的协作配合，建立民行部门与职务犯罪侦查部门双向移送机制。对执行人员涉嫌职务犯罪的，民行部门应及时移送职务犯罪侦查部门立案查处，并给予专业知识的支撑。对执行人员不构成犯罪但违法的，职务犯罪侦查部门应移送民行部门调查核实处理。二是加强与法院沟通协调。努力搭建检察机关、法院关于执行活动及执行监督沟通平台，定期通报相关情况，研究执行活动及执行监督相关问题，消解分歧，达成共识，破解执行监督障碍，推进执行监督制度建设。通过探索联网办公、文书备案、定期通报等方式建立民事执行及监督案件受理、立案、结案等基本信息的互通机制，尤其是对涉及国家利益和公共利益等依职权启动的案件，可以强化检察机关的动态监督和预警函告，防止"两益"财产受损。在"两高"颁布民事执行监督具体规定之前，各地可以结合本地区工作实际，通过形成座谈会纪要、联合颁布规范性文件等形式，就解决执行监督相关问题形成共识，为减少实务冲突奠定基础。三是加强向人大、政法委等部门汇报，争取支持，共同推进实现监督效果。建立定期通报情况和报送材料等机制，重点将法院不回复、怠于回复、敷衍回复、不配合监督工作、拒绝接受监督等情况适时报告人大、政法委等，通过权力机关监督、党委部门统筹协调化解监督阻力，促成监督效果实现。必要时提请人大常委会听取专项工作报告、组织执法检查、询问和质询或提请政法委开展执法检查，组织检、法等进行个案论证，督促法院接受监督意见。对执行人员违法行为的监督，根据案件实际需要，用好将证明违法（渎职）行为的材料按照干部管理权限移送有关机关处理的监督方式。除执行人员所在法院外，负有管理职责的组织人事部门和纪检监察部门，负有司法人员任免权的人大均可以成为证明材料的受移送机关。在统一、完善的惩戒机制尚未确立的情况下，检察机关可以就证明材料的应用与受移送单位协商并探索建立相应的制度以确保监督的效果。这也符合当前司改突出强调给予司法人员职业保障的同时，明确办案的权力和责任及对错案进行责任追究的改革方向。

（五）强化队伍建设，提升监督能力

民行检察人员的业务素质和专业水平将直接关系执行监督工作的质量和效果。当前，全省民行检察人员执行监督能力相对薄弱，亟须采取多种措施，加强民行检察队伍建设。一是配备与履职要求相适应的人员。领导应优先考虑安排专业对口、年富力强、具有开拓精神的人员从事执行监督工作，配备与监督工作任务相当的工作人员。适当从职务犯罪侦查等部门挑选部分干警充实到民行检察队伍，优化民行检察人员结构，强化调查核实意识与能力。二是强化干警的政治意识、大局意识、责任意识，增强民行干警的社会责任感和工作积极性。三是加强业务培训和岗位练兵。定期组织民事执行法律法规等业务知识学习，开展执行监督实务培训，强化监督基本功。组织开展岗位练兵活动，督促民行人员加强业务学习。采取实案轮训、案例研讨等方式，多途径提升办案能力和业务素养。四是推行民行检察人员挂职交流制度。适时派员到法院执行部门、上级业务部门、其他院业务工作较为突出的民行部门跟班学习，通过实际办案提高业务水平。

（六）加强积累研究，适时推动立法

各地应大力开展执行监督，通过办理执行监督案件，发现监督工作中的问题，积累监督经验，为规范执行监督工作提供实践素材，包括发现统一业务应用软件使用中的问题，提出软件应用需求，推动完善业务应用软件设计，更好地为办案工作服务。各地应加强执行监督的研究，着重把握执行审查权、执行实施权的运行规律，大胆提出执行监督机制的构想，并付诸实践，为立法提供可行性监督模式。譬如，对监督执行异议、复议裁定加强研究，探索构建类似于诉讼结果监督程序的执行审查权监督模式。当前，最高人民检察院与最高人民法院正在就执行监督起草规范性文件，各级院尤其是省院应积极提出意见和建议，提高规范性文件的针对性和可操作性。

完善民事督促起诉机制
提升民行监督服务能力

山西省人民检察院民事行政检察处

按照高检院相关工作要求和杨司检察长的指示，山西省人民检察院于2013年7月至12月在全省范围内开展了为期6个月的督促起诉专项活动。专项活动以"规范、协调、服务、保护"为原则，坚持监督与服务相结合，有效做到了监督不越位，服务不干预，取得了相关行政机关的支持和理解，共为国家追缴、挽回经济损失24.1亿余元。活动取得了积极的成效，有效促进了依法行政，防止了国有资产的流失。

一、高度重视，精心组织，积极推进活动创新开展

一是立足职能，主动服务大局。全省检察机关民行检察部门紧紧围绕全省改革发展大局，进一步统一思想，提高认识，把开展督促起诉工作作为服务大局的切入点，加强和改进民行检察工作新的增长点，深刻认识开展督促起诉工作对于保护国有资产安全以及预防职务犯罪的重要作用，以争创一流业绩为目标，不断创新工作机制，积极行动，主动作为，坚持积极稳妥的原则，努力促进国土、城建、环保等行政单位和国有资产管理部门依法履职，规范行政，完善监督，防止和减少国有资产流失，积极服务地方经济社会健康发展。

二是召开会议，安排部署工作。长治市院于2013年5月率先在全市开展了为期1个月的针对拖欠国有土地出让金的督促起诉专项活动，活动共收回土地出让金2亿余元，收到了良好成效。此次活动得到了省院杨司检察长的充分肯定，并要求在全省范围内推广典型经验做法。省院按照杨司检察长的要求，在充分总结长治、大同两个市院工作经验的基础上，制定了相关文件，召开了全省检察机关开展督促起诉专项活动电视电话会议，在全省范围内部署开展为期6个月的督促起诉专项活动。同时，将长治、大同两市督促起诉经验做法以院文件的形式予以转发，供各地市参考借鉴，进一步推动活动全面有序开展。

三是健全机构，强化组织领导。活动开展以来，全省各级院高度重视，依据《山西省检察机关办理民事督促起诉案件规则（试行）》和《山西省检察机关开展督促起诉专项活动实施方案》要求，结合本地实际，相继制定了具体实施方案，成立了专项活动领导组，加强了对督促起诉工作的组织领导。省院成立了以分管检察长王国宏为组长的活动领导组，开办了督促起诉专项活动电子专刊，注重对下指导，强化措施落实，定期梳理总结活动中涌现出的好的经验和做法，并提炼形成制度推广实行。忻州市院成立了以闫绪安检察长为组长的活动领导组，制定了活动实施方案，推动活动扎实开展。太原市院制定了《开展督促起诉专项活动实施方案》，由检察长亲自安排部署，督促指导开展工作，成立了由常务副检察长任组长、全市10个基层检察院检察长为成员的活动领导组。

二、注重协作，落实措施，积极推动形成工作合力

一是争取支持，扩大专项活动影响力。全省各级检察机关广泛深入国土、税务、环保、食品药品监督管理、水利等行政职能部门进行调研，宣传民行检察监督职能和开展督促起诉专项活动的重要意义，并与相关单位建立沟通联络机制，进一步推动工作顺利开展。忻州市院及时将专项活动向市委、市政府主要领导进行了专题汇报，并召开了由市委、市人大、市政府、市政协领导出席，全市37家行政执法单位负责人以及部分国有企业、国有金融机构负责人参加的"强化督促履行职责，服务全市发展大局"工作座谈会，对督促起诉专项活动在全市范围内进行宣传动员。晋中市院会同国土、国资、环保、食品药品、财政、国税、地税、审计、住建、农经、林业等部门召开督促起诉专项活动动员会，晋中市委常委、常务副市长刘志宏出席会议并作了重要讲话。侯马市检察院通过调研，选定国土局、规划局、住建局、民政局、环保局、人社局、质监局、食品药品监督管理局8个行政执法部门为监督重点，并联合下发了《关于开展对行政执法行为检察监督工作的实施意见》，就检察机关进一步开展行政执法检察监督，加强相关部门之间的协作配合形成共识。

二是整合资源，构建一体化工作格局。全省三级院均制定了活动实施方案，强化与相关行政单位的沟通联系，探索建立案件线索移送、信息交流、工作协作、联席会议等制度。同时，积极整合内部力量，推行一体化办案机制，努力形成工作合力，取得了明显成效。太原市院制定了《民事行政检察部门与职务犯罪侦查部门加强配合协作的意见》，建立了民行检察部门与职务犯罪侦查部门联系沟通机制，进一步规范了对在办案中发现的职务犯罪线索和行政执法检察监督线索进行双向移送的工作制度。长治市院将市、县两级院反贪、反渎局长纳入活动领导组，分成4个小组，统一指挥，统一行动，统一调配人力物力，统一调查方式和调查重点。忻州市院由民行部门牵头，将反贪、反渎、控申、预防、案管等业务部门纳入活动参与范围，充分发挥检察一体化机制作用。临汾市院将市院民行干警分为3个小组，分别由处长、副处长带队深入各基层院对专项活动进行督导，就开展专项工作中遇到的实际困难和问题进行重点指导。阳泉市院由分管副检察长带队，带领市院及县（区）院民行检察干警联合职务犯罪侦查部门，深入相关行政执法单位共同摸排线索，在此基础上积极跟进，确保专项活动取得实效。

三是找准定位，明确规范监督权限。在专项活动中，全省三级检察机关始终坚持"规范、协调、服务、保护"的原则，严格按照《山西省检察机关办理民事督促起诉案件规则（试行）》，努力做到监督与服务相结合，监督不越位，服务不干预，规范工作开展方式。同时，针对发现的问题，积极向有关单位及其上级主管部门提出建议，促进依法规范行政。太原市院在工作中注重与行政执法单位的沟通协调，努力取得行政执法单位的理解支持。监督前，到行政执法单位诚心征求意见，耐心解答疑问；监督中，遵循实事求是、有限监督、事后监督的原则，不干预正常的执法活动；监督后，与行政执法单位共同分析原因，研究改进举措，规范执法行为。长治市检察院针对督促起诉专项活动中发现的有关部门监管不到位、账目不清、存在管理漏洞等问题，向市委市政府报送专题报告，提出了规范和加强管理、建立健全监督制约机制、实行问责和责任追究制度等建议对策，受到了市委市政府的高度评价。

三、突出重点，多措并举，积极推动活动取得实效

各地在深入调研的基础上，因地制宜，以国有土地管理、环境保护、税收管理、城市建设等方面为重点，通过与相关行政执法机关召开联席会议、查阅材料等方式，积极推进专项活动在多个行政领域开展，有效地保护了国有资产和社会公共利益。

一是追缴各类应收未收款项成效显著。活动期间，全省共发出督促起诉意见书、检察建议书4190件，发现相关行政职能部门存在各类应收未收款项达66.8亿元，经检察机关督促起诉，相关行政单位和国有资产监管部门已清收各类款项24.1亿余元。其中，太原市院追缴国有土地出让金9.8亿元，晋中市院清缴各类税收3.5亿元，大同市院追缴国有土地出让金

3.5 亿元，长治市院追缴国有土地出让金、清收城市基础设施配套费 3.2 亿元，临汾市院清收各类资源价款 2.4 亿元。

二是多个领域国有资产得到了有效保护。太原市院针对国土资源局开展督促起诉专项活动，发现市国土资源局 2011 年办理的国有土地出让金存在欠缴情况，督促国土资源局积极履职，加大土地出让金清收力度，进一步规范了国有土地出让程序。大同市院针对摸排出的线索，在全市开展了房地产行业清缴欠税欠费专项活动，并确定国土、房管、税务、城建、人防、环保等行政执法机关为重点，督促行政部门依法履职，促进行政机关规范高效廉洁执法，切实保障国家利益和社会公共利益。长治市院在成功对拖欠国有土地出让金方面开展督促起诉专项活动之后，又针对欠缴城市基础设施配套费问题开展督促起诉专项活动，督促追缴相关单位欠缴城市基础设施配套费、税款、排污费等国有资金 3.2 亿余元。临汾市汾西县院与县人防办召开联席会议，针对拖欠防空地下室易地建设费问题向县人防办发出督促起诉检察建议 12 份，督促相关单位积极上缴，共收回建设费 200 万余元，有效避免了国有资产流失。

三是查办职务犯罪取得新成绩。全省民行检察部门在积极开展督促履行职责工作中，还注重发现行政不作为背后的职务犯罪线索。忻州市偏关县院调查了解到该县窑头村党支部书记范某某存在贪污、套取国有土地补偿款的犯罪事实后，及时将案件线索移送反贪部门。目前，该案已移送起诉。

吉林省高级人民法院、吉林省人民检察院 关于民事诉讼法律监督工作有关问题的通知

吉检会〔2014〕1号

全省各级人民法院、人民检察院，林业法院、检察院，铁路运输法院、检察院：

为做好民事诉讼法律监督工作，加强我省各级人民法院和人民检察院在这项工作中的沟通与配合，根据《民事诉讼法》相关规定，结合我省法院、检察院工作实际，吉林省高级人民法院和吉林省人民检察院经认真讨论研究，达成一致意见，现将有关事项通知如下：

一、人民法院、人民检察院在民事诉讼法律监督工作中，要按照依法监督、分工负责、加强配合、互相制约的原则，共同维护司法公正和司法权威，提高司法公信力。

二、建立人民法院和人民检察院民事诉讼法律监督工作协调机制。分别成立以分管领导为组长、相关部门成员参加的联络小组，定期或不定期，就案件办理、信息反馈、重点信访案件和社会敏感案件处理等事项进行沟通和协调。

三、有条件的人民法院可以设立检察官工作室，为人民检察院履行法律监督职责提供方便。

四、人民检察院在提出检察建议或抗诉前及人民法院在审查检察建议和审理抗诉案件过程中，应当加强沟通，及时交换意见。对重大、疑难、有社会影响的案件，可以通过邀请对方列席审判委员会、检察委员会等方式共同研究解决。

五、人民检察院对人民法院民事诉讼活动进行法律监督，经检察委员会讨论决定，可以向人民法院提出检察建议。确有必要调查核实违法事实、提出纠正违法意见或者建议更换办案人的，按照"两高三部"《关于

231

对司法工作人员在诉讼活动中的渎职行为加强法律监督的若干规定（试行）》执行。

六、当事人对人民法院作出的再审判决或者驳回再审申请裁定不服，向人民法院申诉或者上访的，由作出再审判决或驳回再审申请裁定的人民法院向其释明，告知其可以根据民事诉讼法的规定向人民检察院申请检察建议或者抗诉。

七、当事人依据《民事诉讼法》第二百零九条规定向人民检察院申请检察建议或者抗诉，人民检察院应当及时受理并进行审查。人民检察院应当在三个月内进行审查并作出提出或者不予提出检察建议或者抗诉的决定。

八、人民检察院依法调阅、复制诉讼卷宗，人民法院应提供必要的工作条件。人民检察院要落实确保卷宗安全的责任制。

九、人民检察院发现生效民事判决、裁定及调解书符合提出抗诉或检察建议情形的，虽未经当事人申请，也可依职权向人民法院提出抗诉或检察建议，人民法院应当依法办理。

十、调解违反自愿原则或者损害国家利益、社会公共利益的，人民检察院可以提出抗诉或再审检察建议。

十一、经人民检察院做矛盾化解工作，当事人达成和解的，人民检察院应及时将有关情况告知人民法院。

十二、人民检察院对同级人民法院执行活动进行监督，认为人民法院执行活动有违法情形的，可通过协调机制向人民法院沟通协调有关情况。确有必要发出检察建议的，应当经检察委员会讨论决定。人民法院在收到检察建议后应当在三十日内回复人民检察院。

十三、人民法院对于检察建议或抗诉案件进行审查或审理，应当以检察监督意见为重点。

十四、人民法院对于人民检察院提出的抗诉案件再审后，应当与提出抗诉的人民检察院先行沟通。经沟通后双方意见仍存在分歧的，应当提请审判委员会讨论并邀请同级人民检察院派员列席。

十五、人民法院对于人民检察院提出检察建议案件审查或审理后，应当提请审判委员会讨论并对人民检察院作出书面回复。

十六、审判委员会、检察委员会讨论重大、疑难、有社会影响的民事诉讼监督案件，应当于召开会议三日前，邀请同级人民检察院检察长、人民法院院长列席，检察长、院长可委派副检察长、副院长列席，并由案件承办人随同列席。

十七、当事人向人民检察院申请抗诉或检察建议，人民检察院经审查认为申请不符合提出抗诉或再审检察建议情形的，应依法答复当事人并做好息诉服判工作。

十八、已经穷尽法律程序的信访案件，依法作出的法律结论为终结结论。对在申诉时限内反复缠访缠诉的，按照中央关于涉法涉诉信访终结办法的规定，经过案件审查、评查等方式并经中央或省级政法机关审核，认定已得到公正处理的，依法不再启动复查程序。人民法院和人民检察院对信访案件办理情况应及时相互通报。

十九、人民法院、人民检察院应加强在民事诉讼法律监督方面的业务交流研讨、双向挂职锻炼和任职，本系统举办相关培训时可邀请对方派员参加。

二十、本通知自下发之日起在全省范围内实施。

吉林省高级人民法院　吉林省人民检察院
2014 年 1 月 17 日

山东省人民检察院、山东省监察厅、山东省人民政府法制办公室关于在行政执法检察监督中加强协作配合的意见

第一条 为促进依法行政，加强和创新社会管理，维护社会和谐稳定，根据《中华人民共和国行政监察法》、《中华人民共和国行政复议法》和山东省人大常委会《关于加强人民检察院法律监督工作的决议》等相关规定，结合我省实际，制定本意见。

第二条 本意见所称的行政执法检察监督是指检察机关在执法办案中，发现相关行政主管部门及其工作人员对于损害国家利益、社会公共利益的行为，不履行或不正确履行法定职责的，通过督促起诉、检察建议等方式督促其履行法定职责，依法查处行政执法不公中的违法犯罪，促进依法行政和社会管理创新。

第三条 检察机关开展行政执法检察监督，立足法律监督的职能定位，坚持突出重点、有限监督、事后监督的原则，着力解决一些事关国计民生重点领域群众反映强烈、党委政府关注的问题，保护国家利益、社会公共利益和群众合法权益。

第四条 检察机关、监察机关、政府法制机构在行政执法检察监督中要加强协作配合，通过案件线索移送反馈、联合监督检查、信息资源共享等方式，整合监督职能，形成监督合力，实现行政执法内部监督与外部监督的有效衔接，及时纠正行政违法行为，依法惩治违法犯罪，为我省经济文化强省建设营造良好的法治环境。

第五条 检察机关在行政执法检察监督过程中，发现相关行政机关及其工作人员存在违反行政纪律行为，拒不纠正且不构成犯罪的，应当移送监察机关处理；发现属于行政复议事项和行政诉讼、行政复议、行政赔偿、行政处罚等法律法规实施以及行政执法中带有普遍性问题的，应当移

送政府法制机构处理。

　　第六条　监察机关在办理行政监察事项中，发现相关行政机关的具体行政行为违法，侵害国家利益和社会公共利益的，根据相关规定，可以移交检察机关处理；发现行政执法人员涉嫌贪污受贿、滥用职权、玩忽职守等职务犯罪的，应当移送检察机关依法处理；发现属于行政复议事项和行政诉讼、行政复议、行政赔偿、行政处罚等法律法规实施以及行政执法中带有普遍性问题的，应当移送政府法制机构处理。

　　第七条　政府法制机构在行政执法检查监督和办理行政复议案件中，发现相关行政机关的具体行政行为违法，侵害国家利益和社会公共利益，交由检察机关处理更为适宜的，可以移交检察机关处理；发现行政执法人员涉嫌贪污受贿、滥用职权、玩忽职守等职务犯罪的，应当移送检察机关依法处理；发现相关行政机关工作人员存在违反行政纪律行为以及下级政府或者本级政府工作部门无正当理由不受理行政复议申请、不履行行政复议决定、对申请人打击报复或者有违反行政复议法律法规的其他行为的，应当移送监察机关处理。

　　第八条　人民检察院、监察机关、政府法制机构对重大、复杂、敏感或社会反映强烈的行政执法监督案件，根据工作需要，可互派或互邀人员进行会商、研讨，联合开展辖区内专项行政执法监督等工作，增强监督合力，提高监督效果。

　　第九条　对监察机关或政府法制机构移送的案件，检察机关发出检察建议或提起公诉的，《检察建议书》、《起诉书》同时抄送监察机关或政府法制机构。对检察机关移送的案件，监察机关作出监察决定或提出监察建议的，同时抄送检察机关；政府法制机构提出处理意见或者完善制度意见的，同时抄送检察机关。

　　第十条　人民检察院、监察机关、政府法制机构应当加强在行政执法监督领域的工作交流，在人员培训、理论研讨及法律政策咨询等方面相互支持和帮助。

　　第十一条　人民检察院、监察机关和政府法制机构应建立健全沟通联系工作机制。加强经常性工作联系，分别指定一名同志为联络员，负责日常工作的联系和沟通；建立信息资源共享和案件通报制度，原则上每半年相互通报行政执法监督工作开展情况，同时也可以根据工作需要或一方提议决定召开专题会议，分析工作中存在的问题，研究提出进一步加强工作协作配合、建立健全长效工作机制的对策措施。

第十二条　本意见由省检察院、省监察厅和省政府法制办公室负责解释。

　　第十三条　本意见自发布之日起实施。

广东省人民检察院关于发挥民事行政检察职能服务经济社会发展大局的若干意见

为深入贯彻党的十八届三中全会精神，认真落实广东省人民检察院《关于充分发挥检察职能服务和保障粤东西北地区振兴发展的意见》、《关于积极推进社会管理创新的实施意见》，充分发挥民事行政检察职能作用，积极服务广东经济发展、社会建设和民生保障，为我省全面深化改革，实现"三个定位、两个率先"的全局性战略提供有力的司法保障，结合我省民事行政检察工作实际，提出如下意见：

一、深化思想认识，增强责任意识，提高民事行政检察服务大局的积极性与主动性

1. 党的十八大对我国社会主义经济建设、政治建设、文化建设、社会建设、生态文明建设进行了全面部署，十八届三中全会进一步明确了全面深化改革的方向和要求。深化改革并依法保护改革成果，促进经济平稳较快发展、社会治理规范有序、人民群众安居乐业，成为检察机关法律监督的重要任务。民事行政检察与经济运行、社会运转、行政管理、民生保障密切相关，以社会主义市场经济体制为核心的各项体制的改革完善，必然带来新旧经济运转模式、社会治理模式以及市场效率与社会公平的冲突，这将成为民事行政检察监督的重点领域。全省检察机关民事行政检察部门要牢固树立大局意识和责任意识，主动把民事行政检察工作融入全省经济社会发展全局中谋划和推进，适应经济社会发展对民事行政法律监督的新需求、新期待，找准民事行政检察工作服务大局的切入点，以执法办案为中心，以司法为民为宗旨，以人民群众满意为标准，敢于履行监督职责，依法合理延伸检察职能，为全省的经济增长、社会发展、民生保障营造公正廉洁高效的法治环境。

二、改进执法方式，完善工作机制，增强民事行政检察服务大局的实效性与公信力

2. 落实便民利民措施，畅通诉求表达渠道。依托派出检察室、驻镇街社区、工业园区、重点企业法律服务站、基层联络员以及网上检察院、微博、微信等平台，推动民事行政检察官进农村、进社区、进企业活动经常化，拓展检民互动交流途径，多渠道听取公众意见，提高民事行政检察工作的亲和力。

3. 综合多种监督方式与手段，增强法律监督效果。优化"抗、建、查、移"多元化监督格局，根据不同的监督对象和监督需求，合理选择并综合运用恰当的监督方式和手段，增强法律监督的实效性。充分发挥检察建议适用面广、灵活性高、针对性强的优势，在诉讼程序监督、执行监督、督促履职、规范社会管理等方面用好用足检察建议。改变"坐堂办案"的工作模式，依法运用民事行政检察调查权，深入发掘诉讼监督案件中的职务犯罪、行政违法以及社会管理不规范的线索，为检察监督提供扎实的事实证据支撑。

4. 健全多元化纠纷解决机制，将化解社会矛盾贯穿执法办案始终。主动将化解矛盾落实到民事行政检察工作各个环节，健全多元化纠纷解决机制，多角度、多途径引导社会公众依法定程序有序表达并解决诉求。落实检察机关与审判机关、行政机关、基层组织、社会组织等的检调对接机制，做好检察和解和监督案件的联调工作；落实逐案风险评估预警机制，采取书面与当面释法说理相结合的方式对不支持监督申请的案件做好息诉工作。

5. 建立检察监督的外部衔接机制，发挥监督合力。探索建立民事行政检察监督与审判监督、执行救济、行政执法的衔接机制；正确定位检察监督权，准确把握检察监督介入民事、行政诉讼和行政执法的时机和程度，尊重审判监督、执行异议复议和行政复议等的内部救济与自我修复。探索建立民事行政检察与工商联、律师协会等具有行业监管职能或消费者权益保障委员会等具有公共服务职能的社会组织的联系机制，助推相关领域创新社会治理机制、提高社会治理水平。

6. 坚持以检务公开促执法规范，提高社会认知度与公信力。深入推行阳光检务，依法向社会公开民事行政检察职能、监督依据、执法程序、审查进度、处理结果及理由、办案纪律等，推行终结性法律文书上网公开，探索案件审查听证，保障公众知情权、参与权、表达权和监督权。同时以检务公开促执法规范化建设，健全民事行政检察案件受理、审查、监督、息诉等环节的制度规范，加强自身监督，提高办案透明度与执法公信力。推进以推广经验、树立典型、展示成果为主要内容的宣传工作，增进社会各界的了解和信任，提高民事行政检察工作的社会认知度和影响力。

三、充分发挥民事行政检察职能，促进经济平稳较快发展

7. 维护公平诚信的市场秩序。依法保护公平竞争的市场环境，保障诚信经营的经济主体合法权益，重点监督利用市场优势形成不公平交易、利用不正当手段竞争、拍卖或招投标活动中弄虚作假、不诚信履行合同等民事案件，坚决纠正行政机关利用监管职权干预市场竞争、偏袒一方的行为，通过法律监督保障公平竞争、鼓励诚信经营，激发市场活力，为经济发展营造良好的市场环境。

8. 促进"固化"的市场要素重新参与流转。依法监督土地出让与转让纠纷、银行信贷与民间借贷等投融资纠纷、票据证券纠纷、商业秘密纠纷、技术交易纠纷、知识产权纠纷等涉及土地、资金、信息、技术、知识产权等市场要素的民事案件，对行政决定、多重判决、各种法律关系凝聚的市场要素，找准关键点，利用监督的有利地位，将其理顺，促进有序流转。特别关注城镇化建设、项目建设中的国有土地等自然资源出让与转让情况，加大对以明显低价出让、重复出让、无权转让国有自然资源的民事案件的监督力度，督促国土监管部门纠正出让程序不完善、转让审批不规范、出让土地范围不明确等问题。妥善处理城中村改造、产业转移工业园建设、空港经济区及配套设施建设、高速公路建设、大型综合商务区、金融园区建设中发生的土地征用和房屋拆迁补偿案件，合理寻求保障被征用人、被拆迁人合法权益与促进土地资源高效流转之间的平衡点。

9. 保护守法企业的正当权益。积极发挥司法对企业发展的规范、引导与保障作用，依法监督企业债权债务纠纷等民事案件，规范企业的生产经营活动；依法监督企业兼并、破产、清算、股权转让等民事案件，促进企业在市场竞争中优胜劣汰；依法监督因地方和部门保护主义损害企业合法权益的行政案件，保障企业的经营权利。平等保护各类市场主体的合法权益，将对民营企业的正当权益保障放在与国有企业同等重要的地位，特别是在执行监督案件中，涉及资金暂时短缺但仍处于正常生产经营状态、有发展前景的民营企业作为被执行人的，既要依法保护申请执行人的权利，也要兼顾企业合理的发展需要，通过执行和解等方式妥善平衡各方当事人的利益关系。

10. 保障国有资本的效益安全。积极开展对涉及基础设施建设、重大项目建设以及区域经济跨越发展中国有资本投资安全的民事案件的诉讼监督，关注国有企业改制、国有资产拍卖变卖等侵吞国有资产虚假诉讼多发领域的民事案件，注意从案件中发现涉嫌违规招投标、内外串通而显失公平的国有资产投资合同，防止国有资产流失、低效。注意区分国企利益与

国家利益，对于国有企业以平等主体身份参与市场活动、行使企业自主经营权中发生的民事纠纷，引导国有企业依法维权，不轻易以损害国家利益为由启动依职权监督程序。对于拖欠国家税收、财政周转金、国有土地出让金、矿产资源补偿费等行为，督促有监管职责的行政机关依法查处或提起诉讼。

11. 促进农村经济的稳定发展。依法办理土地承包经营权流转、农产品生产经营、农村金融、山林权属、土地征收等涉农民事行政监督案件。重点监督行政机关未对山林土地及时确权、裁决山林权属存在明显程序性违法的案件，推进经济后进地区解决承接产业转移中土地资源权属不清的问题；重点监督城镇化进程中集体土地征收审批不规范、程序不合法、补偿标准低、补偿款落实不到位的案件，保护失地农民的合法、长期权益，促进农村经济的稳定发展。

四、充分发挥民事行政检察职能，推进社会治理规范化

12. 促进依法行政。切实加大对行政执法活动的法律监督，审慎探索对未进入诉讼领域、侵害行政相对人利益的行政违法行为的监督，逐步实现行政检察从行政诉讼监督向一般行政违法监督的延伸，促进依法行政。关注公共服务、征地拆迁等行政管理中"官民"矛盾突出的热点难点领域，深入发掘民事、行政诉讼监督案件背后隐藏的、影响社会发展和稳定的、源头性、根本性、基础性的行政管理问题，研究提出完善政策和法规、改进行政管理、规范行政执法行为的对策建议。在传统管制型行政向现代服务型行政转变中，加强对行政不履行职责行为的监督，缓解社会组织创新加快、公民权利意识提高与传统行政管理模式的矛盾，积极助力行政机关在社会治理格局中发挥主导作用。

13. 推动行业组织发挥自律作用。加强与具有行业管理职能的社会组织的联系，及时反映办案中发现的、相关行业的企业生产经营中具有普遍性的问题，提出消除隐患、堵塞漏洞、健全制度、强化管理的建议，发挥行业组织的行业自律作用，促进相关企业和个人规范生产经营活动和从业行为。重点督促行业组织加强对企业安全生产、劳动保障、环境保护、资源可持续利用等方面的管理，确保企业将社会责任落到实处。督促和支持行业组织对行业中损害公共利益的行为提起诉讼，提升其行业管理权威。

14. 引导基层管理组织实现自治功能。妥善处理涉及村民委员会、社区管理委员会、小区业主委员会等基层组织的管理纠纷，重点监督村民委员会截留农村转移支付资金、未经村民授权非法转让集体土地使用权、小区业主委员会权利被开发商"绑架"损害全体业主共同居住利益等案件，引导基层组织依法发挥好在社会治理中的基础作用。

五、充分发挥民事行政检察职能，保障和改善民生

15. 推动基本公共服务建设。加大对基础设施、公共教育、医疗卫生、劳动就业、分配消费、社会保险、住房保障、科学普及等公共服务领域民事、行政案件的监督力度，促进基本公共服务的均等化，依法保护公民生存、生活、发展的基本权利和平等享受基本公共服务的权利。

16. 保障特殊群体和困难群众合法权益。加强对劳动争议案件的监督，重视对劳动者特别是外来务工劳动者、特殊工种劳动者、已达法定退休年龄劳动者的权益保障；加强对交通事故、医疗事故等人身损害赔偿案件的监督，注重对受害者的权益保障；加强对农村集体经济组织成员福利待遇案件的监督，关注"外嫁女"的权益保障；加强对涉港、涉澳、涉台、涉侨、涉外案件的监督，平等保护同胞、中外当事人的合法权益；加强对涉及儿童、老年人、残疾人案件的监督，为维权力量处于弱势的当事人争取平等的诉讼权利。对于因不懂法律维权有困难的当事人，提供必要的法律咨询、支持其向侵权者提起民事诉讼；对于依法未能在司法环节获得救济但生活确有困难的当事人，引导、帮助其寻求其他社会救助途径，确保特殊困难群众的生活底线。

17. 维护社会公共利益。密切关注产品质量、生产安全、资源利用、垃圾处理、生态优化等民生领域的公益保护。积极督促质监、安监、国土、环保等行政机关加强对生产销售伪劣产品、违反行业安全规范从事生产活动、非法使用自然资源、非法排放污染物品、恶意破坏生态修复工程等违法行为的监管。支持消费者权益保护、环境保护等社会公益组织对损害公共利益的企业或个人提起民事公益诉讼并加强诉讼监督。

六、充分发挥民事行政检察职能，营造公正廉洁的司法环境

18. 维护实体公正。依法监督生效的民事、行政裁定、判决和调解书，确保民事、行政审判的实体公正。注重对适用法律是否准确的审查，对适用法律标准不明确、不统一的问题开展类案监督。注重对认定证据是否真实充分的审查，对于民事诉讼的当事人或第三人、行政诉讼的原告或第三人在原审中因客观原因不能自行收集证据，申请法院调取证据或查实伪证的，法院应当调取而不调取、对证据真伪不查实的案件，依法开展调查核实工作，使诉讼各方当事人恢复到平等的诉讼状态；重点监督当事人、诉讼参与人以及审判人员以诉讼欺诈行为获取实体裁判或调解书、侵害国家利益或他人合法权益的案件，坚决遏制恶意诉讼对司法秩序的破坏。

19. 保障程序正义。坚持程序正义与实体正义并重，重视对民事、行政诉讼程序以及民事特别程序、督促程序、公示催告程序等非讼程序的法律监督，将公平正义落实到诉讼的各个环节。重点查办审判人员不依法受理或立案、未依法回避、违法保全、违法送达、违法采取强制措施、剥夺当事人诉讼权利、破坏证据真实性、严重超审限、滥用职权参与恶意诉讼以及存在贪污受贿、徇私舞弊、枉法裁判行为等程序违法案件和行政机关违法干预法院独立行使审判权的案件，维护公正廉洁高效的诉讼秩序。

20. 规范执行活动。坚持执行监督与审判监督并重，加强对法院在民事、行政执行程序中决定执行、实施执行以及对执行争议进行裁决等执行活动的法律监督，确保生效裁判的"纸上正义"顺利转化为依法执行的"实质正义"。全面掌握分案、执行前准备、财产调查、财产控制、财产变现、案款分配与发还、执行裁决、执行和解、执行结案、执行管理与监督等民事执行流程中的风险防控点，重点监督没有事实和法律依据久拖不执、随意裁定执行案外人财产、违法处置被执行人财产以及执行人员在执行活动中有职务违法犯罪行为等案件。注重对执行权行使的合法性和执行人员职务廉洁性的审查，对于执行行为合法但处理结果不尽合理的案件，可以引导当事人执行和解，并以类案监督形式督促法院统一标准，妥善平衡申请执行人与被执行人之间、执行当事人与执行标的物买受人等其他利益关系人之间的利益冲突。

广东省人民检察院关于完善民事行政检察与职务犯罪侦查部门协作机制的意见

为及时查办民事行政检察部门在办理民事、行政案件中发现的贪污贿赂、渎职侵权等违法犯罪，并对职务犯罪侦查部门办理的审判、执行人员职务犯罪案件所涉民事、行政案件进行监督，人民检察院民事行政检察部门应当依托职务犯罪侦查职能，强化民事行政检察的监督实效。现依据最高人民检察院《关于完善抗诉工作与职务犯罪侦查工作内部监督制约机制的规定》、《人民检察院举报工作规定》、《人民检察院民事诉讼监督规则（试行）》等相关规定，制定本意见。

第一条 人民检察院职务犯罪侦查部门、民事行政检察部门应当在分工负责的基础上加强协作配合，及时查处民事行政检察环节中发现的贪污贿赂、渎职侵权等违法犯罪行为，强化民事行政检察的监督效果，共同维护司法公正和法律权威。

第二条 民事行政检察部门在审查案件过程中发现审判、执行人员及其他国家工作人员涉嫌违法犯罪需要进一步调查的，应当逐案填写《违法犯罪行为调查评估表》，经分管检察长批准，将涉嫌犯罪的线索移送本院举报中心，对涉嫌违法的线索进行调查或者交下级人民检察院民事行政检察部门调查。

第三条 民事行政检察部门在对涉嫌违法的线索进行调查后，依下列情形分别处理：

（一）调查发现审判、执行人员或者其他国家工作人员涉嫌贪污贿赂、渎职侵权犯罪，需要移送本院职务犯罪侦查部门立案侦查的，应当逐件登记并提出处理意见，经分管检察长批准后，将证据材料与调查情况移送本院职务犯罪侦查部门，由职务犯罪侦查部门决定自行调查或者将案件指定下级人民检察院办理。

（二）调查发现审判、执行人员或者其他国家工作人员有违法、违纪行为但不涉嫌犯罪的，除向人民法院及其他相关部门发出检察建议外，应当将调查处理情况向职务犯罪侦查部门通报。

（三）发现审判、执行人员或者其他国家工作人员未涉及违法、违纪行为的，经分管检察长同意，作终结调查处理。

第四条 职务犯罪侦查部门对民事行政检察部门移送的案件线索应当优先办理并及时书面反馈民事行政检察部门。

民事行政检察部门已进行前期调查并取得初步证据的，职务犯罪侦查部门一般应当在收到线索后一个月内向民事行政检察部门书面反馈审查情况，最迟不超过三个月；对民事行政检察部门未经前期调查的线索，在审查终结之后及时反馈。

第五条 职务犯罪侦查部门初查后认为民事行政检察部门移送的案件线索不符合立案条件的，应当书面说明不立案理由。民事行政检察部门认为职务犯罪侦查部门不立案理由不能成立的，应当报分管检察长同意后，转本院侦查监督部门审查决定。

第六条 对上级人民检察院民事行政检察部门移交调查的线索，下级人民检察院民事行政检察部门调查后应当将结果上报上级人民检察院民事行政检察部门，并将符合立案条件的案件移送本院职务犯罪侦查部门。职务犯罪侦查部门审查后不予立案的，上级人民检察院民事行政检察部门可以将案件材料调回，移送本院职务犯罪侦查部门审查决定。

第七条 职务犯罪侦查部门应当定期将辖区内审判、执行人员涉嫌贪污贿赂、渎职侵权犯罪的立案情况通报给本院民事行政检察部门，以便民事行政检察部门能及时、准确作出是否对所涉民事、行政案件予以监督的意见。

第八条 职务犯罪侦查部门在查办审判、执行人员涉嫌职务犯罪案件过程中，发现民事、行政审判、执行活动中作出的已生效判决、裁定可能有错误的，应当将相关材料移送民事行政检察部门。

第九条 民事行政检察部门应当及时对职务犯罪侦查部门通报的已生效民事行政判决、裁定进行审查，并在一个月内向职务犯罪侦查部门书面反馈审查情况，最迟不超过三个月。

第十条 职务犯罪侦查部门在讨论是否对民事行政检察部门调查发现的犯罪线索立案侦查时，可以邀请民事行政检察部门的人员列席会议，听取民事行政检察部门的意见。

第十一条 民事行政检察部门对审查民事、行政案件过程中发现的违法犯罪行为进行调查时，或者职务犯罪侦查部门对民事行政检察部门移送的案件线索开展初查、立案侦查时，可以根据工作需要，相互派员协助办案。

第十二条　职务犯罪侦查部门、民事行政检察部门可根据实际需要，召开工作协调会，相互通报工作情况。

第十三条　本意见自下发之日起施行。本院之前下发的其他规定与本意见内容不一致的，以本意见为准。

山西省人民检察院关于进一步
加强民事执行检察监督工作的意见

为深入贯彻落实修改后的民事诉讼法，充分发挥检察机关对人民法院民事执行活动的法律监督职能，维护司法公正和权威，根据《中华人民共和国民事诉讼法》、最高人民检察院《关于深入推进民事行政检察工作科学发展的意见》，结合我省实际，就进一步加强民事执行检察监督工作提出如下意见：

一、加深对民事执行检察监督工作的认识

1. 充分认识民事执行检察监督工作的重要意义。加强民事执行检察工作，是检察机关深入贯彻修改后民事诉讼法的重要举措，是民事行政检察工作科学发展的必然要求，也是民事行政检察制度发展完善的迫切需要，对于破解执行难题，维护司法公正和权威、保障人民群众合法权益、有效化解社会矛盾具有十分重要意义。

2. 准确把握民事执行检察监督工作的指导思想和主要任务。全省检察机关特别是基层院要深入贯彻落实修改后的民事诉讼法，按照高检院对执行检察工作总体要求，充分发挥法律监督职能，不断加大民事执行监督力度，着力加强机制建设和队伍建设，通过对人民法院的民事执行活动进行法律监督，不断促进人民法院依法执行、规范执行，维护司法公正权威和社会和谐稳定。

3. 正确把握民事执行监督的基本理念。全省检察机关在民事执行监督中要确立以下三个基本理念：一是依法监督理念。要做到严格依法监督，防止随意监督，确保执行监督符合法律规定。二是事后监督理念。只有执行违法行为实际发生后，检察机关才能依法介入监督，不提倡现场监督、同步监督。三是遵循司法规律的理念。遵循当事人意思自治和执行救济优先原则，不得代行执行权。

二、明确民事执行监督工作的内容

4. 民事执行监督的案件来源。民事执行监督要以当事人申请为主，检察机关依职权启动为辅。民事执行监督案件的主要来源：一是民事案件当事人、利害关系人或者案外人申诉；二是其他公民、组织控告或者检举；三是检察机关在查办其他案件过程中或者通过其他途径依职权发现；四是国家权力机关或者其他机关转办；五是上级人民检察院交办、转办。

5. 民事执行监督的案件范围。民事执行监督是检察机关对人民法院执行已经发生法律效力的民事判决、裁定、决定、调解书、仲裁裁决书、公证文书等活动中的违法行为进行法律监督。主要包括：

——民事执行裁判行为。主要针对人民法院作出的错误裁定、决定进行检察监督。执行裁判行为一般包括：不予受理裁定、变更执行裁定、中止执行裁定、终结执行裁定、强制执行措施裁定（冻结、划拨存款、扣留、扣押、查封、拍卖、变卖、拘留、罚款等）和执行过程中法院作出的其他裁判行为。

——民事执行实施行为。主要针对法院执行人员采取的具体执行措施行为进行检察监督。此类行为一般包括：人民法院违法采取冻结、划拨存款、扣留、扣押、查封、拍卖、变卖、拘留、罚款等具体强制措施、采取执行措施违反法定程序、超越执行范围、执行人员严重不负责任或者滥用职权、不履行、怠于履行法定职责或其违法行为致使当事人或利害关系人的利益遭受重大损失的行为等。

——执行人员其他行为。主要针对法院执行人员的职务廉洁性行为进行检察监督。此类行为一般包括：为谋取私利或者一方当事人利益与相关中介机构勾结，指使其违反规定压低或者抬高价格，侵害相关当事人利益的行为；执行中索取、收受当事人财物及其他贿赂，或者贪污、私分执行款或者其他财产的行为；挪用、截留执行款物归自己使用的行为等违法行为。

6. 民事执行监督方式。检察机关主要采取检察建议、纠正违法通知书、建议更换执行人员和移送犯罪线索等方式对民事执行活动进行监督。

——检察建议。对执行违法行为进行监督，一般采取检察建议书的方式。人民检察院发现同级人民法院执行活动损害国家利益、社会公共利益或侵害当事人、案外人合法权益的，应当向人民法院提出检察建议。

——纠正违法通知书。人民法院执行人员在执行活动中涉嫌违法，人民检察院应当根据有关规定调查核实。经调查核实后，对于确有违法行为的，应当依法向人民法院发出纠正违法通知书，并将证明其违法行为的材料移送人民法院处理。

——建议更换执行人员。对于人民法院执行人员确有严重违反法律规定的行为，其继续执行案件将严重影响执行活动的公正性，应当提出检察建议，建议人民法院更换执行人员。

——移送职务犯罪线索。将民事执行检察监督与民事诉讼违法行为调查结合起来，充分运用法律赋予检察机关在民事诉讼中的调查核实权。发现人民法院执行人员涉嫌职务犯罪的违法行为，经调查核实后应当及时移送相关职务犯罪侦查部门审查办理。

三、建立和完善民事执行检察工作机制

7. 建立民事执行监督长效宣传机制。各级院要高度重视执行监督的宣传工作，积极探索民事执行监督宣传工作的新思路、新方式，建立行之有效的宣传工作长效机制，使民事执行监督宣传工作常态化、制度化、多样化，提高民事执行监督工作的社会认知度和影响力，不断拓宽案源，为民事执行监督工作的开展创造良好的社会氛围。

8. 建立民事执行监督沟通协调机制。要与同级人民法院形成个案协作、定期座谈、信息沟通、交流通报等长效工作联系协商制度，共同研究和分析在执行过程中出现的新情况和新问题，联合破解人民群众反映强烈的"执行难，执行乱"难题，有效杜绝因违法执行或执行不当而引发新的矛盾纠纷。建立检法执行联络员队伍，负责案件沟通和情况通报，不断推动民事执行检察工作规范顺利开展。

9. 建立职务犯罪案件线索移送及反馈机制。全省各级院民行检察部门要加强与职务犯罪侦查部门的沟通联系，调查中发现的职务犯罪和其他犯罪线索，要实行台账管理、及时移送、逐案报省院备案；职务犯罪侦查部门侦查终结后及时将侦查结果告知民行检察部门，在民行检察部门与职务犯罪侦查部门之间形成线索移送和结果反馈工作机制。

四、加强民事执行监督工作的组织领导和队伍建设

10. 加强民事执行监督工作的组织领导。各级院党组要高度重视民事执行监督工作，定期研究部署民事执行监督工作，并在工作协调和办案经费、装备等方面提供保证，确保民事执行监督的顺利开展。

11. 加强民事执行监督队伍建设。市级院民行检察部门应根据办案情况和实际需要由一名副处长专门负责执行监督工作，基层院应设专人负责民事执行监督工作。民事执行监督人员可结合当地实际，适当从人民法院从事民事审判或执行工作的法官或检察机关职务犯罪侦查部门从事职务犯罪侦查工作的检察人员中选配。

12. 加强全省民事执行监督队伍一体化建设。要明确各级院民事执行监督工作重点，省院要重点加强对下指导工作，建立民行检察一体化联动

办案机制。市级院、基层院要发挥民事执行监督办案作用，切实办好每一起执行监督案件，必要时可由省院或市（分）院统一调配下级院民行检察人员联合办案。

13. 加强全省民事执行监督队伍专业化建设。强化民事执行监督培训工作和调研工作，要通过多种方式开展民事执行监督业务的全员培训和专门人员培训，提高民行检察人员的法律监督能力；选派民行检察人员到人民法院执行部门挂职锻炼；逐步建立民事执行监督专业人才库，不断提升民行检察人员专业素质。

14. 严格办案纪律，强化自身监督。全省民行检察人员要严格遵守《人民检察院民事行政检察人员廉洁规范执法行为准则》，规范民行检察人员与法官、律师、当事人和中介的关系，坚决查办关系案、人情案、金钱案和其他违法违纪行为，确保民事执行检察监督权的正确行使。

吉林省人民检察院关于开展非诉行政执行案件检察监督工作的暂行规定

为加强非诉行政执行案件的检察监督，维护法律和司法公正，依据《中华人民共和国行政诉讼法》和最高人民检察院《关于深入推进民事行政检察工作科学发展的意见》，结合吉林省检察机关开展非诉行政执行案件检察监督工作实际，制定本暂行规定。

第一条 非诉行政执行案件是指行政相对人对行政机关作出的具体行政行为在法定期限内不申请行政复议，也不提起行政诉讼，又不履行具体行政行为所确定的义务，行政机关或法律确定的权利人依法申请人民法院强制执行的案件。

第二条 人民检察院对非诉行政执行案件检察监督应当遵循的原则：

（一）非诉行政执行案件检察监督应当遵循依法、公正、及时、审慎的原则，遵循非诉行政执行案件的规律和特点，规范监督，有限监督，居中监督。

（二）非诉行政执行案件检察监督应当立足监督职责，支持人民法院依法执行国家行政法律法规，尊重审判权的运行规律，维护人民法院正确裁判的既判力和执行力。

（三）非诉行政执行案件检察监督应当以正确执行国家行政法律法规、化解社会矛盾、减少当事人诉累、节约司法资源为目标，维护行政机关依法行政，维护行政相对人合法权益。

第三条 人民检察院受理下列非诉行政执行监督案件：

（一）人民法院对符合非诉行政执行受案条件的案件不予受理或对不符合条件的案件予以受理的；

（二）人民法院对行政机关作出的明显违反法律规定、违反法定程序、缺乏法律和事实依据和损害被执行人及第三人合法权益等具体行政行为裁定准予执行的；

民事行政检察指导与研究（总第13集）
Guide and Study on Civil-Administrative Procuratorate

（三）人民法院没有采取合议方式审理非诉行政执行案件的；

（四）人民法院对符合听证条件的非诉执行案件没有举行听证的；

（五）人民法院没有在法定期限内对非诉行政执行案件作出裁定的；

（六）其他应当受理的非诉行政执行监督案件。

第四条　人民检察院受理非诉行政执行监督案件的主要来源：

（一）与非诉行政执行案件有利害关系、符合申请条件的行政机关、法律法规规章授权的组织、公民、法人或其他组织的申诉；

（二）党委、人大、政府、政协或上级检察机关转办、交办的行政机关或公民、法人和其他组织的申诉；

（三）人民检察院自行发现的严重损害行政相对人合法权益并造成不良社会影响的案件。

第五条　向人民检察院申请非诉行政执行监督的案件，须在人民法院作出裁定后三个月内提出，特殊情况下可以延长至六个月。

第六条　人民检察院对人民法院作出的违反法律规定且明显错误的裁定，应当提出检察建议，建议人民法院及时纠正。

第七条　人民检察院在办理非诉行政执行监督案件中，发现审判人员和行政执法人员存在一般违法行为时，应当向人民法院和行政执法机关发出《纠正违法通知书》，提出纠正意见。

第八条　人民检察院在办理非诉行政执行检察监督案件中，发现人民法院和行政机关有关人员存在贪污贿赂、渎职侵权等犯罪行为的，应当及时将线索移送职务犯罪侦查部门。

第九条　人民检察院对决定监督的非诉行政执行案件，须经分管检察长批准，重大、疑难案件，须经检察长批准或检委会研究决定。

第十条　人民检察院对行政非诉执行案件进行法律监督，应当依法履行职责，不得滥用监督权力。检察人员违法行使职权的，应当依法追究相关人员的行政或法律责任。

第十一条　办理非诉行政执行监督案件由办理非诉行政执行案件的人民法院所在地的同级人民检察院管辖。上级人民检察院认为确有必要时，可以对下级人民检察院管辖的案件上提一级进行审查。有管辖权的人民检察院认为不宜由自己管辖的，可以申请上一级人民检察院管辖或由上级人民检察院指定管辖。

第十二条　省院行政检察处负责对全省办理非诉行政执行监督案件工作进行指导，各级院在办理非诉执行案件过程中遇到的问题应及时层报省院。

江苏省人民检察院反渎职侵权局、民事行政检察处关于加强反渎职侵权部门与民事行政检察部门协作配合的意见

为进一步加强对民事行政诉讼领域的法律监督，形成反渎职侵权（以下简称反渎）与民事行政检察（以下简称民行检察）工作的合力，维护公平正义和人民群众合法权益，根据"两高三部"《关于对司法工作人员在诉讼活动中的渎职行为加强法律监督的若干规定（试行）》、高检院《人民检察院民事诉讼监督规则（试行）》、《关于完善抗诉工作与职务犯罪侦查工作内部监督制约机制的规定》以及省法院、省检察院、公安厅、司法厅《关于防范和查处虚假诉讼的规定》等要求，就全省检察机关反渎部门与民行检察部门在反渎职侵权和民事行政检察工作中加强协作配合提出如下意见：

一、提高对强化民事行政诉讼领域法律监督工作重要性的认识。各级检察院反渎部门和民行检察部门要认真学习修改后的民事诉讼法、新颁布的《人民检察院民事诉讼监督规则（试行）》以及高检院推进民事行政检察工作科学发展的意见；系统把握《关于对司法工作人员在诉讼活动中的渎职行为加强法律监督的若干规定（试行）》、《关于完善抗诉工作与职务犯罪侦查工作内部监督制约机制的规定》、《关于防范和查处虚假诉讼的规定》等实质要求；研究掌握行政诉讼及行政执法监督、民事行政执行、刑事检察相关业务知识等。通过深入学习领会，切实转变"重刑轻民"观念，站在检察工作全局和促进公正司法大局上认识强化民事行政诉讼法律监督工作的重要性；进一步加深推进反渎与民行检察部门加强协调配合必要性的认识，树立检察一盘棋思想，不断增强信息沟通、线索移送、案件协查、工作协调配合的自觉性和主动性，增强监督刚性和监督成效；加强工作实践，切实采取措施，建立健全协调配合机制，研究制定加强和推进协调配合的具体举措，形成民事行政诉讼监督工作合力。

二、加强案件线索的发现、移送工作。反渎部门和民行检察部门要不断加强协调沟通和协助配合，努力实现案件信息互通、监督资源共享，着力推动建立健全案件线索双向移送协查机制，实现反渎工作与民行检察工作质效的双提升。

反渎部门要主动了解、及时接收民行检察监督特别是民事行政虚假诉讼监督工作中发现的渎职侵权案件线索，及时组织初查，符合立案条件的，及时依法立案侦查；要进一步提高发现渎职侵权案件背后的民事行政责任承担等问题，增强在查办司法人员渎职侵权犯罪案件中发现民事行政虚假诉讼行为等的能力，及时将相关线索移送民行检察部门审查办理；对司法工作人员贪污受贿、徇私舞弊、枉法裁判等违法行为，可能导致原判决、裁定错误的，及时将案件线索等移送民行检察部门审查办理。

民行检察部门在履行监督职责中要增强挖掘和发现民事行政监督案件尤其是民事行政虚假诉讼案件背后的司法人员权钱交易、徇私舞弊、滥用职权等职务犯罪线索的能力，及时将相关司法人员渎职犯罪线索移送反渎部门。在对生效裁判、调解书的监督中，要认真审查"认定的基本事实缺乏证据证明"、"适用法律确有错误"、"审判组织的组成不合法"、"违反法律规定，剥夺当事人辩论权利"等监督理由，注意发现司法人员涉嫌职务违法犯罪的线索；在对审判程序中审判人员违法行为的监督以及执行活动的监督中，要正确把握、准确区分审判程序违法、执行依据违法、执行行为违法与审判、执行人员涉嫌职务违法犯罪的界限；在督促履行职责工作中，要注重发现行政不作为、乱作为等背后的违法犯罪线索，及时移送；对反渎部门移送的线索及情况通报要高度重视，发现相关情况足以影响案件监督结果和监督效果的，要及时综合分析研究，依法作出监督决定，不断提高监督质量。

三、加强案件的协作办理。反渎部门、民行检察部门要充分发挥职能作用，对相互移送的案件和线索或者认为有必要商请提供协助查办的案件和线索，要加强协商研判和协查工作，形成检察监督合力。反渎部门在案件初查时，为隐蔽侦查意图或其他实际工作需要，可以通过民行检察部门出面调取相关案卷材料及从事相关调查核实工作。民行检察部门在办理可能涉嫌司法人员渎职等违法行为的民事行政监督案件时，反渎部门可以派员介入，共同对案情分析研判和开展初查工作。民行检察部门在审查办理民事行政监督案件时，发现有关司法人员涉嫌犯罪可能影响到民事行政案件的审判、执行时，要及时查阅、了解侦查、公诉工作等进展情况，以便全面掌握监督案件需要的证据材料等。办案中有必要由反渎部门调取相关证据材料的，经领导批准，由反渎部门依法具体办理。

四、加强信息沟通和反馈。要加强案件信息反馈工作。反渎部门应当在收到案件线索后一个月内将审查结果书面反馈民行检察部门。反渎部门对民行检察部门移送的案件线索决定立案侦查或者不予立案的，应当在作出立案决定、不立案决定、侦查终结处理决定后五日内书面反馈民行检察部门。民行检察部门对反渎部门移送的案件应当在作出抗诉、提请抗诉、不支持监督决定后五日内书面反馈反渎部门。要加强上下级院工作信息的沟通，各市院反渎、民行检察部门要及时将线索移送、案件查办情况分别层报省院反渎局、民行检察处。各级院对于查处过程中遇到的问题和困难要及时向上级院报告，上级院要加强对下帮扶和指导。

五、加强工作总结和经验交流。各地要联系办案实际，及时分析总结案件线索移送、相互协查、双向反馈等工作做法和成效，指导执法办案。上级院要加强对下级院工作经验的收集、提炼，通过工作会议、信息专报、简报和通报典型案例等形式，及时宣传推广各地好的经验做法，营造良好的协作氛围，共同推进反渎职侵权和民行检察工作的深入发展。

江苏省人民检察院民事行政检察处关于开展民事执行活动法律监督工作的指导意见

　　为规范开展全省检察机关民事执行活动法律监督工作，根据《中华人民共和国民事诉讼法》（以下简称《民事诉讼法》）、最高人民法院、最高人民检察院、公安部、国家安全部、司法部《关于对司法工作人员在诉讼活动中的渎职行为加强法律监督的若干规定（试行）》（以下简称《若干规定》）以及最高人民检察院《关于深入推进民事行政检察工作科学发展的意见》、《人民检察院民事诉讼监督规则（试行）》（以下简称《监督规则》）等相关规定，结合全省检察工作实际，对全省开展民事执行活动法律监督工作提出如下意见：

一、监督的对象和范围

　　人民检察院民事执行活动法律监督的基本对象为人民法院的民事执行活动。监督的范围主要是人民法院及其执行人员在执行生效民事判决、裁定、决定、调解书、民事制裁决定、支付令，刑事附带民事判决、裁定、调解书、仲裁裁决和调解书以及公证债权文书等活动中，执行裁决行为是否错误、执行实施行为是否违法以及是否有怠于或不履行职责等违反法律规定的情形。

二、监督的原则

　　1. 依法监督原则。应当依法对人民法院的民事执行活动进行监督，做到敢于监督、善于监督、规范监督。

　　2. 有限监督原则。应当以事后监督为主，对于执行活动中的某一环节已经发生违法行为造成或可能造成严重后果的，可以根据权利保障和救济原则等适时监督，但是，除涉及国家和社会公共利益等特殊情形外，不得进行现场同步监督，防止对人民法院正常执行活动的不当干预。

　　3. 注重质效原则。应当以事实为依据、法律为准绳，坚持公开、公

执行监督案件。尊重和保障当事人等的合法权利，监督和支持人民法院依
法行使执行权。对有执行和解可能的，要积极引导当事人之间依法达成和
解协议，努力实现案结事了人和。

三、案件的来源

民事执行监督案件的来源包括：案件当事人、利害关系人向检察机关
申请监督；案件当事人、利害关系人以外的公民、法人和其他组织向检察
机关控告、举报；有关机关交办、转办；检察机关依职权发现等。

四、案件的管辖和受理

1. 管辖。对民事执行活动的监督案件，由执行法院或作出生效执行裁
决的法院所在地同级人民检察院和上级人民检察院管辖，以同级管辖
为主。

委托异地执行的监督案件，实施受托执行法院的同级人民检察院也有
管辖权；跨地区监督案件的管辖争议由双方协商解决，协商不成的，报请
共同的上级人民检察院决定。

2. 受理。（1）申请监督和控告、举报的受理。对人民法院的民事执行
活动，案件当事人、利害关系人向检察机关申请监督或者案件当事人、利
害关系人以外的公民、法人和其他组织向检察机关提出控告、举报的，由
有管辖权的人民检察院控告申诉检察部门受理。（2）提请监督的受理。下
级人民检察院提请监督的执行监督案件，由上一级人民检察院案件管理部
门受理。（3）依职权监督的受理。具有下列情形之一的民事执行案件，人
民检察院应当依职权监督，由民事检察部门受理：损害国家利益或者社会
公共利益的；审判（执行）人员有贪污受贿、渎职侵权等违法行为的；依
照有关规定需要人民检察院跟进监督的；检察机关在办理其他监督案件过
程中发现民事执行活动存在违法情形的。

3. 申请监督的受理条件。案件当事人、利害关系人向人民检察院提出
执行监督申请的，需符合以下条件：（1）认为人民法院民事执行活动存在
违法情形；（2）提供符合《监督规则》第25条至第28条规定的监督申请
书、身份证明、相关法律文书及证据等材料；（3）属于人民检察院管辖；
（4）不具有《监督规则》规定的不予受理情形。

按照《民事诉讼法》规定可以向人民法院提出执行异议、申请上级人
民法院监督或者提起诉讼的执行案件，当事人直接申请人民检察院监督
的，除执行活动损害国家利益、社会公共利益和涉嫌违法犯罪的之外，人
民检察院应当告知其依照法律规定先向人民法院申请救济。

4. 受理后的处理。申请监督和控告、举报的执行监督案件，控告申诉检察部门在决定受理后制作《受理通知书》发送申请人等，及时将案件材料移送民事检察部门，并抄送案件管理部门。

下级人民检察院提请监督的案件，由上一级人民检察院案件管理部门接收、登记后，及时将案件材料和受理案件登记表移送民事检察部门，并将受理情况抄送控告申诉检察部门。需要通知当事人的，由民事检察部门发送《受理通知书》并告知其权利义务。

依职权发现的执行监督案件，由民事检察部门受理并制作《受理决定书》，向案件管理部门登记备案。

五、案件的审查办理

1. 交办、协同办理和提请办理。上级人民检察院受理的执行监督案件可以交下一级人民检察院办理。交办的案件应当制作《交办通知书》，并将有关材料移送下一级人民检察院。下一级人民检察院应当依法办理，不得将案件再行交办；在审查后可以自行作出处理决定的，在作出正式决定前应当报请交办案件的上级人民检察院审核同意。交办案件需要通知有关当事人等的，由承办的人民检察院另行制作通知书。

上级人民检察院受理的执行监督案件需要下级人民检察院协同办理的，经民事检察部门负责人批准可以指令或通知下级人民检察院协同办理。下级人民检察院民事检察部门应当根据指令或通知列明的要求，完成相关的协同办理任务，并可以对协同办理案件的处理提出相关意见或建议。

下级人民检察院对有管辖权的执行监督案件，根据案件需要，可以报请上级人民检察院直接办理。上级人民检察院对下级人民检察院的报请理由和依据审查后，决定是否直接办理。

2. 调阅执行卷。执行案件有无执行卷宗、能否调阅，不影响执行监督案件的审查。对已经执行终结的案件且已归档的，可以调阅、复制相关执行卷宗材料；对无执行卷宗的，可以根据审查需要，依法查阅、复制原审判卷宗或相关执行文书等。

3. 调查核实。因办理执行监督案件的需要，人民检察院可以向案件当事人或案外人调查核实有关情况。

需要调查核实的，由承办人提出或者民事检察部门负责人决定，部门负责人在相关文书或介绍信上签字同意即视为批准。因办理案件中调取证据等需要，可以制作《立案决定书》，但不发送申请人或者控告、举报人。对司法人员的调查，按照《若干规定》的要求办理。

4. 全面审查。在办理执行监督案件时，应当坚持全面审查要求，除了审查人民法院执行活动是否合法外，也应当对原审裁判、调解是否正确进行必要的审查，发现原审裁判、调解确有错误可能的，根据实际情况可以依法启动依职权监督程序。

5. 中止审查。有下列情形之一的，可以中止审查：（1）申请监督的自然人死亡，需要等待权利继承人表明是否继续申请监督的；（2）申请监督的法人或者其他组织终止，尚未确定权利义务承受人的；（3）申请监督的事项涉及重新审计、鉴定和评估等且尚无结论的；（4）申请监督的事项须以正在重新处理的本案或另一案的处理结果为依据，而本案或另一案尚未审结的；（5）其他应当中止审查的情形。

中止审查的，应当制作《中止审查决定书》，属于当事人申请监督的，应当发送当事人。中止审查的情形消除后，应当及时恢复审查。

六、审查终结程序

民事执行监督案件承办人在案件审查结束后，应当制作审查终结报告，提出处理意见。

对在办理执行监督案件中发现当事人等有和解可能的，应当积极促使当事人等之间依法达成和解协议，并做好与执行法院相应的协调与衔接工作。

有下列情形之一的，应当作出终结审查决定：（1）申请人撤回监督申请或自愿执行和解，且不损害国家利益、社会公共利益和他人合法权益的；（2）人民法院已经自行纠正违法执行法律文书或违法执行行为的；（3）发现已经受理的案件不符合受理条件的；（4）依职权监督的案件，经审查不需要采取监督措施的；（5）其他应当终结审查的情形。

终结审查的，应当在决定之日起十五日内制作《终结审查决定书》，需要通知当事人的，按规定发送当事人。

七、监督的方式

1. 对执行裁定、决定违法的监督。人民检察院发现人民法院作出的执行裁定、决定有下列违法情形之一的，应当提出检察建议：

（1）追加、变更被执行人裁定错误的；

（2）执行裁定所确定的内容与执行依据不符的；

（3）违反法律规定，决定暂缓执行或者裁定中止执行、终结执行、恢复执行、执行回转的；

（4）采取强制措施决定不符合法定条件的；

（5）有其他执行裁定、决定违法情形的。

2. 对执行行为违法的监督。人民检察院发现人民法院执行行为有下列情形之一的，应当提出检察建议：

（1）对执行依据虚假、不存在、未生效或者已被撤销的案件受理执行的；

（2）执行中的调查、搜查违反法律规定的；

（3）超标的执行、执行案外人财产，或者对依法不得执行的财产采取执行措施等不按照执行裁定的内容采取执行措施的；

（4）被执行人依法提供有效担保后仍然违法执行原查封、扣押财产的；

（5）评估、拍卖程序违反法律等规定的；

（6）变卖执行物违反法律等规定的；

（7）违反规定保管、使用被执行财产或者无正当理由未及时将被执行财产交付给申请执行人的；

（8）胁迫、欺骗执行当事人和解的；

（9）拒绝符合条件的申请人或者同意不符合条件的申请人参与被执行财产分配的；

（10）违法解除已经采取的执行措施的；

（11）实施执行的行为有其他违法情形的。

3. 对怠于履行执行职责的监督。人民检察院发现人民法院有下列不履行或者怠于履行执行职责情形之一的，应当提出检察建议：

（1）不受理执行申请又不依法作出不予受理裁定的；

（2）对已经受理的执行案件不依法执行的；

（3）不按照规定采取执行措施，导致被执行财产遭受损失或者导致执行目的不能实现的；

（4）违法不受理执行异议、复议或者受理后逾期未作出裁定、决定的；

（5）暂缓执行、中止执行的原因消失后，不按规定恢复执行的；

（6）依法应当改变或者解除执行措施而不改变、解除的；

（7）其他怠于履行执行职责的行为。

具有上述怠于履行职责情形之一的，人民检察院在提出检察建议之前可以向人民法院发出《要求说明理由通知书》，要求人民法院说明理由。

4. 对执行人员渎职违法行为的监督。人民检察院发现人民法院执行人员在民事执行活动中存在渎职违法行为，符合《若干规定》规定情形的，应当依照规定通过检察建议提出纠正违法意见、更换办案人等建议。

5. 暂缓执行、暂缓支付检察建议。人民检察院发现正在执行的民事案件有下列情形之一、继续执行可能造成难以回转的，可以向人民法院发出检察建议，建议人民法院暂缓执行：（1）审判、执行人员涉嫌职务犯罪的；（2）申请执行人等涉嫌与执行案件相关的虚假诉讼或违法犯罪活动等，可能损害国家利益、社会公共利益或他人合法权益的；（3）有证据证明申请执行人意图通过人民法院的执行活动实现违法目的的；（4）人民检察院对人民法院据以执行的民事判决、裁定已经提出抗诉的；（5）其他需要暂缓执行的情形。

人民检察院提出抗诉的案件，如继续执行可能导致难以回转的，可以在提出抗诉时直接或指令执行法院的同级人民检察院建议执行法院暂缓执行。

对执行可供支付的标的有下列情形之一且支付后难以回转的，可向执行法院提出暂缓支付的建议：（1）原裁判确有错误可能；（2）案外人提出异议或诉讼，尚无处理结论的；（3）执行标的涉及其他债权债务依法需要一并处理的；（4）其他确实需要暂缓支付的情形。

暂缓执行、暂缓支付的情形消失后，人民检察院应当及时发出恢复执行意见书，建议人民法院恢复执行。

6. 对执行依据和法律文书实体性错误的监督。人民检察院在办理民事执行监督案件过程中，发现人民法院据以执行的民事裁判、调解书、仲裁裁决书、公证债权文书、支付令等存在明显错误、涉嫌虚假诉讼或者调解具有胁迫当事人、违反国家利益和社会公共利益等情形的，或者发现人民法院在执行过程中所作的具有实体性终局性的裁决确有错误的，应当提出抗诉或检察建议。

7. 对执行案件类案的监督。有下列情形之一的，人民检察院可以向人民法院提出类案监督或改进工作类的检察建议：（1）人民法院对民事执行中的同类问题适用法律不一致的；（2）人民法院在多起案件中适用法律存在同类错误的；（3）人民法院在多起案件中具有相同违法行为的。

8. 对有关单位的监督。人民检察院在执行监督过程中，发现有关单位有下列情形之一的，可以向其发出检察建议：（1）不当干预人民法院的执行活动的；（2）不履行法律规定或司法文书确定的义务的；（3）有其他违法行为等的。

八、不支持监督申请

对民事执行检察监督案件，人民检察院经审查认为不符合监督条件的，应当作出不支持监督决定，并在作出决定之日起十五日内制作《不支持监督申请决定书》，按规定发送申请人或控告、举报人。

九、决定的作出程序

民事执行检察监督案件由承办人审查后，提请部门集体讨论形成处理意见，经民事检察部门负责人审核同意后，按不同情况报批：（1）纠正执行违法的检察建议按规定程序提请检察委员会讨论决定；（2）暂缓执行等检察建议报分管检察长批准；（3）对类案的监督和对有关单位监督的检察建议按相关规定报批；（4）不支持监督申请决定报分管检察长批准或提请检察委员会讨论决定；（5）工作程序性事项、终结审查决定等根据具体情形分别由民事检察部门主要负责人或分管检察长批准；（6）对执行依据和司法文书实体性错误提出抗诉和检察建议按《监督规则》的相关规定执行。

决定向执行法院提出检察建议的，应当制作《检察建议书》，并在作出决定之日起十日内将《检察建议书》连同案件卷宗材料按规定移送同级人民法院；依当事人申请监督的，还应当制作决定提出检察建议的《通知书》并发送当事人。对有关单位监督的检察建议，按规定向有关单位发出《检察建议书》。

《要求说明理由通知书》、《恢复执行意见书》应当在决定作出后三日内制作，并连同相关材料立即移送同级人民法院。

上级人民检察院认为下级人民法院的民事执行活动存在违法情形的，可以向同级人民法院发出监督意见，由同级人民法院监督下级人民法院纠正并反馈监督结果；也可以指令下级人民检察院向其同级人民法院发出检察建议等。

十、发现违法犯罪线索的处理

在办理民事执行检察监督案件过程中发现涉嫌职务犯罪线索的，按照最高人民检察院《关于完善抗诉工作与职务犯罪侦查工作内部监督制约机制的规定》和省检察院的相关规定办理；对司法人员涉嫌职务犯罪的线索，按照《若干规定》的相关规定办理；对虚假诉讼涉嫌违法犯罪的线索或者其他刑事犯罪线索的移送，按照江苏省法、检、公、司《关于防范和查处虚假诉讼的规定》办理。

对办理执行监督案件中发现的违纪线索，按照相关规定向涉嫌违纪人员的主管单位或者纪检监察机关移送。

十一、执行监督案件的管理

1. 办案期限。民事执行检察监督案件应自受理之日起三个月内审查终结，有特殊情况需要延长的，报本院检察长批准。

因办案需要进行评估、鉴定和其他应当中止审查的时间不计入办案期限。

2. 备案审查。人民检察院在作出执行监督的决定五日内，应当将相应的检察文书报上一级人民检察院民事检察部门备案。上级人民检察院审查发现下级人民检察院所发检察建议明显不当或错误的，应当依法撤销或指令纠正。

3. 跟进监督。人民检察院作出监督决定后，应当做好跟进监督工作，督促人民法院等及时依法作出处理，并将结果回复人民检察院。

对人民检察院提出的监督意见人民法院或有关单位应当采纳而不采纳的，符合继续监督条件的，应当继续监督或报请上一级人民检察院予以监督。

对有关方面拒绝接受监督或者拒绝反馈对检察建议的处理情况的，必要时，还可以向同级党委政法委、人大常委会进行专题汇报，争取党委和人大等的支持，以保障检察监督工作的有效开展。

对党委、人大、政府等交办或转办的民事执行监督案件，人民检察院应当书面反馈办理情况或处理结果。

4. 办案业务系统的应用。执行监督案件的办理，按照检察机关统一业务应用系统的规范，实现案件受理、审查办理和审批决定等全流程网上流转，确保案件依法规范高效办理。

5. 卷宗归类及要求。办理执行监督案件应当按规定立卷。移送给人民法院的检察正卷一般包括以下内容：检察建议书，当事人申请监督书，人民法院执行活动中的相关裁定、通知、决定等，申请人提出异议、要求复议及人民法院受理、采纳情况等，相关证据材料，其他需要入卷的材料。检察内卷（副卷）除正卷内容外，还应当包括：受理通知书，交办（转办）通知书等，受理（立案）决定书，有关领导批示等，调查核实的手续，中止审查的审批，调查核查所取得的不宜附正卷的材料，执行和解、息诉息访情况，虚假诉讼、职务犯罪线索等情况，承办人审查终结报告，集体讨论记录（检察委员会决议），交办案件审查报告、终结审查、不予监督决定、检察建议等文书和签发件等，其他相关材料。

十二、其他

行政诉讼执行活动的法律监督工作参照本意见执行。

各级人民检察院应当建立完善相关协作机制，加强内部各职能部门间的协作配合；要进一步加强与同级人民法院的联系与沟通，共同促进民事执行法律监督工作依法规范开展。

　　本意见自印发之日起施行，上级机关有新的规定的，按新的规定办理。

江苏省人民检察院民事行政检察处关于开展民事执行活动法律监督工作的指导意见

天津市人民检察院关于民事执行监督工作的指导意见（试行）

为加强对民事诉讼活动的法律监督，规范检察机关民事执行监督工作，根据《中华人民共和国民事诉讼法》、最高人民检察院《人民检察院民事诉讼监督规则（试行）》等法律和司法解释的规定，结合我市民事检察工作实际，制定本意见。

第一条 人民检察院办理民事执行监督案件，应当以事实为根据，以法律为准绳，坚持公开、公平、公正和诚实信用原则，尊重和保障当事人的权利，监督和支持人民法院依法行使执行权。

第二条 对人民法院民事执行活动的监督案件，由办理执行案件的人民法院所在地同级人民检察院管辖。

第三条 有管辖权的人民检察院由于特殊原因，不能行使管辖权的，由市人民检察院指定管辖。

人民检察院之间因管辖权发生争议，由争议双方协商解决；协商不能解决的，报请市人民检察院指定管辖。

第四条 上级人民检察院认为确有必要的，经本院主管检察长批准，可以办理下级人民检察院管辖的执行监督案件。

第五条 当事人或者其他利害关系人认为人民法院民事执行活动存在违法情形的，可以向人民检察院申请执行监督。

第六条 当事人或者其他利害关系人提出监督申请，应当提交监督申请书、身份证明、人民法院生效的裁判文书、执行裁决文书和有关的证据材料。提交证据材料的，应当附证据清单。

申请监督材料不齐备的，人民检察院应当要求申请人限期补齐，并明确告知应补齐的全部材料。申请人逾期未补齐的，视为撤回监督申请。

监督申请书、身份证明及相关法律文书应当符合《人民检察院民事诉讼监督规则（试行）》的规定。

第七条　当事人申请符合下列条件的，人民检察院应当受理：

（一）符合本意见第五条的规定；

（二）申请人提供的材料符合本意见第六条的规定；

（三）有具体的申请理由和请求；

（四）本院具有管辖权；

（五）不具有本意见规定的不予受理的情形。

第八条　当事人提出的监督申请，有下列情形之一的，人民检察院不予受理。

（一）法律规定可以提出异议、申请复议或者提起诉讼，当事人没有提出异议、申请复议或者提起诉讼的，但有正当理由的除外；

（二）当事人提出异议或者申请复议后，人民法院已经受理并正在审查处理的，但超过法定期间未作出处理决定的除外；

（三）申请主体不符合法定条件的；

（四）人民检察院已经审查终结作出决定的；

（五）其他不应受理的情形。

第九条　当事人申请民事执行监督的，由控告申诉检察部门受理。

第十条　控告申诉检察部门对监督申请，应当根据以下情形作出处理：

（一）符合受理条件的，应当依照本意见规定作出受理决定；

（二）属于人民检察院受理案件范围但不属于本院管辖的，应当告知申请人向有管辖权的人民检察院申请监督；

（三）不属于人民检察院受理范围的，应当告知申请人向有关单位反映；

（四）不符合受理条件，且申请人不撤回监督申请的，可以决定不予受理。

第十一条　控告申诉检察部门应当在决定受理之日起三日内制作《受理通知书》，发送申请人，并告知其权利义务。同时将案件材料移送本院民行检察部门，并将《受理通知书》抄送本院案件管理部门。

第十二条　具有下列情形之一的案件，人民检察院应当依职权进行监督：

（一）损害国家利益或者社会公共利益的；

（二）执行人员有贪污受贿、徇私舞弊、枉法裁判等行为的；

（三）依照有关规定需要人民检察院跟进监督的；

（四）人民法院在执行活动中的其他严重违法情形。

第十三条　依职权发现的执行监督案件，民事检察部门应当到案件管理部门登记受理。

案件管理部门登记受理后，需要通知当事人的，由民事行政检察部门制作《受理通知书》，并在三日内发送当事人。

第十四条　民事行政检察部门收到执行监督案件材料后，应当通过调阅人民法院审判、执行案卷，询问当事人及相关人员，向法院执行人员了解情况等对案件进行审查。

必要时，可以对相关情况进行调查核实。调查核实活动遵照《天津市检察机关民事诉讼监督调查核实工作暂行规定》进行。

第十五条　审查执行监督案件，应当在受理之日起三个月内审结。

案件审查终结，由承办人撰写《审查终结报告》。拟作出不支持监督申请决定的，由主管检察长签批；拟提出检察建议的，由主管检察长签批后报本院检察委员会审议决定。

第十六条　有下列情形之一的，人民检察院可以中止审查：

（一）申请监督的自然人死亡，需要等待继承人表明是否继续申请监督的；

（二）申请监督的法人或者其他组织终止，尚未确定权利义务承受人的；

（三）其他可以中止审查的情形。

中止审查的，应当制作《中止审查决定书》。需要通知当事人的，发送当事人。中止审查的原因消除后，应当恢复审查。

第十七条　有下列情形之一的，人民检察院应当终结审查：

（一）人民法院已经纠正违法行为的；

（二）申请人撤回监督申请或者当事人达成和解协议，且不损害国家利益、社会公共利益或者他人合法权益的；

（三）申请监督的自然人死亡，没有继承人或者继承人放弃申请，且没有发现其他应当监督的违法情形的；

（四）申请监督的法人或者其他组织终止，没有权利义务承受人或者权利义务承受人放弃申请，且没有发现其他应当监督的违法情形的；

（五）发现已经受理的案件不符合受理条件的；

（六）人民检察院依职权发现的案件，经审查不需要采取监督措施的；

（七）其他应当终结审查的情形。

终结审查的，应当制作《终结审查决定书》。需要通知当事人的，发送当事人。

第十八条　人民法院的民事执行裁决法律文书有下列情形之一的，应当向人民法院提出检察建议：

（一）执行申请主体不适格的；

（二）超出法定申请执行期限的；

（三）执行标的不当的；

（四）被执行主体的变更和追加不当的；

（五）认定事实的主要证据不足的；

（六）适用法律确有错误的；

（七）违反法律规定，管辖错误的；

（八）执行裁决组织的组成不合法或者依法应当回避的执行人员没有回避的；

（九）执行裁决法律文书遗漏或者超出执行依据的法律文书规定内容的；

（十）据以作出执行裁决法律文书的依据被撤销或者变更的；

（十一）暂缓、中止、恢复、终结执行或者不予执行不符合法定条件的；

（十二）强制执行措施决定不符合法定条件的；

（十三）人民法院在行使执行审查权中的其他违法情形。

第十九条　人民法院实施的具体执行行为有下列情形之一的，应当向人民法院提出检察建议：

（一）对执行依据虚假、不存在、未生效或者已被撤销的案件受理执行的；

（二）送达有关执行法律文书程序违法的；

（三）调查、搜查明显违反法律规定的；

（四）违法实施查封、冻结、扣押、划拨、委托评估、拍卖等执行措施的；

（五）擅自变更执行对象、范围、数额的；

（六）违反规定处分执行款物的；

（七）违反规定保管、使用、侵吞执行款物或者无正当理由不及时将执行款物交付给申请执行人的；

（八）违反规定交付和分配执行款物的；

（九）违反规定实施拘留、罚款等强制措施的；

（十）违反规定解除已经采取的执行措施的；

（十一）授意、帮助、协助被执行人隐匿、转移财产的；

（十二）伪造、变造、篡改执行文书的；

（十三）执行人员在执行案件中有贪污受贿、徇私舞弊、枉法裁判行为的；

（十四）人民法院在行使执行实施权中的其他违法情形的。

第二十条 人民法院怠于履行执行职责，有下列情形之一的，应当向人民法院提出检察建议：

（一）应当受理而不予受理的；

（二）对已经受理的执行案件不依法及时作出执行裁定的；

（三）不按照规定采取执行措施，导致被执行财产遭受损失或者导致执行目的不能实现的；

（四）违法不受理执行异议、复议或者受理后逾期未作出裁定、决定的；

（五）暂缓执行、中止执行的原因消失后，不按规定恢复执行的；

（六）依法应当变更或者解除执行措施而不变更、解除的；

（七）在规定的期限内无正当理由未执行结案的；

（八）其他怠于履行执行职责的行为。

第二十一条 人民检察院对民事执行活动提出检察建议的，应当由检察委员会决定。在决定之日起十五日内制作《检察建议书》，连同卷宗移送被监督的人民法院。同时制作决定提出检察建议的《通知书》，发送当事人。

第二十二条 经审查人民法院执行活动不存在违法情形的，应当作出不支持监督申请的决定，并在决定之日起十五日内制作《不支持监督申请决定书》，发送申请人。

第二十三条 对于重大、复杂的执行监督案件，应当向同级人大、政法委汇报，并将执行监督结果报人大备案。

第二十四条 办理民事执行监督案件发现有贪污受贿、渎职等犯罪行为的，应当将案件线索移送有管辖权的侦查机关或部门处理。

第二十五条 当事人有和解意愿的，可以引导、促成当事人达成和解。

达成和解协议后，由当事人自行将和解协议递交人民法院执行部门。检察机关应当将和解协议复印件留存归档。

第二十六条 发出检察建议后，应当及时与人民法院有关部门联系，并按规定报市检察院民事行政检察部门备案。

第二十七条 发现人民法院对提出的检察建议未在规定的期限内作出处理并书面回复，或者不同意人民法院对检察建议处理结果的，应当按照有关规定进行跟进监督。

    第二十八条   人民检察院办理民事执行监督案件应当建立案件卷宗。

    卷宗材料应当包括：监督申请书，申请人身份证明，人民法院生效的裁判文书，执行裁决文书，有关的证据材料，有主管检察长签批的《审查终结报告》，检察委员会决议，《检察建议书》或者《终结审查决定书》、《不支持监督申请决定书》、《通知书》等。

    第二十九条   本意见自下发之日起实施。本意见的具体规定与新颁布的法律、司法解释不一致的，适用新颁布的法律、司法解释。

中华人民共和国环境保护法

（1989 年 12 月 26 日第七届全国人民代表大会常务委员会第十一次会议通过，2014 年 4 月 24 日第十二届全国人民代表大会常务委员会第八次会议修订）

目　　录

第一章　总　　则

第一条　为保护和改善环境，防治污染和其他公害，保障公众健康，推进生态文明建设，促进经济社会可持续发展，制定本法。

第二条　本法所称环境，是指影响人类生存和发展的各种天然的和经过人工改造的自然因素的总体，包括大气、水、海洋、土地、矿藏、森林、草原、湿地、野生生物、自然遗迹、人文遗迹、自然保护区、风景名胜区、城市和乡村等。

第三条　本法适用于中华人民共和国领域和中华人民共和国管辖的其他海域。

第四条　保护环境是国家的基本国策。

国家采取有利于节约和循环利用资源、保护和改善环境、促进人与自然和谐的经济、技术政策和措施，使经济社会发展与环境保护相协调。

第五条 环境保护坚持保护优先、预防为主、综合治理、公众参与、损害担责的原则。

第六条 一切单位和个人都有保护环境的义务。

地方各级人民政府应当对本行政区域的环境质量负责。

企业事业单位和其他生产经营者应当防止、减少环境污染和生态破坏，对所造成的损害依法承担责任。

公民应当增强环境保护意识，采取低碳、节俭的生活方式，自觉履行环境保护义务。

第七条 国家支持环境保护科学技术研究、开发和应用，鼓励环境保护产业发展，促进环境保护信息化建设，提高环境保护科学技术水平。

第八条 各级人民政府应当加大保护和改善环境、防治污染和其他公害的财政投入，提高财政资金的使用效益。

第九条 各级人民政府应当加强环境保护宣传和普及工作，鼓励基层群众性自治组织、社会组织、环境保护志愿者开展环境保护法律法规和环境保护知识的宣传，营造保护环境的良好风气。

教育行政部门、学校应当将环境保护知识纳入学校教育内容，培养学生的环境保护意识。

新闻媒体应当开展环境保护法律法规和环境保护知识的宣传，对环境违法行为进行舆论监督。

第十条 国务院环境保护主管部门，对全国环境保护工作实施统一监督管理；县级以上地方人民政府环境保护主管部门，对本行政区域环境保护工作实施统一监督管理。

县级以上人民政府有关部门和军队环境保护部门，依照有关法律的规定对资源保护和污染防治等环境保护工作实施监督管理。

第十一条 对保护和改善环境有显著成绩的单位和个人，由人民政府给予奖励。

第十二条 每年 6 月 5 日为环境日。

第二章　监督管理

第十三条 县级以上人民政府应当将环境保护工作纳入国民经济和社会发展规划。

国务院环境保护主管部门会同有关部门，根据国民经济和社会发展规划编制国家环境保护规划，报国务院批准并公布实施。

县级以上地方人民政府环境保护主管部门会同有关部门，根据国家环境保护规划的要求，编制本行政区域的环境保护规划，报同级人民政府批准并公布实施。

环境保护规划的内容应当包括生态保护和污染防治的目标、任务、保障措施等，并与主体功能区规划、土地利用总体规划和城乡规划等相衔接。

第十四条　国务院有关部门和省、自治区、直辖市人民政府组织制定经济、技术政策，应当充分考虑对环境的影响，听取有关方面和专家的意见。

第十五条　国务院环境保护主管部门制定国家环境质量标准。

省、自治区、直辖市人民政府对国家环境质量标准中未作规定的项目，可以制定地方环境质量标准；对国家环境质量标准中已作规定的项目，可以制定严于国家环境质量标准的地方环境质量标准。地方环境质量标准应当报国务院环境保护主管部门备案。

国家鼓励开展环境基准研究。

第十六条　国务院环境保护主管部门根据国家环境质量标准和国家经济、技术条件，制定国家污染物排放标准。

省、自治区、直辖市人民政府对国家污染物排放标准中未作规定的项目，可以制定地方污染物排放标准；对国家污染物排放标准中已作规定的项目，可以制定严于国家污染物排放标准的地方污染物排放标准。地方污染物排放标准应当报国务院环境保护主管部门备案。

第十七条　国家建立、健全环境监测制度。国务院环境保护主管部门制定监测规范，会同有关部门组织监测网络，统一规划国家环境质量监测站（点）的设置，建立监测数据共享机制，加强对环境监测的管理。

有关行业、专业等各类环境质量监测站（点）的设置应当符合法律法规规定和监测规范的要求。

监测机构应当使用符合国家标准的监测设备，遵守监测规范。监测机构及其负责人对监测数据的真实性和准确性负责。

第十八条　省级以上人民政府应当组织有关部门或者委托专业机构，对环境状况进行调查、评价，建立环境资源承载能力监测预警机制。

第十九条　编制有关开发利用规划，建设对环境有影响的项目，应当依法进行环境影响评价。

未依法进行环境影响评价的开发利用规划，不得组织实施；未依法进行环境影响评价的建设项目，不得开工建设。

第二十条　国家建立跨行政区域的重点区域、流域环境污染和生态破坏联合防治协调机制，实行统一规划、统一标准、统一监测、统一的防治措施。

前款规定以外的跨行政区域的环境污染和生态破坏的防治，由上级人民政府协调解决，或者由有关地方人民政府协商解决。

第二十一条　国家采取财政、税收、价格、政府采购等方面的政策和措施，鼓励和支持环境保护技术装备、资源综合利用和环境服务等环境保护产业的发展。

第二十二条　企业事业单位和其他生产经营者，在污染物排放符合法定要求的基础上，进一步减少污染物排放的，人民政府应当依法采取财政、税收、价格、政府采购等方面的政策和措施予以鼓励和支持。

第二十三条　企业事业单位和其他生产经营者，为改善环境，依照有关规定转产、搬迁、关闭的，人民政府应当予以支持。

第二十四条　县级以上人民政府环境保护主管部门及其委托的环境监察机构和其他负有环境保护监督管理职责的部门，有权对排放污染物的企业事业单位和其他生产经营者进行现场检查。被检查者应当如实反映情况，提供必要的资料。实施现场检查的部门、机构及其工作人员应当为被检查者保守商业秘密。

第二十五条　企业事业单位和其他生产经营者违反法律法规规定排放污染物，造成或者可能造成严重污染的，县级以上人民政府环境保护主管部门和其他负有环境保护监督管理职责的部门，可以查封、扣押造成污染物排放的设施、设备。

第二十六条　国家实行环境保护目标责任制和考核评价制度。县级以上人民政府应当将环境保护目标完成情况纳入对本级人民政府负有环境保护监督管理职责的部门及其负责人和下级人民政府及其负责人的考核内容，作为对其考核评价的重要依据。考核结果应当向社会公开。

第二十七条　县级以上人民政府应当每年向本级人民代表大会或者人民代表大会常务委员会报告环境状况和环境保护目标完成情况，对发生的重大环境事件应当及时向本级人民代表大会常务委员会报告，依法接受监督。

第三章　保护和改善环境

　　第二十八条　地方各级人民政府应当根据环境保护目标和治理任务，采取有效措施，改善环境质量。

　　未达到国家环境质量标准的重点区域、流域的有关地方人民政府，应当制定限期达标规划，并采取措施按期达标。

　　第二十九条　国家在重点生态功能区、生态环境敏感区和脆弱区等区域划定生态保护红线，实行严格保护。

　　各级人民政府对具有代表性的各种类型的自然生态系统区域，珍稀、濒危的野生动植物自然分布区域，重要的水源涵养区域，具有重大科学文化价值的地质构造、著名溶洞和化石分布区、冰川、火山、温泉等自然遗迹，以及人文遗迹、古树名木，应当采取措施予以保护，严禁破坏。

　　第三十条　开发利用自然资源，应当合理开发，保护生物多样性，保障生态安全，依法制定有关生态保护和恢复治理方案并予以实施。

　　引进外来物种以及研究、开发和利用生物技术，应当采取措施，防止对生物多样性的破坏。

　　第三十一条　国家建立、健全生态保护补偿制度。

　　国家加大对生态保护地区的财政转移支付力度。有关地方人民政府应当落实生态保护补偿资金，确保其用于生态保护补偿。

　　国家指导受益地区和生态保护地区人民政府通过协商或者按照市场规则进行生态保护补偿。

　　第三十二条　国家加强对大气、水、土壤等的保护，建立和完善相应的调查、监测、评估和修复制度。

　　第三十三条　各级人民政府应当加强对农业环境的保护，促进农业环境保护新技术的使用，加强对农业污染源的监测预警，统筹有关部门采取措施，防治土壤污染和土地沙化、盐渍化、贫瘠化、石漠化、地面沉降以及防治植被破坏、水土流失、水体富营养化、水源枯竭、种源灭绝等生态失调现象，推广植物病虫害的综合防治。

　　县级、乡级人民政府应当提高农村环境保护公共服务水平，推动农村环境综合整治。

　　第三十四条　国务院和沿海地方各级人民政府应当加强对海洋环境的保护。向海洋排放污染物、倾倒废弃物，进行海岸工程和海洋工程建设，应当符合法律法规规定和有关标准，防止和减少对海洋环境的污染损害。

第三十五条　城乡建设应当结合当地自然环境的特点，保护植被、水域和自然景观，加强城市园林、绿地和风景名胜区的建设与管理。

第三十六条　国家鼓励和引导公民、法人和其他组织使用有利于保护环境的产品和再生产品，减少废弃物的产生。

国家机关和使用财政资金的其他组织应当优先采购和使用节能、节水、节材等有利于保护环境的产品、设备和设施。

第三十七条　地方各级人民政府应当采取措施，组织对生活废弃物的分类处置、回收利用。

第三十八条　公民应当遵守环境保护法律法规，配合实施环境保护措施，按照规定对生活废弃物进行分类放置，减少日常生活对环境造成的损害。

第三十九条　国家建立、健全环境与健康监测、调查和风险评估制度；鼓励和组织开展环境质量对公众健康影响的研究，采取措施预防和控制与环境污染有关的疾病。

第四章　防治污染和其他公害

第四十条　国家促进清洁生产和资源循环利用。

国务院有关部门和地方各级人民政府应当采取措施，推广清洁能源的生产和使用。

企业应当优先使用清洁能源，采用资源利用率高、污染物排放量少的工艺、设备以及废弃物综合利用技术和污染物无害化处理技术，减少污染物的产生。

第四十一条　建设项目中防治污染的设施，应当与主体工程同时设计、同时施工、同时投产使用。防治污染的设施应当符合经批准的环境影响评价文件的要求，不得擅自拆除或者闲置。

第四十二条　排放污染物的企业事业单位和其他生产经营者，应当采取措施，防治在生产建设或者其他活动中产生的废气、废水、废渣、医疗废物、粉尘、恶臭气体、放射性物质以及噪声、振动、光辐射、电磁辐射等对环境的污染和危害。

排放污染物的企业事业单位，应当建立环境保护责任制度，明确单位负责人和相关人员的责任。

重点排污单位应当按照国家有关规定和监测规范安装使用监测设备，保证监测设备正常运行，保存原始监测记录。

严禁通过暗管、渗井、渗坑、灌注或者篡改、伪造监测数据，或者不正常运行防治污染设施等逃避监管的方式违法排放污染物。

第四十三条 排放污染物的企业事业单位和其他生产经营者，应当按照国家有关规定缴纳排污费。排污费应当全部专项用于环境污染防治，任何单位和个人不得截留、挤占或者挪作他用。

依照法律规定征收环境保护税的，不再征收排污费。

第四十四条 国家实行重点污染物排放总量控制制度。重点污染物排放总量控制指标由国务院下达，省、自治区、直辖市人民政府分解落实。企业事业单位在执行国家和地方污染物排放标准的同时，应当遵守分解落实到本单位的重点污染物排放总量控制指标。

对超过国家重点污染物排放总量控制指标或者未完成国家确定的环境质量目标的地区，省级以上人民政府环境保护主管部门应当暂停审批其新增重点污染物排放总量的建设项目环境影响评价文件。

第四十五条 国家依照法律规定实行排污许可管理制度。

实行排污许可管理的企业事业单位和其他生产经营者应当按照排污许可证的要求排放污染物；未取得排污许可证的，不得排放污染物。

第四十六条 国家对严重污染环境的工艺、设备和产品实行淘汰制度。任何单位和个人不得生产、销售或者转移、使用严重污染环境的工艺、设备和产品。

禁止引进不符合我国环境保护规定的技术、设备、材料和产品。

第四十七条 各级人民政府及其有关部门和企业事业单位，应当依照《中华人民共和国突发事件应对法》的规定，做好突发环境事件的风险控制、应急准备、应急处置和事后恢复等工作。

县级以上人民政府应当建立环境污染公共监测预警机制，组织制定预警方案；环境受到污染，可能影响公众健康和环境安全时，依法及时公布预警信息，启动应急措施。

企业事业单位应当按照国家有关规定制定突发环境事件应急预案，报环境保护主管部门和有关部门备案。在发生或者可能发生突发环境事件时，企业事业单位应当立即采取措施处理，及时通报可能受到危害的单位和居民，并向环境保护主管部门和有关部门报告。

突发环境事件应急处置工作结束后，有关人民政府应当立即组织评估事件造成的环境影响和损失，并及时将评估结果向社会公布。

第四十八条 生产、储存、运输、销售、使用、处置化学物品和含有放射性物质的物品，应当遵守国家有关规定，防止污染环境。

第四十九条　各级人民政府及其农业等有关部门和机构应当指导农业生产经营者科学种植和养殖，科学合理施用农药、化肥等农业投入品，科学处置农用薄膜、农作物秸秆等农业废弃物，防止农业面源污染。

禁止将不符合农用标准和环境保护标准的固体废物、废水施入农田。施用农药、化肥等农业投入品及进行灌溉，应当采取措施，防止重金属和其他有毒有害物质污染环境。

畜禽养殖场、养殖小区、定点屠宰企业等的选址、建设和管理应当符合有关法律法规规定。从事畜禽养殖和屠宰的单位和个人应当采取措施，对畜禽粪便、尸体和污水等废弃物进行科学处置，防止污染环境。

县级人民政府负责组织农村生活废弃物的处置工作。

第五十条　各级人民政府应当在财政预算中安排资金，支持农村饮用水水源地保护、生活污水和其他废弃物处理、畜禽养殖和屠宰污染防治、土壤污染防治和农村工矿污染治理等环境保护工作。

第五十一条　各级人民政府应当统筹城乡建设污水处理设施及配套管网，固体废物的收集、运输和处置等环境卫生设施，危险废物集中处置设施、场所以及其他环境保护公共设施，并保障其正常运行。

第五十二条　国家鼓励投保环境污染责任保险。

第五章　信息公开和公众参与

第五十三条　公民、法人和其他组织依法享有获取环境信息、参与和监督环境保护的权利。

各级人民政府环境保护主管部门和其他负有环境保护监督管理职责的部门，应当依法公开环境信息、完善公众参与程序，为公民、法人和其他组织参与和监督环境保护提供便利。

第五十四条　国务院环境保护主管部门统一发布国家环境质量、重点污染源监测信息及其他重大环境信息。省级以上人民政府环境保护主管部门定期发布环境状况公报。

县级以上人民政府环境保护主管部门和其他负有环境保护监督管理职责的部门，应当依法公开环境质量、环境监测、突发环境事件以及环境行政许可、行政处罚、排污费的征收和使用情况等信息。

县级以上地方人民政府环境保护主管部门和其他负有环境保护监督管理职责的部门，应当将企业事业单位和其他生产经营者的环境违法信息记入社会诚信档案，及时向社会公布违法者名单。

第五十五条 重点排污单位应当如实向社会公开其主要污染物的名称、排放方式、排放浓度和总量、超标排放情况，以及防治污染设施的建设和运行情况，接受社会监督。

第五十六条 对依法应当编制环境影响报告书的建设项目，建设单位应当在编制时向可能受影响的公众说明情况，充分征求意见。

负责审批建设项目环境影响评价文件的部门在收到建设项目环境影响报告书后，除涉及国家秘密和商业秘密的事项外，应当全文公开；发现建设项目未充分征求公众意见的，应当责成建设单位征求公众意见。

第五十七条 公民、法人和其他组织发现任何单位和个人有污染环境和破坏生态行为的，有权向环境保护主管部门或者其他负有环境保护监督管理职责的部门举报。

公民、法人和其他组织发现地方各级人民政府、县级以上人民政府环境保护主管部门和其他负有环境保护监督管理职责的部门不依法履行职责的，有权向其上级机关或者监察机关举报。

接受举报的机关应当对举报人的相关信息予以保密，保护举报人的合法权益。

第五十八条 对污染环境、破坏生态，损害社会公共利益的行为，符合下列条件的社会组织可以向人民法院提起诉讼：

（一）依法在设区的市级以上人民政府民政部门登记；

（二）专门从事环境保护公益活动连续五年以上且无违法记录。

符合前款规定的社会组织向人民法院提起诉讼，人民法院应当依法受理。

提起诉讼的社会组织不得通过诉讼牟取经济利益。

第六章 法律责任

第五十九条 企业事业单位和其他生产经营者违法排放污染物，受到罚款处罚，被责令改正，拒不改正的，依法作出处罚决定的行政机关可以自责令改正之日的次日起，按照原处罚数额按日连续处罚。

前款规定的罚款处罚，依照有关法律法规按照防治污染设施的运行成本、违法行为造成的直接损失或者违法所得等因素确定的规定执行。

地方性法规可以根据环境保护的实际需要，增加第一款规定的按日连续处罚的违法行为的种类。

第六十条 企业事业单位和其他生产经营者超过污染物排放标准或者

超过重点污染物排放总量控制指标排放污染物的，县级以上人民政府环境保护主管部门可以责令其采取限制生产、停产整治等措施；情节严重的，报经有批准权的人民政府批准，责令停业、关闭。

第六十一条　建设单位未依法提交建设项目环境影响评价文件或者环境影响评价文件未经批准，擅自开工建设的，由负有环境保护监督管理职责的部门责令停止建设，处以罚款，并可以责令恢复原状。

第六十二条　违反本法规定，重点排污单位不公开或者不如实公开环境信息的，由县级以上地方人民政府环境保护主管部门责令公开，处以罚款，并予以公告。

第六十三条　企业事业单位和其他生产经营者有下列行为之一，尚不构成犯罪的，除依照有关法律法规规定予以处罚外，由县级以上人民政府环境保护主管部门或者其他有关部门将案件移送公安机关，对其直接负责的主管人员和其他直接责任人员，处十日以上十五日以下拘留；情节较轻的，处五日以上十日以下拘留：

（一）建设项目未依法进行环境影响评价，被责令停止建设，拒不执行的；

（二）违反法律规定，未取得排污许可证排放污染物，被责令停止排污，拒不执行的；

（三）通过暗管、渗井、渗坑、灌注或者篡改、伪造监测数据，或者不正常运行防治污染设施等逃避监管的方式违法排放污染物的；

（四）生产、使用国家明令禁止生产、使用的农药，被责令改正，拒不改正的。

第六十四条　因污染环境和破坏生态造成损害的，应当依照《中华人民共和国侵权责任法》的有关规定承担侵权责任。

第六十五条　环境影响评价机构、环境监测机构以及从事环境监测设备和防治污染设施维护、运营的机构，在有关环境服务活动中弄虚作假，对造成的环境污染和生态破坏负有责任的，除依照有关法律法规规定予以处罚外，还应当与造成环境污染和生态破坏的其他责任者承担连带责任。

第六十六条　提起环境损害赔偿诉讼的时效期间为三年，从当事人知道或者应当知道其受到损害时起计算。

第六十七条　上级人民政府及其环境保护主管部门应当加强对下级人民政府及其有关部门环境保护工作的监督。发现有关工作人员有违法行为，依法应当给予处分的，应当向其任免机关或者监察机关提出处分建议。

依法应当给予行政处罚，而有关环境保护主管部门不给予行政处罚的，上级人民政府环境保护主管部门可以直接作出行政处罚的决定。

第六十八条 地方各级人民政府、县级以上人民政府环境保护主管部门和其他负有环境保护监督管理职责的部门有下列行为之一的，对直接负责的主管人员和其他直接责任人员给予记过、记大过或者降级处分；造成严重后果的，给予撤职或者开除处分，其主要负责人应当引咎辞职：

（一）不符合行政许可条件准予行政许可的；

（二）对环境违法行为进行包庇的；

（三）依法应当作出责令停业、关闭的决定而未作出的；

（四）对超标排放污染物、采用逃避监管的方式排放污染物、造成环境事故以及不落实生态保护措施造成生态破坏等行为，发现或者接到举报未及时查处的；

（五）违反本法规定，查封、扣押企业事业单位和其他生产经营者的设施、设备的；

（六）篡改、伪造或者指使篡改、伪造监测数据的；

（七）应当依法公开环境信息而未公开的；

（八）将征收的排污费截留、挤占或者挪作他用的；

（九）法律法规规定的其他违法行为。

第六十九条 违反本法规定，构成犯罪的，依法追究刑事责任。

第七章　附　　则

第七十条 本法自 2015 年 1 月 1 日起施行。

人民检察院民事诉讼监督规则（试行）

（2013 年 9 月 23 日最高人民检察院第十二届检察委员会第十次会议通过，2013 年 11 月 18 日公布施行）

第一章　总　　则

第一条　为了保障和规范人民检察院依法履行民事检察职责，根据

《中华人民共和国民事诉讼法》、《中华人民共和国人民检察院组织法》和其他有关规定，结合人民检察院工作实际，制定本规则。

第二条 人民检察院依法独立行使检察权，通过办理民事诉讼监督案件，维护司法公正和司法权威，维护国家利益和社会公共利益，维护公民、法人和其他组织的合法权益，保障国家法律的统一正确实施。

第三条 人民检察院通过抗诉、检察建议等方式，对民事诉讼活动实行法律监督。

第四条 人民检察院办理民事诉讼监督案件，应当以事实为根据，以法律为准绳，坚持公开、公平、公正和诚实信用原则，尊重和保障当事人的诉讼权利，监督和支持人民法院依法行使审判权和执行权。

第五条 民事诉讼监督案件的受理、办理、管理工作分别由控告检察部门、民事检察部门、案件管理部门负责，各部门互相配合，互相制约。

第六条 人民检察院办理民事诉讼监督案件，实行检察官办案责任制。

第七条 最高人民检察院领导地方各级人民检察院和专门人民检察院的民事诉讼监督工作，上级人民检察院领导下级人民检察院的民事诉讼监督工作。

上级人民检察院对下级人民检察院作出的决定，有权予以撤销或者变更，发现下级人民检察院工作中有错误的，有权指令下级人民检察院纠正。上级人民检察院的决定，下级人民检察院应当执行。下级人民检察院对上级人民检察院的决定有不同意见的，可以在执行的同时向上级人民检察院报告。

第八条 人民检察院检察长在同级人民法院审判委员会讨论民事抗诉案件或者其他与民事诉讼监督工作有关的议题时，可以依照有关规定列席会议。

第九条 人民检察院办理民事诉讼监督案件，实行回避制度。

第十条 检察人员办理民事诉讼监督案件，应当依法秉公办案，自觉接受监督。

检察人员不得接受当事人及其诉讼代理人请客送礼，不得违反规定会见当事人及其诉讼代理人。

检察人员有收受贿赂、徇私枉法等行为的，应当追究法律责任。

第二章 管 辖

第十一条 对已经发生法律效力的民事判决、裁定、调解书的监督案

民事行政检察指导与研究（总第13集）

Guide and Study on Civil-Administrative Procuratorate

件，最高人民检察院、作出该生效法律文书的人民法院所在地同级人民检察院和上级人民检察院均有管辖权。

第十二条 对民事审判程序中审判人员违法行为的监督案件，由审理案件的人民法院所在地同级人民检察院管辖。

第十三条 对民事执行活动的监督案件，由执行法院所在地同级人民检察院管辖。

第十四条 人民检察院发现受理的民事诉讼监督案件不属于本院管辖的，应当移送有管辖权的人民检察院，受移送的人民检察院应当受理。受移送的人民检察院认为不属于本院管辖的，应当报请上级人民检察院指定管辖，不得再自行移送。

第十五条 有管辖权的人民检察院由于特殊原因，不能行使管辖权的，由上级人民检察院指定管辖。

人民检察院之间因管辖权发生争议，由争议双方协商解决；协商不能解决的，报请其共同上级人民检察院指定管辖。

第十六条 上级人民检察院认为确有必要的，可以办理下级人民检察院管辖的民事诉讼监督案件。

下级人民检察院对有管辖权的民事诉讼监督案件，认为需要由上级人民检察院办理的，可以报请上级人民检察院办理。

第十七条 军事检察院等专门人民检察院对民事诉讼监督案件的管辖，依照有关规定执行。

第三章 回 避

第十八条 检察人员有《中华人民共和国民事诉讼法》第四十四条规定情形之一的，应当自行回避，当事人有权申请他们回避。

前款规定，适用于书记员、翻译人员、鉴定人、勘验人等。

第十九条 检察人员自行回避的，可以口头或者书面方式提出，并说明理由。口头提出申请的，应当记录在卷。

第二十条 当事人申请回避，应当在人民检察院作出提出抗诉或者检察建议等决定前以口头或者书面方式提出，并说明理由。口头提出申请的，应当记录在卷。根据《中华人民共和国民事诉讼法》第四十四条第二款规定提出回避申请的，应当提供相关证据。

被申请回避的人员在人民检察院作出是否回避的决定前，应当暂停参与本案工作，但案件需要采取紧急措施的除外。

第二十一条　检察长的回避，由检察委员会讨论决定；检察人员和其他人员的回避，由检察长决定。检察委员会讨论检察长回避问题时，由副检察长主持，检察长不得参加。

第二十二条　人民检察院对当事人提出的回避申请，应当在三日内作出决定，并通知申请人。申请人对决定不服的，可以在接到决定时向原决定机关申请复议一次。人民检察院应当在三日内作出复议决定，并通知复议申请人。复议期间，被申请回避的人员不停止参与本案工作。

第四章　受　　理

第二十三条　民事诉讼监督案件的来源包括：

（一）当事人向人民检察院申请监督；

（二）当事人以外的公民、法人和其他组织向人民检察院控告、举报；

（三）人民检察院依职权发现。

第二十四条　有下列情形之一的，当事人可以向人民检察院申请监督：

（一）已经发生法律效力的民事判决、裁定、调解书符合《中华人民共和国民事诉讼法》第二百零九条第一款规定的；

（二）认为民事审判程序中审判人员存在违法行为的；

（三）认为民事执行活动存在违法情形的。

第二十五条　当事人向人民检察院申请监督，应当提交监督申请书、身份证明、相关法律文书及证据材料。提交证据材料的，应当附证据清单。

申请监督材料不齐备的，人民检察院应当要求申请人限期补齐，并明确告知应补齐的全部材料。申请人逾期未补齐的，视为撤回监督申请。

第二十六条　本规则第二十五条规定的监督申请书应当记明下列事项：

（一）申请人的姓名、性别、年龄、民族、职业、工作单位、住所、有效联系方式，法人或者其他组织的名称、住所和法定代表人或者主要负责人的姓名、职务、有效联系方式；

（二）其他当事人的姓名、性别、工作单位、住所、有效联系方式等信息，法人或者其他组织的名称、住所、负责人、有效联系方式等信息；

（三）申请监督请求和所依据的事实与理由。

申请人应当按照其他当事人的人数提交监督申请书副本。

第二十七条　本规则第二十五条规定的身份证明包括：

（一）自然人的居民身份证、军官证、士兵证、护照等能够证明本人身份的有效证件；

（二）法人或者其他组织的营业执照副本、组织机构代码证书和法定代表人或者主要负责人的身份证明等有效证照。

对当事人提交的身份证明，人民检察院经核对无误留存复印件。

第二十八条　本规则第二十五条规定的相关法律文书是指人民法院在该案件诉讼过程中作出的全部判决书、裁定书、决定书、调解书等法律文书。

第二十九条　当事人申请监督，可以依照《中华人民共和国民事诉讼法》的规定委托代理人。

第三十条　当事人申请监督符合下列条件的，人民检察院应当受理：

（一）符合本规则第二十四条的规定；

（二）申请人提供的材料符合本规则第二十五条至第二十八条的规定；

（三）本院具有管辖权；

（四）不具有本规则规定的不予受理情形。

第三十一条　当事人根据《中华人民共和国民事诉讼法》第二百零九条第一款的规定向人民检察院申请监督，有下列情形之一的，人民检察院不予受理：

（一）当事人未向人民法院申请再审或者申请再审超过法律规定的期限的；

（二）人民法院正在对民事再审申请进行审查的，但超过三个月未对再审申请作出裁定的除外；

（三）人民法院已经裁定再审且尚未审结的；

（四）判决、调解解除婚姻关系的，但对财产分割部分不服的除外；

（五）人民检察院已经审查终结作出决定的；

（六）民事判决、裁定、调解书是人民法院根据人民检察院的抗诉或者再审检察建议再审后作出的；

（七）其他不应受理的情形。

第三十二条　对人民法院作出的一审民事判决、裁定，当事人依法可以上诉但未提出上诉，而依照《中华人民共和国民事诉讼法》第二百零九条第一款第一项、第二项的规定向人民检察院申请监督的，人民检察院不予受理，但有下列情形之一的除外：

（一）据以作出原判决、裁定的法律文书被撤销或者变更的；

（二）审判人员有贪污受贿、徇私舞弊、枉法裁判等严重违法行为的；

（三）人民法院送达法律文书违反法律规定，影响当事人行使上诉权的；

（四）当事人因自然灾害等不可抗力无法行使上诉权的；

（五）当事人因人身自由被剥夺、限制，或者因严重疾病等客观原因不能行使上诉权的；

（六）有证据证明他人以暴力、胁迫、欺诈等方式阻止当事人行使上诉权的；

（七）因其他不可归责于当事人的原因没有提出上诉的。

第三十三条　当事人认为民事审判程序中审判人员存在违法行为或者民事执行活动存在违法情形，向人民检察院申请监督，有下列情形之一的，人民检察院不予受理：

（一）法律规定可以提出异议、申请复议或者提起诉讼，当事人没有提出异议、申请复议或者提起诉讼的，但有正当理由的除外；

（二）当事人提出异议或者申请复议后，人民法院已经受理并正在审查处理的，但超过法定期间未作出处理的除外；

（三）其他不应受理的情形。

第三十四条　当事人根据《中华人民共和国民事诉讼法》第二百零九条第一款的规定向人民检察院申请检察建议或者抗诉，由作出生效民事判决、裁定、调解书的人民法院所在地同级人民检察院控告检察部门受理。

当事人认为民事审判程序中审判人员存在违法行为或者民事执行活动存在违法情形，向人民检察院申请监督的，由审理、执行案件的人民法院所在地同级人民检察院控告检察部门受理。

第三十五条　人民法院裁定驳回再审申请或者逾期未对再审申请作出裁定，当事人向人民检察院申请监督的，由作出原生效民事判决、裁定、调解书的人民法院所在地同级人民检察院控告检察部门受理。

第三十六条　人民检察院控告检察部门对监督申请，应当根据以下情形作出处理：

（一）符合受理条件的，应当依照本规则规定作出受理决定；

（二）属于人民检察院受理案件范围但不属于本院管辖的，应当告知申请人向有管辖权的人民检察院申请监督；

（三）不属于人民检察院受理案件范围的，应当告知申请人向有关机关反映；

（四）不符合受理条件，且申请人不撤回监督申请的，可以决定不予受理。

应当由下级人民检察院受理的，上级人民检察院应当在七日内将监督申请书及相关材料移交下级人民检察院。

第三十七条 控告检察部门应当在决定受理之日起三日内制作《受理通知书》，发送申请人，并告知其权利义务。

需要通知其他当事人的，应当将《受理通知书》和监督申请书副本发送其他当事人，并告知其权利义务。其他当事人可以在收到监督申请书副本之日起十五日内提出书面意见，不提出意见的不影响人民检察院对案件的审查。

第三十八条 控告检察部门应当在决定受理之日起三日内将案件材料移送本院民事检察部门，同时将《受理通知书》抄送本院案件管理部门。

第三十九条 当事人以外的公民、法人和其他组织认为人民法院民事审判程序中审判人员存在违法行为或者民事执行活动存在违法情形的，可以向同级人民检察院控告、举报。控告、举报由人民检察院控告检察部门受理。

控告检察部门对收到的控告、举报，应当依据《人民检察院信访工作规定》、《人民检察院举报工作规定》等办理。

第四十条 控告检察部门可以依据《人民检察院信访工作规定》，向下级人民检察院交办涉及民事诉讼监督的信访案件。

第四十一条 具有下列情形之一的民事案件，人民检察院应当依职权进行监督：

（一）损害国家利益或者社会公共利益的；

（二）审判、执行人员有贪污受贿、徇私舞弊、枉法裁判等行为的；

（三）依照有关规定需要人民检察院跟进监督的。

第四十二条 下级人民检察院提请抗诉、提请其他监督等案件，由上一级人民检察院案件管理部门受理。

依职权发现的民事诉讼监督案件，民事检察部门应当到案件管理部门登记受理。

第四十三条 案件管理部门接收案件材料后，应当在三日内登记并将案件材料和案件登记表移送民事检察部门；案件材料不符合规定的，应当要求补齐。

案件管理部门登记受理后，需要通知当事人的，民事检察部门应当制作《受理通知书》，并在三日内发送当事人。

第五章 审 查

第一节 一般规定

第四十四条 民事检察部门负责对受理后的民事诉讼监督案件进行审查。

第四十五条 上级人民检察院可以将受理的民事诉讼监督案件交由有管辖权的下级人民检察院办理。交办的案件应当制作《交办通知书》，并将有关材料移送下级人民检察院。下级人民检察院应当依法办理，不得将案件再行交办，作出决定前应当报上级人民检察院审核同意。

交办案件需要通知当事人的，应当制作《通知书》，并发送当事人。

第四十六条 上级人民检察院可以将案件转有管辖权的下级人民检察院办理。转办案件应当制作《转办通知书》，并将有关材料移送下级人民检察院。

转办案件需要通知当事人的，应当制作《通知书》，并发送当事人。

第四十七条 人民检察院审查民事诉讼监督案件，应当围绕申请人的申请监督请求以及发现的其他情形，对人民法院民事诉讼活动是否合法进行审查。其他当事人也申请监督的，应当将其列为申请人，对其申请监督请求一并审查。

第四十八条 申请人或者其他当事人对提出的主张，应当提供证据材料。人民检察院收到当事人提交的证据材料，应当出具收据。

第四十九条 人民检察院应当告知当事人有申请回避的权利，并告知办理案件的检察人员、书记员等的姓名、法律职务。

第五十条 人民检察院审查案件，应当听取当事人意见，必要时可以听证或者调查核实有关情况。

第五十一条 人民检察院审查案件，可以依照有关规定调阅人民法院的诉讼卷宗。

通过拷贝电子卷、查阅、复制、摘录等方式能够满足办案需要的，可以不调阅诉讼卷宗。

第五十二条 承办人审查终结后，应当制作审查终结报告。审查终结报告应当全面、客观、公正地叙述案件事实，依据法律提出处理建议。

承办人通过审查监督申请书等材料即可以认定案件事实的，可以直接制作审查终结报告，提出处理建议。

第五十三条　案件应当经集体讨论，参加集体讨论的人员应当对案件事实、适用法律、处理建议等发表明确意见并说明理由。集体讨论意见应当在全面、客观地归纳讨论意见的基础上形成。

集体讨论形成的处理意见，由民事检察部门负责人提出审核意见后报检察长批准。

检察长认为必要的，可以提请检察委员会讨论决定。

第五十四条　人民检察院对审查终结的案件，应当区分情况作出下列决定：

（一）提出再审检察建议；

（二）提请抗诉；

（三）提出抗诉；

（四）提出检察建议；

（五）终结审查；

（六）不支持监督申请。

控告检察部门受理的案件，民事检察部门应当将案件办理结果书面告知控告检察部门。

第五十五条　人民检察院在办理民事诉讼监督案件过程中，当事人有和解意愿的，可以建议当事人自行和解。

第五十六条　人民检察院受理当事人申请对人民法院已经发生法律效力的民事判决、裁定、调解书监督的案件，应当在三个月内审查终结并作出决定。

对民事审判程序中审判人员违法行为监督案件和对民事执行活动监督案件的审查期限，依照前款规定执行。

第二节　听　证

第五十七条　人民检察院审查民事诉讼监督案件，认为确有必要的，可以组织有关当事人听证。

根据案件具体情况，可以邀请与案件没有利害关系的人大代表、政协委员、人民监督员、特约检察员、专家咨询委员、人民调解员或者当事人所在单位、居住地的居民委员会委员以及专家、学者等其他社会人士参加听证。

第五十八条　人民检察院组织听证，由承办该案件的检察人员主持，书记员负责记录。

听证应当在人民检察院专门听证场所内进行。

第五十九条　人民检察院组织听证，应当在听证三日前通知参加听证的当事人，并告知听证的时间、地点。

第六十条　参加听证的当事人和其他相关人员应当按时参加听证，当事人无正当理由缺席或者未经许可中途退席的，不影响听证程序的进行。

第六十一条　听证应当围绕民事诉讼监督案件中的事实认定和法律适用等问题进行。

对当事人提交的证据材料和人民检察院调查取得的证据，应当充分听取各方当事人的意见。

第六十二条　听证应当按照下列顺序进行：

（一）申请人陈述申请监督请求、事实和理由；

（二）其他当事人发表意见；

（三）申请人和其他当事人提交新证据的，应当出示并予以说明；

（四）出示人民检察院调查取得的证据；

（五）案件各方当事人陈述对听证中所出示证据的意见；

（六）申请人和其他当事人发表最后意见。

第六十三条　听证应当制作笔录，经当事人校阅后，由当事人签名或者盖章。拒绝签名盖章的，应当记明情况。

第六十四条　参加听证的人员应当服从听证主持人指挥。

对违反听证秩序的，人民检察院可以予以训诫，责令退出听证场所；对哄闹、冲击听证场所，侮辱、诽谤、威胁、殴打检察人员等严重扰乱听证秩序的，依法追究责任。

第三节　调查核实

第六十五条　人民检察院因履行法律监督职责提出检察建议或者抗诉的需要，有下列情形之一的，可以向当事人或者案外人调查核实有关情况：

（一）民事判决、裁定、调解书可能存在法律规定需要监督的情形，仅通过阅卷及审查现有材料难以认定的；

（二）民事审判程序中审判人员可能存在违法行为的；

（三）民事执行活动可能存在违法情形的；

（四）其他需要调查核实的情形。

第六十六条　人民检察院可以采取以下调查核实措施：

民事行政检察指导与研究（总第13集）

Guide and Study on Civil-Administrative Procuratorate

（一）查询、调取、复制相关证据材料；

（二）询问当事人或者案外人；

（三）咨询专业人员、相关部门或者行业协会等对专门问题的意见；

（四）委托鉴定、评估、审计；

（五）勘验物证、现场；

（六）查明案件事实所需要采取的其他措施。

人民检察院调查核实，不得采取限制人身自由和查封、扣押、冻结财产等强制性措施。

第六十七条 人民检察院可以就专门性问题书面或者口头咨询有关专业人员、相关部门或者行业协会的意见。口头咨询的，应当制作笔录，由接受咨询的专业人员签名或者盖章。拒绝签名盖章的，应当记明情况。

第六十八条 人民检察院对专门性问题认为需要鉴定、评估、审计的，可以委托具备资格的机构进行鉴定、评估、审计。

在诉讼过程中已经进行过鉴定、评估、审计的，一般不再委托鉴定、评估、审计。

第六十九条 人民检察院认为确有必要的，可以勘验物证或者现场。勘验人应当出示人民检察院的证件，并邀请当地基层组织或者当事人所在单位派人参加。当事人或者当事人的成年家属应当到场，拒不到场的，不影响勘验的进行。

勘验人应当将勘验情况和结果制作笔录，由勘验人、当事人和被邀参加人签名或者盖章。

第七十条 需要调查核实的，由承办人提出，部门负责人或者检察长批准。

第七十一条 人民检察院调查核实，应当由二人以上共同进行。

调查笔录经被调查人校阅后，由调查人、被调查人签名或者盖章。被调查人拒绝签名盖章的，应当记明情况。

第七十二条 人民检察院可以指令下级人民检察院或者委托外地人民检察院调查核实。

人民检察院指令调查或者委托调查的，应当发送《指令调查通知书》或者《委托调查函》，载明调查核实事项、证据线索及要求。受指令或者受委托人民检察院收到《指令调查通知书》或者《委托调查函》后，应当在十五日内完成调查核实工作并书面回复。因客观原因不能完成调查的，应当在上述期限内书面回复指令或者委托的人民检察院。

人民检察院到外地调查的，当地人民检察院应当配合。

第七十三条　人民检察院调查核实，有关单位和个人应当配合。拒绝或者妨碍人民检察院调查核实的，人民检察院可以向有关单位或者其上级主管部门提出检察建议，责令纠正；涉嫌犯罪的，依照规定移送有关机关处理。

第四节　中止审查和终结审查

第七十四条　有下列情形之一的，人民检察院可以中止审查：

（一）申请监督的自然人死亡，需要等待继承人表明是否继续申请监督的；

（二）申请监督的法人或者其他组织终止，尚未确定权利义务承受人的；

（三）本案必须以另一案的处理结果为依据，而另一案尚未审结的；

（四）其他可以中止审查的情形。

中止审查的，应当制作《中止审查决定书》，并发送当事人。中止审查的原因消除后，应当恢复审查。

第七十五条　有下列情形之一的，人民检察院应当终结审查：

（一）人民法院已经裁定再审或者已经纠正违法行为的；

（二）申请人撤回监督申请或者当事人达成和解协议，且不损害国家利益、社会公共利益或者他人合法权益的；

（三）申请监督的自然人死亡，没有继承人或者继承人放弃申请，且没有发现其他应当监督的违法情形的；

（四）申请监督的法人或者其他组织终止，没有权利义务承受人或者权利义务承受人放弃申请，且没有发现其他应当监督的违法情形的；

（五）发现已经受理的案件不符合受理条件的；

（六）人民检察院依职权发现的案件，经审查不需要采取监督措施的；

（七）其他应当终结审查的情形。

终结审查的，应当制作《终结审查决定书》，需要通知当事人的，发送当事人。

第六章　对生效判决、裁定、调解书的监督

第一节　一般规定

第七十六条　人民检察院发现人民法院已经发生法律效力的民事判

决、裁定有《中华人民共和国民事诉讼法》第二百条规定情形之一的，依法向人民法院提出再审检察建议或者抗诉。

第七十七条　人民检察院发现民事调解书损害国家利益、社会公共利益的，依法向人民法院提出再审检察建议或者抗诉。

第七十八条　下列证据，应当认定为《中华人民共和国民事诉讼法》第二百条第一项规定的"新的证据"：

（一）原审庭审结束前已客观存在但庭审结束后新发现的证据；

（二）原审庭审结束前已经发现，但因客观原因无法取得或者在规定的期限内不能提供的证据；

（三）原审庭审结束后原作出鉴定意见、勘验笔录者重新鉴定、勘验，推翻原意见的证据；

（四）当事人在原审中提供的，原审未予质证、认证，但足以推翻原判决、裁定的主要证据。

第七十九条　有下列情形之一的，应当认定为《中华人民共和国民事诉讼法》第二百条第二项规定的"认定的基本事实缺乏证据证明"：

（一）认定的基本事实没有证据支持，或者认定的基本事实所依据的证据虚假、缺乏证明力的；

（二）认定的基本事实所依据的证据不合法的；

（三）对基本事实的认定违反逻辑推理或者日常生活法则的；

（四）认定的基本事实缺乏证据证明的其他情形。

第八十条　有下列情形之一的，应当认定为《中华人民共和国民事诉讼法》第二百条第六项规定的"适用法律确有错误"：

（一）适用的法律与案件性质明显不符的；

（二）认定法律关系主体、性质或者法律行为效力错误的；

（三）确定民事责任明显违背当事人有效约定或者法律规定的；

（四）适用的法律已经失效或者尚未施行的；

（五）违反法律溯及力规定的；

（六）违反法律适用规则的；

（七）适用法律明显违背立法本意的；

（八）适用诉讼时效规定错误的；

（九）适用法律错误的其他情形。

第八十一条　有下列情形之一的，应当认定为《中华人民共和国民事诉讼法》第二百条第七项规定的"审判组织的组成不合法"：

（一）应当组成合议庭审理的案件独任审判的；

（二）人民陪审员参与第二审案件审理的；

（三）再审、发回重审的案件没有另行组成合议庭的；

（四）审理案件的人员不具有审判资格的；

（五）审判组织或者人员不合法的其他情形。

第八十二条　有下列情形之一的，应当认定为《中华人民共和国民事诉讼法》第二百条第九项规定的"违反法律规定，剥夺当事人辩论权利"：

（一）不允许或者严重限制当事人行使辩论权利的；

（二）应当开庭审理而未开庭审理的；

（三）违反法律规定送达起诉状副本或者上诉状副本，致使当事人无法行使辩论权利的；

（四）违法剥夺当事人辩论权利的其他情形。

第二节　再审检察建议和提请抗诉

第八十三条　地方各级人民检察院发现同级人民法院已经发生法律效力的民事判决、裁定有下列情形之一的，可以向同级人民法院提出再审检察建议：

（一）有新的证据，足以推翻原判决、裁定的；

（二）原判决、裁定认定的基本事实缺乏证据证明的；

（三）原判决、裁定认定事实的主要证据是伪造的；

（四）原判决、裁定认定事实的主要证据未经质证的；

（五）对审理案件需要的主要证据，当事人因客观原因不能自行收集，书面申请人民法院调查收集，人民法院未调查收集的；

（六）审判组织的组成不合法或者依法应当回避的审判人员没有回避的；

（七）无诉讼行为能力人未经法定代理人代为诉讼或者应当参加诉讼的当事人，因不能归责于本人或者其诉讼代理人的事由，未参加诉讼的；

（八）违反法律规定，剥夺当事人辩论权利的；

（九）未经传票传唤，缺席判决的；

（十）原判决、裁定遗漏或者超出诉讼请求的；

（十一）据以作出原判决、裁定的法律文书被撤销或者变更的。

第八十四条　符合本规则第八十三条规定的案件有下列情形之一的，地方各级人民检察院应当提请上一级人民检察院抗诉：

（一）判决、裁定是经同级人民法院再审后作出的；

（二）判决、裁定是经同级人民法院审判委员会讨论作出的；

（三）其他不适宜由同级人民法院再审纠正的。

第八十五条　地方各级人民检察院发现同级人民法院已经发生法律效力的民事判决、裁定具有下列情形之一的，应当提请上一级人民检察院抗诉：

（一）原判决、裁定适用法律确有错误的；

（二）审判人员在审理该案件时有贪污受贿、徇私舞弊、枉法裁判行为的。

第八十六条　地方各级人民检察院发现民事调解书损害国家利益、社会公共利益的，可以向同级人民法院提出再审检察建议，也可以提请上一级人民检察院抗诉。

第八十七条　对人民法院已经采纳再审检察建议进行再审的案件，提出再审检察建议的人民检察院一般不得再向上级人民检察院提请抗诉。

第八十八条　人民检察院提出再审检察建议，应当制作《再审检察建议书》，在决定提出再审检察建议之日起十五日内将《再审检察建议书》连同案件卷宗移送同级人民法院，并制作决定提出再审检察建议的《通知书》，发送当事人。

人民检察院提出再审检察建议，应当经本院检察委员会决定，并将《再审检察建议书》报上一级人民检察院备案。

第八十九条　人民检察院提请抗诉，应当制作《提请抗诉报告书》，在决定提请抗诉之日起十五日内将《提请抗诉报告书》连同案件卷宗报送上一级人民检察院，并制作决定提请抗诉的《通知书》，发送当事人。

第九十条　人民检察院认为当事人的监督申请不符合提出再审检察建议或者提请抗诉条件的，应当作出不支持监督申请的决定，并在决定之日起十五日内制作《不支持监督申请决定书》，发送当事人。

第三节　抗　诉

第九十一条　最高人民检察院对各级人民法院已经发生法律效力的民事判决、裁定、调解书，上级人民检察院对下级人民法院已经发生法律效力的民事判决、裁定、调解书，发现有《中华人民共和国民事诉讼法》第二百条、第二百零八条规定情形的，应当向同级人民法院提出抗诉。

第九十二条　人民检察院提出抗诉，应当制作《抗诉书》，在决定抗诉之日起十五日内将《抗诉书》连同案件卷宗移送同级人民法院，并制作决定抗诉的《通知书》，发送当事人。

第九十三条 人民检察院认为当事人的监督申请不符合抗诉条件的，应当作出不支持监督申请的决定，并在决定之日起十五日内制作《不支持监督申请决定书》，发送当事人。下级人民检察院提请抗诉的案件，上级人民检察院可以委托提请抗诉的人民检察院将《不支持监督申请决定书》发送当事人。

第四节 出 庭

第九十四条 人民检察院提出抗诉的案件，人民法院再审时，人民检察院应当派员出席法庭。

第九十五条 受理抗诉的人民法院将抗诉案件交下级人民法院再审的，提出抗诉的人民检察院可以指令再审人民法院的同级人民检察院派员出庭。

第九十六条 检察人员出席再审法庭的任务是：

（一）宣读抗诉书；

（二）对依职权调查的证据予以出示和说明。

检察人员发现庭审活动违法的，应当待休庭或者庭审结束之后，以人民检察院的名义提出检察建议。

第七章 对审判程序中审判人员违法行为的监督

第九十七条 《中华人民共和国民事诉讼法》第二百零八条第三款规定的审判程序包括：

（一）第一审普通程序；

（二）简易程序；

（三）第二审程序；

（四）特别程序；

（五）审判监督程序；

（六）督促程序；

（七）公示催告程序；

（八）海事诉讼特别程序；

（九）破产程序。

第九十八条 《中华人民共和国民事诉讼法》第二百零八条第三款的

规定适用于法官、人民陪审员、书记员。

第九十九条 人民检察院发现同级人民法院民事审判程序中有下列情形之一的，应当向同级人民法院提出检察建议：

（一）判决、裁定确有错误，但不适用再审程序纠正的；

（二）调解违反自愿原则或者调解协议的内容违反法律的；

（三）符合法律规定的起诉和受理条件，应当立案而不立案的；

（四）审理案件适用审判程序错误的；

（五）保全和先予执行违反法律规定的；

（六）支付令违反法律规定的；

（七）诉讼中止或者诉讼终结违反法律规定的；

（八）违反法定审理期限的；

（九）对当事人采取罚款、拘留等妨害民事诉讼的强制措施违反法律规定的；

（十）违反法律规定送达的；

（十一）审判人员接受当事人及其委托代理人请客送礼或者违反规定会见当事人及其委托代理人的；

（十二）审判人员实施或者指使、支持、授意他人实施妨害民事诉讼行为，尚未构成犯罪的；

（十三）其他违反法律规定的情形。

第一百条 人民检察院依照本规则第九十九条提出检察建议的，应当制作《检察建议书》，在决定提出检察建议之日起十五日内将《检察建议书》连同案件卷宗移送同级人民法院，并制作决定提出检察建议的《通知书》，发送申请人。

第一百零一条 人民检察院认为当事人申请监督的审判程序中审判人员违法行为不存在或者不构成的，应当作出不支持监督申请的决定，并在决定之日起十五日内制作《不支持监督申请决定书》，发送申请人。

第八章 对执行活动的监督

第一百零二条 人民检察院对人民法院在民事执行活动中违反法律规定的情形实行法律监督。

第一百零三条 人民检察院对民事执行活动提出检察建议的，应当经检察委员会决定，制作《检察建议书》，在决定之日起十五日内将《检察建议书》连同案件卷宗移送同级人民法院，并制作决定提出检察建议的

《通知书》，发送当事人。

第一百零四条　人民检察院认为当事人申请监督的人民法院执行活动不存在违法情形的，应当作出不支持监督申请的决定，并在决定之日起十五日内制作《不支持监督申请决定书》，发送申请人。

第九章　案件管理

第一百零五条　人民检察院案件管理部门对民事诉讼监督案件实行流程监控、案后评查、统计分析、信息查询、综合考评等，对办案期限、办案程序、办案质量等进行管理、监督、预警。

第一百零六条　民事检察部门在办理案件过程中有下列情形之一的，应当在作出决定之日起三日内到本院案件管理部门登记：

（一）决定中止和恢复审查的；

（二）决定终结审查的。

第一百零七条　案件管理部门发现本院办案部门或者办案人员在办理民事诉讼监督案件中有下列情形之一的，应当及时提出纠正意见：

（一）法律文书使用不当或存在明显错漏的；

（二）无正当理由超过法定的办案期限未办结案件的；

（三）侵害当事人、诉讼代理人诉讼权利的；

（四）未依法对民事审判活动以及执行活动中的违法行为履行法律监督职责的；

（五）其他违反规定办理案件的情形。

具有前款规定的情形但情节轻微的，可以向办案部门或者办案人员进行口头提示；情节较重的，应当向办案部门发送《案件流程监控通知书》，提示办案部门及时查明情况并予以纠正；情节严重的，应当向办案部门发送《案件流程监控通知书》，并向检察长报告。

办案部门收到《案件流程监控通知书》后，应当在五日内将核查情况书面回复案件管理部门。

第一百零八条　案件管理部门对以本院名义制发的民事诉讼监督法律文书实施监督管理。

第一百零九条　人民检察院办理的民事诉讼监督案件，办结后需要向其他单位移送案卷材料的，统一由案件管理部门审核移送材料是否规范、齐备。案件管理部门认为材料规范、齐备，符合移送条件的，应当立即由有关部门按照相关规定移送；认为材料不符合要求的，应当及时通知办案部门补送、更正。

第一百一十条　人民法院向人民检察院送达的民事判决书、裁定书或者调解书等法律文书，由案件管理部门负责接收，并即时登记移送民事检察部门。

第一百一十一条　人民检察院在办理民事诉讼监督案件过程中，当事人及其诉讼代理人提出有关申请、要求或者提交有关书面材料的，由案件管理部门负责接收，需要出具相关手续的，案件管理部门应当出具。案件管理部门接收材料后应当及时移送民事检察部门。

第十章　其他规定

第一百一十二条　有下列情形之一的，人民检察院可以提出改进工作的检察建议：

（一）人民法院对民事诉讼中同类问题适用法律不一致的；

（二）人民法院在多起案件中适用法律存在同类错误的；

（三）人民法院在多起案件中有相同违法行为的；

（四）有关单位的工作制度、管理方法、工作程序违法或者不当，需要改正、改进的。

第一百一十三条　民事检察部门在履行职责过程中，发现涉嫌犯罪的行为，应当及时将犯罪线索及相关材料移送本院相关职能部门。

人民检察院相关职能部门在办案工作中，发现人民法院审判人员、执行人员有贪污受贿、徇私舞弊、枉法裁判等违法行为，可能导致原判决、裁定错误的，应当及时向民事检察部门通报。

第一百一十四条　人民检察院向人民法院或者有关机关提出监督意见后，发现监督意见确有错误或者有其他情形确需撤回的，应当经检察长批准或者检察委员会决定予以撤回。

上级人民检察院发现下级人民检察院监督错误或者不当的，应当指令下级人民检察院撤回，下级人民检察院应当执行。

第一百一十五条　人民法院对人民检察院监督行为提出建议的，人民检察院应当在一个月内将处理结果书面回复人民法院。人民法院对回复意见有异议，并通过上一级人民法院向上一级人民检察院提出的，上一级人民检察院认为人民法院建议正确，应当要求下级人民检察院及时纠正。

第一百一十六条　人民法院对民事诉讼监督案件作出再审判决、裁定或者其他处理决定后，提出监督意见的人民检察院应当对处理结果进行审查，并填写《民事诉讼监督案件处理结果审查登记表》。

第一百一十七条 有下列情形之一的，人民检察院应当按照有关规定跟进监督或者提请上级人民检察院监督：

（一）人民法院审理民事抗诉案件作出的判决、裁定、调解书仍符合抗诉条件的；

（二）人民法院对人民检察院提出的检察建议未在规定的期限内作出处理并书面回复的；

（三）人民法院对检察建议的处理结果错误的。

第一百一十八条 地方各级人民检察院对适用法律确属疑难、复杂，本院难以决断的重大民事诉讼监督案件，可以向上一级人民检察院请示。

请示案件依照最高人民检察院关于办理下级人民检察院请示件、下级人民检察院向最高人民检察院报送公文的相关规定办理。

第一百一十九条 制作民事诉讼监督法律文书，应当符合规定的格式。

民事诉讼监督法律文书的格式另行制定。

第一百二十条 人民检察院可以参照《中华人民共和国民事诉讼法》有关规定发送法律文书。

第一百二十一条 人民检察院发现制作的法律文书存在笔误的，应当作出《补正决定书》予以补正。

第一百二十二条 人民检察院办理民事诉讼监督案件，应当按照规定建立民事诉讼监督案卷。

第一百二十三条 人民检察院办理民事诉讼监督案件，不收取案件受理费。申请复印、鉴定、审计、勘验等产生的费用由申请人直接支付给有关机构或者单位，人民检察院不得代收代付。

第十一章　附　　则

第一百二十四条 本规则自发布之日起施行。本院之前公布的其他规定与本规则内容不一致的，以本规则为准。

最高人民法院关于执行程序中计算迟延履行期间的债务利息适用法律若干问题的解释

（2014 年 6 月 9 日最高人民法院审判委员会第 1619 次会议通过）

为规范执行程序中迟延履行期间债务利息的计算，根据《中华人民共和国民事诉讼法》的规定，结合司法实践，制定本解释。

第一条 根据民事诉讼法第二百五十三条规定加倍计算之后的迟延履行期间的债务利息，包括迟延履行期间的一般债务利息和加倍部分债务利息。

迟延履行期间的一般债务利息，根据生效法律文书确定的方法计算；生效法律文书未确定给付该利息的，不予计算。

加倍部分债务利息的计算方法为：加倍部分债务利息＝债务人尚未清偿的生效法律文书确定的除一般债务利息之外的金钱债务 × 日万分之一点七五 × 迟延履行期间。

第二条 加倍部分债务利息自生效法律文书确定的履行期间届满之日起计算；生效法律文书确定分期履行的，自每次履行期间届满之日起计算；生效法律文书未确定履行期间的，自法律文书生效之日起计算。

第三条 加倍部分债务利息计算至被执行人履行完毕之日；被执行人分次履行的，相应部分的加倍部分债务利息计算至每次履行完毕之日。

人民法院划拨、提取被执行人的存款、收入、股息、红利等财产的，相应部分的加倍部分债务利息计算至划拨、提取之日；人民法院对被执行人财产拍卖、变卖或者以物抵债的，计算至成交裁定或者抵债裁定生效之日；人民法院对被执行人财产通过其他方式变价的，计算至财产变价完成之日。

非因被执行人的申请，对生效法律文书审查而中止或者暂缓执行的期间及再审中止执行的期间，不计算加倍部分债务利息。

第四条 被执行人的财产不足以清偿全部债务的，应当先清偿生效法律文书确定的金钱债务，再清偿加倍部分债务利息，但当事人对清偿顺序另有约定的除外。

第五条 生效法律文书确定给付外币的，执行时以该种外币按日万分之一点七五计算加倍部分债务利息，但申请执行人主张以人民币计算的，人民法院应予准许。

以人民币计算加倍部分债务利息的，应当先将生效法律文书确定的外币折算或者套算为人民币后再进行计算。

外币折算或者套算为人民币的，按照加倍部分债务利息起算之日的中国外汇交易中心或者中国人民银行授权机构公布的人民币对该外币的中间价折合成人民币计算；中国外汇交易中心或者中国人民银行授权机构未公布汇率中间价的外币，按照该日境内银行人民币对该外币的中间价折算成人民币，或者该外币在境内银行、国际外汇市场对美元汇率，与人民币对美元汇率中间价进行套算。

第六条 执行回转程序中，原申请执行人迟延履行金钱给付义务的，应当按照本解释的规定承担加倍部分债务利息。

第七条 本解释施行时尚未执行完毕部分的金钱债务，本解释施行前的迟延履行期间债务利息按照之前的规定计算；施行后的迟延履行期间债务利息按照本解释计算。

本解释施行前本院发布的司法解释与本解释不一致的，以本解释为准。

最高人民法院关于审理涉及农村土地承包经营纠纷调解仲裁案件适用法律若干问题的解释

（2013 年 12 月 27 日最高人民法院审判委员会第 1601 次会议通过 ）

为正确审理涉及农村土地承包经营纠纷调解仲裁案件，根据《中华人民共和国农村土地承包法》、《中华人民共和国农村土地承包经营纠纷调解仲裁法》、《中华人民共和国民事诉讼法》等法律的规定，结合民事审判实践，就审理涉及农村土地承包经营纠纷调解仲裁案件适用法律的若干问题，制定本解释。

第一条 农村土地承包仲裁委员会根据农村土地承包经营纠纷调解仲裁法第十八条规定，以超过申请仲裁的时效期间为由驳回申请后，当事人就同一纠纷提起诉讼的，人民法院应予受理。

第二条 当事人在收到农村土地承包仲裁委员会作出的裁决书之日起三十日后或者签收农村土地承包仲裁委员会作出的调解书后，就同一纠纷向人民法院提起诉讼的，裁定不予受理；已经受理的，裁定驳回起诉。

第三条 当事人在收到农村土地承包仲裁委员会作出的裁决书之日起三十日内，向人民法院提起诉讼，请求撤销仲裁裁决的，人民法院应当告知当事人就原纠纷提起诉讼。

第四条 农村土地承包仲裁委员会依法向人民法院提交当事人财产保全申请的，申请财产保全的当事人为申请人。

农村土地承包仲裁委员会应当提交下列材料：

（一）财产保全申请书；

（二）农村土地承包仲裁委员会发出的受理案件通知书；

303

（三）申请人的身份证明；

（四）申请保全财产的具体情况。

人民法院采取保全措施，可以责令申请人提供担保，申请人不提供担保的，裁定驳回申请。

第五条 人民法院对农村土地承包仲裁委员会提交的财产保全申请材料，应当进行审查。符合前条规定的，应予受理；申请材料不齐全或不符合规定的，人民法院应当告知农村土地承包仲裁委员会需要补齐的内容。

人民法院决定受理的，应当于三日内向当事人送达受理通知书并告知农村土地承包仲裁委员会。

第六条 人民法院受理财产保全申请后，应当在十日内作出裁定。因特殊情况需要延长的，经本院院长批准，可以延长五日。

人民法院接受申请后，对情况紧急的，必须在四十八小时内作出裁定；裁定采取保全措施的，应当立即开始执行。

第七条 农村土地承包经营纠纷仲裁中采取的财产保全措施，在申请保全的当事人依法提起诉讼后，自动转为诉讼中的财产保全措施，并适用《最高人民法院关于人民法院民事执行中查封、扣押、冻结财产的规定》第二十九条关于查封、扣押、冻结期限的规定。

第八条 农村土地承包仲裁委员会依法向人民法院提交当事人证据保全申请的，应当提供下列材料：

（一）证据保全申请书；

（二）农村土地承包仲裁委员会发出的受理案件通知书；

（三）申请人的身份证明；

（四）申请保全证据的具体情况。

对证据保全的具体程序事项，适用本解释第五、六、七条关于财产保全的规定。

第九条 农村土地承包仲裁委员会作出先行裁定后，一方当事人依法向被执行人住所地或者被执行的财产所在地基层人民法院申请执行的，人民法院应予受理和执行。

申请执行先行裁定的，应当提供以下材料：

（一）申请执行书；

（二）农村土地承包仲裁委员会作出的先行裁定书；

（三）申请执行人的身份证明；

（四）申请执行人提供的担保情况；

（五）其他应当提交的文件或证件。

第十条　当事人根据农村土地承包经营纠纷调解仲裁法第四十九条规定，向人民法院申请执行调解书、裁决书，符合《最高人民法院关于人民法院执行工作若干问题的规定（试行）》第十八条规定条件的，人民法院应予受理和执行。

第十一条　当事人因不服农村土地承包仲裁委员会作出的仲裁裁决向人民法院提起诉讼的，起诉期从其收到裁决书的次日起计算。

第十二条　本解释施行后，人民法院尚未审结的一审、二审案件适用本解释规定。本解释施行前已经作出生效裁判的案件，本解释施行后依法再审的，不适用本解释规定。